高等院校"十二五"规划精品教材

Jiliang Jingjixue

计量经济学

主　编　王超
副主编　李志伟　崔书会

西南财经大学出版社
Southwestern University of Finance & Economics Press

图书在版编目(CIP)数据

计量经济学/王超主编．—成都:西南财经大学出版社,2012．6
ISBN 978－7－5504－0458－8

Ⅰ．①计… Ⅱ．①王… Ⅲ．①计量经济学 Ⅳ．①F224．0

中国版本图书馆 CIP 数据核字(2011)第 212567 号

计量经济学

主　编:王　超

副主编:李志伟　崔书会

责任编辑:张　岚

助理编辑:王　珏

封面设计:杨红鹰

责任印制:封俊川

出版发行	西南财经大学出版社(四川省成都市光华村街 55 号)
网　　址	http://www.bookcj.com
电子邮件	bookcj@foxmail.com
邮政编码	610074
电　　话	028－87353785　87352368
照　　排	四川胜翔数码印务设计有限公司
印　　刷	郫县犀浦印刷厂
成品尺寸	185mm×260mm
印　　张	12
字　　数	260 千字
版　　次	2012 年 6 月第 1 版
印　　次	2012 年 6 月第 1 次印刷
印　　数	1—3000 册
书　　号	ISBN 978－7－5504－0458－8
定　　价	23.80 元

前言

计量经济学是在对社会经济现象作定性分析的基础上，探讨如何运用数学模型方法来定量描述具有随机性特征的经济变量关系的应用经济分支。在宏观经济管理和预测方面，在货币和财政等领域的研究方面，在企业管理和市场预测方面，计量经济方法正逐步得到推广，获得了越来越好的应用效果。1998 年经教育部高等学校经济学学科教学指导委员会讨论决定，把计量经济学确定为经济学类所有专业必修的核心课程。目前，计量经济学已经成为我国经济类各专业最受关注的课程之一。

计量经济学是一门实践性很强的课程。要求学生具有将经济学知识、计量经济学方法和计算机应用相结合的综合素质。通过本课程的学习，学生可以掌握计量经济学的基本原理和方法，了解计量经济学的应用领域，学会用计量经济模型对实际经济问题进行实证分析；要求学生通过本课程的学习，系统掌握各类计量经济模型的设定、估计与检验方法，能够熟练运用某一相关计算机软件建模，并且能够追踪有关专业领域计量经济模型方法的新发展，尝试运用计量经济分析方法进行课题研究。本门课程在学生知识结构中占有重要位置，是研究能力和实践能力的重要组成部分。

本书的主要特点体现在以下几个方面：

编写力求理论联系实际，深入浅出，例证丰富，方法具体，内容系统全面，实用性强。尽可能引用一些例子和案例，阐明各种计量经济学方法的应用，而不侧重其有关理论的论述，适当淡化数学推导和证明。

强调经济案例和统计软件的应用。全书案例选择的标准是：新颖性、实效性、典型性。案例中尽量采用最新的真实数据，使读者更容易感受和理解案例中所描述的经济环境。同时，删除了复杂的数据推理和运算过程，代之以统计软件的介绍，从而使读者可以将主要精力放在理解计量经济学原理、掌握正确建立和选用计量经济模型及方法上，计算过程则由计算机轻松实现。

采用国际上通用的计量软件 Eviews，用于输入、输出和显示数据，并能对输入的数据进行各种复杂的统计运算，实现数据的自动处理，免去了学习者编程的烦恼，这也是本教材的一大特色。

全书共分 10 章，前三章是基本的单方程分析，主要介绍单方程的普通最小二乘法、一元和多元回归建模、方程的检验方法和预测。第 4 章至第 8 章是扩展的单方程分析，包括单方程的异方差性、自相关性、多重共线性、非线性单方程模型、非因果关系的单方程模型、随机时间序列分析模型。最后两章主要介绍联立方程计量经济学模型和计量软件 Eviews 应用。每一章后面都给出 Eviews 软件的相应操作过程。另外，为便于学生复习与理解，每章附有“本章小结”和“思考与练习”。

本课程的前期研修课程为微积分、线性代数、概率统计、宏观和微观经济学。本书可作为高等院校的经济、统计、工商管理类各专业的本科生教材，也可作为在经济、统计、金融等领域从事数量分析的工作人员的参考书。

本书由王超担任主编。参加编写的人员有：王超（第 1 章、第 3 章、第 5 章），王旌（第 2 章），李志伟（第 4 章、第 7 章），徐明昌（第 6 章、第 9 章），崔书会（第 8 章、第 10 章）。全书的案例分析部分由李志伟负责审校，最后由王超总纂定稿。

由于编者水平所限，书中错误和疏漏在所难免，诚恳欢迎专家同仁及广大读者批评指正。

编者

2012 年 4 月

目录

第1章 导论

学习目的与要求

1. 理解计量经济学的基本概念及其与相关学科的关系。
2. 了解计量经济学的主要内容。
3. 了解计量经济学课程的学科性质。
4. 掌握运用计量经济学方法研究经济学问题的步骤。

计量经济学是一门从数量方面研究各种经济变量变化规律的应用学科。计量经济学作为经济学的一个分支学科,经过70年尤其是近30年的发展,形成了广泛的内容体系。随着计量经济学在一些发达国家的成功应用以及计算机的广泛使用,大量复杂的计量经济模型得以建立和应用,使这门学科得到了迅速的发展。正如美国著名经济学家萨缪尔森曾经说过的,"第二次世界大战后的经济学是计量经济学的时代"。

1.1 计量经济学概述

计量经济学(Econometrics)这个词是1926年挪威经济学家、统计学家、第一届诺贝尔经济学奖获得者弗里希(R. Frisch)按照生物计量学(Biometrics)一词的结构仿造出来的。弗里希是计量经济学的主要开拓者和奠基人。计量经济学是以揭示经济活动中客观存在的数量关系为主要内容,研究经济现象和经济关系的计量方法。

通常Econometrics的中文译名有两种:经济计量学与计量经济学。经济计量学强调该学科的主要内容是经济计量的方法,是估计、检验和应用计量经济模型。计量经济学则强调它是一门经济学科,强调它的经济学内涵与外延。但实际上,翻开两类不同名称的出版物,就会发现其内容并无区别。但也有学者认为,计量经济学与经济计量学这两种名称正好反映了计量经济学的两个主要的研究内容:一是计量经济学方法的理论研究,称为理论计量经济学;二是将这些理论广泛应用于实际的经济活动中,称为应用计量经济学。

1.1.1 计量经济学的产生与发展

计量经济学起源于对经济问题的定量研究,是社会经济发展到一定阶段的客观需要。正是人们从数量方面探寻经济活动规律的不懈努力,才促进了这门学科的形成与发展。人们很早就在探索用定量的方式研究经济现象。早在17世纪,英国经济学家、统计学家威廉·配第(William Petty)在《政治算术》一书中就运用了统计方法研究社会经济问题。其后的相当一段时期，经济学家们力图运用数学方法研究经济活动，用数学语言和公式去表达经济范畴和经济规律。

1930年12月29日，由弗里希和丁伯根(J. Tinbergen)等经济学家发起的世界计量经济学会在美国俄亥俄州克里夫兰成立。这个学会当时的宗旨是“促进经济理论在与统计学和数学的结合中发展”。1933年，该学会出版了会刊——《计量经济学》，标志着计量经济学作为一个独立的学科正式诞生。

计量经济学从诞生之日起就显示了极强的生命力，经过20世纪40年代至50年代的大发展及60年代的大扩张，已经在经济学科中占据极其重要的地位。

20世纪70年代以来，计量经济学的理论和应用又进入一个新的阶段。首先表现为计算机的广泛应用和新的计算方法大量提出，所使用的计量经济模型和变量的数目越来越多。此外，近十几年来计量经济学的理论方法又有新的突破。例如协整理论的提出，使计量经济学产生了新的理论体系；模型识别理论、参数估计方法也有重大发展；对策论、贝叶斯方法等理论在计量经济学中的应用已成为计量经济学新的研究课题。应用计量经济学研究也由传统的生产函数、需求分析、消费函数、投资分析和宏观经济模型转向货币、工资、福利、国际间贸易等新的研究领域。

计量经济学另一个重要的发展是在宏观计量经济模型的研制和应用方面。目前已有一百多个国家编制了不同的宏观计量经济模型，模型也由地区经济模型逐步发展到国家经济模型乃至世界经济模型，并广泛利用宏观计量经济模型进行经济预测、拟定计划和提出经济政策。

1.1.2 计量经济学的学科性质

(一)什么是计量经济学

计量经济学的奠基人弗里希在1933年的《计量经济学》杂志创刊号中写下了一段话：“用数学方法探讨经济学可以从好几个方面着手，但任何一个方面都不能和计量经济学混为一谈。计量经济学与经济统计学绝非一码事；它也不同于我们所说的一般经济理论，尽管经济理论大都具有一定的数量特征；计量经济学也不应视为数学应用于经济学的同义语。经验表明，统计学、经济理论和数学这三者对于真正理解现代经济生活的数量关系来说，都是必要的，但其本身并非是充分条件。三者结合起来才构成了计量经济学。”我们不妨把这种结合称之为定量化的经济学或经济学的定量化。

美国《现代经济词典》认为：计量经济学是用数学语言来表达经济理论，以便通过统计方法来论述这些理论的一门经济学分支。

萨缪尔森(Samuelson)、库普曼斯(Koopmans)、斯通(Stone)等三位著名经济学家在1954年计量经济学家评审委员会的报告中认为，“计量经济学可定义为：根据理论和观测的事实，运用合适的推理方法，对实际经济现象进行的数量分析。”

尽管对计量经济学定义的表述并不相同，但是可以看出，计量经济学不是对经济的一般度量，它与经济学、统计学、数学都有密切的关系。可见，计量经济学是经济学、数学和统计学相结合的一门综合性学科。具体地说，计量经济学就是在经济理论的指导下，根据实际观测的统计数据(或以客观事实为依据)，运用数学和统计学的方法，借助于计算机技术从事经济关系与经济活动数量规律的研究,并以建立和应用计量经济模型为核心的一门经济学科。必须指出的是,这些计量经济模型是具有随机性特征的。

在这个定义中,必须明确以下几点:

(1)计量经济学是经济学的一个分支学科,是一门应用经济学科,它是以经济现象为研究对象的;

(2)计量经济学的目的在于揭示经济关系与经济活动的数量规律;

(3)计量经济学是经济理论、统计学、数学三者的综合;

(4)计量经济学的核心内容是建立和应用具有随机特征的计量经济模型。

翻开任何一本计量经济学教材,呈现在读者面前的都是大量的符号和复杂的公式。但是,我们必须十分清楚:计量经济学是经济学的一个分支,是一门经济学科。计量经济学一开始就是起源于对经济问题的定量研究的需要。它研究的是如何用一整套有效的理论、方法、体系去研究经济关系,描述经济行为。

根据弗里希对计量经济学所下的定义,计量经济学是数学、统计学、经济理论这三者的有效结合,其实质是定量化的经济学,或者说是经济学的定量化。

(二)计量经济学与其他相关学科的关系

计量经济学是经济理论、统计学、数学的综合,它与相关学科的关系如图1-1所示。

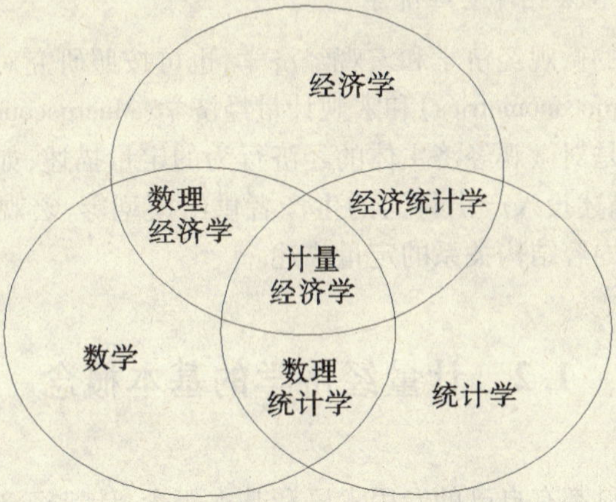

图1-1 计量经济学与相关学科关系

图1-1表明计量经济学是数理经济学、经济统计学和数理统计学的交集,而数理经济学是经济学与数学的交集,数理统计学是数学和统计学的交集,经济统计学是经济学与统计学的交集。显然,每一交集形成了一门特定的学科,有其独立的研究对象或特点,这些特定学科彼此不能替代。

1.1.3 计量经济学的内容体系

关于计量经济学的内容体系,可以从不同的角度进行分类和说明。

(一)广义计量经济学与狭义计量经济学

广义计量经济学是利用经济理论、数学和统计学定量研究经济现象的数量经济方法的统称,内容包括回归分析、时间序列分析和投入产出分析等,甚至数理经济学的内容也包括在内。西方国家许多以“Econometrics”命名的书中,往往包括了上述广泛的内容。

狭义计量经济学就是我们通常定义的计量经济学,主要研究经济变量之间的因果关系,采用的数学方法主要是在回归分析基础上发展起来的计量经济学方法。这也是本课程的主要内容。

(二)理论计量经济学和应用计量经济学

计量经济学的内容可以概括为两个方面:一是它的方法论,二是它的实际应用。由此构成了计量经济学的两大部分:理论计量经济学和应用计量经济学。

理论计量经济学研究如何建立合适的方法来测定由计量经济模型所确定的经济关系,其目的在于为应用计量经济学提供方法论。理论计量经济学以介绍、研究计量经济学的理论、方法为主要内容,侧重于计量经济模型的数学理论基础、参数估计方法和模型检验方法,应用了广泛的数学和数理统计知识。

应用计量经济学是运用理论计量经济学提供的工具,以建立与应用计量经济模型为主要内容,侧重于实际经济问题,例如生产函数、消费函数、投资函数,供求函数、劳动就业问题等。应用计量经济学研究的是具体的经济现象和经济关系,研究它们在数量上的联系及其变动的规律性。

(三)微观计量经济学和宏观计量经济学

类似于经济学中的微观经济学和宏观经济学,也可按照研究对象将计量经济学分为微观计量经济学(Microeconometrics)和宏观计量经济学(Macroeconometrics)。

微观计量经济学是对微观经济主体的经济行为的定量描述,如描述消费者需求特征的消费者需求模型,描述投入产出行为的生产者供给模型等;宏观计量经济学是对宏观经济活动总体特征及内容结构关系的定量描述。

1.2 计量经济学的基本概念

任何一门独立学科都有自己的专用术语和基本概念,计量经济学也不例外。这些概念虽然在其他学科中也时有出现,但在计量经济学中都有专门解释。为了有利于今后的学习,我们先对计量经济学中的常用概念进行简要介绍。

1.2.1 计量经济模型中的变量

一个计量经济模型有多种构成因素,其中许多因素在不同的时间和空间有不同的状态,会取不同的数值,这类因素称为经济变量。所谓经济变量就是用来描述经济因素数量水平的指标。例如某商品需求量数学模型为:

$$Q=\beta_0+\beta_1 P+\beta_2 P_0+\beta_3 Y+\beta_4 T+u_i \qquad (1.2.1)$$

上式中,

Q——某商品需求量;

P——某商品价格;

P_0——替代品的价格；

Y——消费者收入；

T——消费者偏好；

u_i——影响商品需求量的其他因素。

上式中，Q、P、P_0、Y、T 都是经济变量。

在计量经济学中，不同的经济变量有专门的称呼，并有相应的特定内涵。

（一）解释变量和被解释变量

从变量的因果关系看，经济变量可分为解释变量和被解释变量。解释变量也称自变量，是用来解释作为研究对象的变量为什么变动、如何变动的变量。它对因变量的变动作出解释，表现为方程所描述的因果关系中的“因”，例如式（1.2.1）中的 P、P_0、Y、T。而被解释变量也称因变量，是作为研究对象的变量。它的变动是由解释变量作出解释的，表现为方程所描述的因果关系中的“果”，例如式（1.2.1）中的商品需求量 Q。

（二）内生变量和外生变量

从变量的性质看，可以把变量分为内生变量和外生变量。内生变量是由模型系统内部因素所决定的变量，表现为具有一定概率分布的随机变量，其数值受模型中其他变量的影响，是模型求解的结果。它们的数值是由模型求解决定的。

所谓外生变量，即其数值由模型系统之外其他因素所决定的变量，不受模型内部因素的影响，表现为非随机变量，其数值在模型求解之前就已经确定，是给定的、已知的，不受模型中任何变量的影响，但影响模型中的内生变量。在计量经济模型中，外生变量数值的变化能够影响内生变量的变化，而内生变量却不能反过来影响外生变量。

（三）滞后变量与前定变量

在经济计量分析中，某些变量不仅受当期其他内生变量和外生变量的影响，同时还受前期（过去时期）一些内生变量和外生变量的影响。例如，在消费函数模型中，影响消费支出的主要因素，除了本期收入外，还取决于前期收入。在计量经济学中，将这些前期的内生变量称之为滞后内生变量，将前期的外生变量称为滞后外生变量。滞后内生变量和滞后外生变量合称为滞后变量。滞后变量显然在求解模型之前是确定的量，因此，通常将外生变量和滞后变量合称为前定变量，意即在求解之前已经确定或需要确定的变量。

（四）控制变量

为满足正确描绘和深入研究经济活动的需要，有时需要在计量经济模型中人为设置反映政策要求、决策者意愿、经济系统运行条件和状态等方面的变量，这类变量可以用控制变量这一概念来概括。控制变量，也有人称之为政策变量，一般属于外生变量，往往在事先根据不同情况被赋值或赋予一定的取值区间。政策变量是决策者可以加以控制的变量，如财政支出、存贷款利率等。

除了客观存在的经济变量以外，为了区别经济活动的类型，有时还可以人为地构建虚拟变量作为解释变量或因变量使用。

1.2.2 计量经济学中应用的数据

计量经济研究中使用的数据主要是各种经济统计数据，可以是通过专门调查取得的数据，也可以是人为构建的数据，如虚拟变量数据。可用于估计参数的数据主要有以下几类。

（一）时间序列数据

时间序列数据是按同一统计指标、由同一统计单位按时间顺序记录形成的数据列。时间序列数据也称为时序数据或动态序列数据，它描述的是同一统计单位的某一指标水平在时间纵向上变化的情况。数据是按照一定的时间间隔收集的，如每日（股票）、每月（消费物价指数）、每季（国内生产总值）、每年（出口总额）等。例如，1949—2009 年某地区国内生产总值序列就是一个典型的时间序列数据。

（二）横截面数据

横截面数据是按同一统计指标，在同一时间（时期或时点）按不同统计单位记录形成的数据列。例如，同一时间不同家庭的收入和消费支出、某一年各个省（市）的国内生产总值、国家统计局人口普查数据等。

时间序列数据与横截面数据比较，其区别在于组成数据的排列标准不同。时间序列数据是按时间顺序排列，横截面数据是按统计单位排列。因此，横截面数据不要求统计对象与其范围相同，但要求统计的时间相同。也就是说，必须是同一时间截面上的数据。与时间序列数据一样，横截面数据的统计口径和计算方法也应当是可比的。例如，为了研究某一地区家庭消费与收入间的关系，我们需要上千同一个时间截面上各家庭的消费 C 和收入 I 的横截面数据。

当然，无论是时间序列数据还是横截面数据，它们都是以数据列的形式出现，因此特别要强调各数据之间的可比性，这种可比性包括指标的口径、方法以及内容等方面。

（三）混合数据

混合数据既有时间序列数据又有横截面数据。例如在居民收支调查中收集的对各个固定调查户在不同时期的调查数据，又如全国各省市不同年份的经济发展状况统计数据，这些都是混合数据。对于同一时间不同调查户的数据来说，这是横截面数据；对于同一调查户不同时间的数据来说，这又是时间序列数据。所以混合数据又称为定点时序数据。

（四）虚拟变量数据

时间序列数据和横截面数据都是反映定量事实的数据，这是计量经济分析中用得最多、最基本的数据。但是还有一些定性的事实，不能直接用一般的数量去计量，例如政府政策的变动、自然灾害、政治因素、战争与和平状态等。在计量经济研究中常发现，某些定性现象确实对所研究的经济变量有明显的影响，需要把它们引入计量经济模型。这时常用虚拟变量去表示这类定性现象的“非此即彼”的状态。在计量经济学中，我们把反映定性因素（或属性）变化、取值为 1 或 0 的人工变量称为虚拟变量。虚拟变量数据也称为二进制数据，一般取 0 或 1。通常“1”表示某种状态发生，“0”表示该种状态不发生。这样的虚拟变量也可以作为估计模型参数的数据使用。例如，在农业生产函数研究中，若设置虚拟变量表示气候环境对农业生产的影响，那么，相对于灾年，该变量取1，相对于正常年份，该变量取0。

1.3　建立与应用计量经济模型的主要步骤

应用计量经济学方法建立计量经济模型并用于研究客观经济现象，一般可分为五个步骤。

1.3.1　根据经济理论建立计量经济模型

计量经济学方法，就是定量分析经济现象中各因素之间数量关系的计量经济方法。因此，首先，根据经济理论分析所研究的经济现象，找出客观现象间的因果关系及相互间的联系。把问题作为因变量（或被解释变量），影响问题的主要因素作为自变量（或解释变量），非主要因素归入随机误差项。例如，一种商品的需求量受到商品自身价格、消费者收入水平及替代商品价格等多种因素的影响，投资取决于利率，消费取决于收入，产出取决于要素投入量等等。其次，按照它们之同的行为关系，选择适当的数学形式描述这些变量之间的关系，一般用一组数学上彼此独立、互不矛盾、完整有解的方程组表示。需求函数可用线性形式，也可用非线性形式。

变量选择正确的关键在于能否正确把握所研究经济现象的经济学内涵。理论模型的建立主要依据经济行为理论。例如常用的生产函数、需求函数、消费函数、投资函数等。此外，还可以根据散点图或用模拟的方法，选择一个拟合效果较好的数学模型。

1.3.2　样本数据收集

模型设立之后，应该根据模型中变量的含义、口径，收集并整理样本数据。计量经济研究中常用的数据有时间序列数据、横截面数据、混合数据和虚拟变量数据。

样本数据质量的好坏与样本数据的完整性、准确性、可比性和一致性有着密切关系。所谓完整性是指经济数据作为系统状态和其外部环境的数量描述必须是完整的。样本数据百分之百地完整无缺是难以达到的，但对于少数遗失数据，必须采用科学方法人为地补充，以达到相对完整。所谓数据的准确性：一是指它必须准确反映研究对象的状态；二是指它必须是模型中所要求的数据。数据的可比性问题就是通常所说的数据统计口径必须是一致的。所谓一致性是指样本数据的来源与被估计总体应属于同一个总体。

1.3.3　估计参数

在设立了理论模型并收集整理了符合模型要求的样本数据后，就可以选择适当的方法估计模型，得到模型参数的估计量。参数是计量经济模型中表现经济变量相互依存程度的因素，通常参数在模型中是一个相对稳定的量。在利用计量经济模型研究的经济现象的总体中，参数一般来说是未知的。由于随机误差项的存在，我们不可能精确地去计算参数的数值。我们能够获得的往往只是所研究总体的若干样本的观测值。如何通过样本观测数据正确地估计出总体模型的参数,是计量经济学的核心内容。经过实际估计所得出的参数估计量的取值称为参数的估计值,用一定的方法获得参数估计过程的公式,称为参数的估计式。如何去确定满足计量经济要求的参数估计式是理论计量经济学的一项主要内容。模型参数的估计过程是一个纯技术的过程,包括对模型进行识别(就联立方程模型而言)、估计方法的选择及参数的具体计算等。

估计模型中参数的方法有很多种。对于单方程模型,最常用的是普通最小二乘法,还有广义最小二乘法、极大似然估计法、矩估计方法、贝叶斯估计法等。对于联立方程模型,可用二阶段最小二乘法和三阶段最小二乘法等去估计参数。

1.3.4 模型检验

当模型中的参数被估计以后,应当说就初步完成了建模的过程,但是一般说来这样的模型不能直接加以应用。首先,这是因为我们在设定模型时,对所研究的经济现象的规律可能认识并不充分,所依据的经济理论对研究对象也许还不能作出正确的解释或说明;或者虽然经济理论是正确的,但可能我们对问题的认识只是从某些局部出发,或者只是考察了某些特殊的样本,以局部去说明全局的变化规律,必然会导致偏差。其次,我们用以估计参数的统计数据或其他信息可能并不十分可靠,或者是较多地采用了经济突变时期的数据,不能真实代表所研究的经济关系;也可能由于样本太小,所估计的参数只是抽样的某种偶然结果。此外,我们所建立的模型、所用的方法和所用的统计数据,还可能违反计量经济的基本假定,这时也会得出错误的结论。

因此,得到模型参数的估计量,说明计量经济模型已经初步建立起来了。但是,它能否客观地揭示所研究的经济现象中诸因素之间的关系,能否付诸应用,还要通过检验才能决定。如果模型通过了检验,就可以付诸应用;如果不能通过检验,则必须重新修正模型。

模型的检验就是对估计的模型参数进行检验。所谓检验就是对参数估计值加以评定,确定它们在理论上是否有意义,在统计上是否显著,只有通过检验的模型才能用于经济实际,所以模型检验也是重要的一环。

对计量经济模型的检验主要应从以下几方面进行:

(一)经济意义检验

经济意义检验即观测模型参数的符号(取正值或取负值)在经济意义上是否合理。模型中的变量和参数都有特定的经济意义。经济理论通常对这些变量以及参数的符号和取值范围作出了理论说明。如果所估计的模型与经济理论完全相符,说明我们所观测的事实证实了这种理论;反之,如果所估计的模型与理论说明不相符,则需设法从模型设定、估计方法、统计数据等方面找出导致错误结论的原因,并采取必要的修正措施,否则参数估计值将被视为不可靠。

只有当模型中的参数估计值通过所有经济意义的检验,方可进行下一步检验。模型参数估计量的经济意义检验是一项最基本的检验;经济意义不合理,不管其他方面的质量多么高,模型也是没有实际价值的。

（二）统计意义检验

模型的参数是用变量的观测值估计的。为了检验参数估计值是否为抽样的偶然结果，需要运用数理统计中的统计推断方法，对模型及参数的统计可靠性作出说明。统计意义检验，就是从数学上证明所建立的模型是否成立，即评定建立在样本观测值基础上的参数估计值的可靠性和精确程度。统计检验通过计算一系列统计量以及对这些统计量的分析，从不同侧面论证模型变量选择、函数形式确定、参数估计的科学性和可靠性。通常最广泛应用的统计检验有回归方程标准误差的评价、拟合优度检验、单个变量的显著性检验和整个回归模型的显著性检验等。

（三）计量经济学意义检验

计量经济学意义检验的目的在于判断所采用的计量经济方法是否令人满意，计量经济方法的假设条件是否得到满足，从而确定统计检验的可靠性。计量经济模型的参数估计方法有多种，每一种方法的应用都有相当严格的假设条件。当某一方法应用的条件得到满足时，应用该方法估计的模型参数才具有无偏性、有效性和一致性的特征。否则，参数估计值就有可能提供虚假信息，并不代表真实参数。如果用虚假的参数估计值进行理论检验与统计检验，又会造成这两种检验的不可靠和不可信。各种参数估计方法应用要求的条件互有差异，但在要求随机误差项具有齐性方差及不存在序列相关、解释变量为非随机变量、解释变量之间不存在高度线性相关这几点上是共同的。因此，计量经济学意义检验的主要内容，就集中在判定随机误差项是否存在异方差和序列相关、解释变量是否为随机变量以及解释变量之间是否存在高度的线性相关问题上。凡经过检验证明这些问题不存在，便表明模型参数估计的基本条件是可以满足的，参数估计值是可信的。如果经检验发现随机误差项存在异方差和序列相关问题、解释变量中存在随机变量、解释变量之间线性相关程度高，就表明模型参数估计的基本条件不具备，需要应用一定的方法对模型和变量进行处理，在消除了参数估计的条件障碍后，再进行参数估计。

1.3.5 模型应用

经济系统中各部分之间、经济过程中各环节之间、经济活动中各因素之间，除了存在经济行为理论上的相互联系之外，还存在数量上的相互依存关系。研究客观存在的这些数量关系是经济研究的一项重要任务，是经济决策的一项基础性工作，是发展经济理论的一种重要手段。计量经济学则是经济数量分析的最重要的分支学科。

计量经济模型的应用大体可以概括为四个方面：结构分析、经济预测、政策评价、检验与发展经济理论。

（一）结构分析

经济学中的结构分析就是利用模型对经济变量之间的相互关系作出研究，也就是分析当其他条件不变时，模型体系中的解释变量发生一定的变动，对被解释变量的影响程度。它不同于人们通常所说的诸如产业结构、产品结构、消费结构、投资结构中的结构分析。它研究的是当一个变量或几个变量发生变化时会对其他变量以至经济系统产生什么样的影响。从这个意义上讲，我们所进行的经济系统定量研究工作其实就是结构分析。常用的经济结构分析方法有乘数分析、弹性分析与比较静力分析等。

乘数，是经济学中一个重要概念，是某一变量变动一个单位时引起另一变量变动程度的度量，即变量的变化量之比，也称倍数。它直接度量经济系统中变量之间的相互影响，经常被用来研究解释变量的变化对被解释量的影响，对于实现经济系统的调控有重要作用。乘数也可以从计量经济模型中很方便地求得。

弹性，也是经济学中一个重要概念，是某一变量的相对变化引起另一变量的相对变化的度量，即变量的变化率之比。在经济研究中，除了需要研究经济系统中变量绝对量之间的关系，还要掌握变量的相对变化所带来的相互影响，以掌握经济活动的数量规律和有效地控制经济系统。

比较静力分析的内容是比较经济系统的不同平衡位置之间的联系，探索经济系统从一个平衡点到另一个平衡点时变量的变化，研究系统中某个变量或参数的变化对另外变量或参数的影响。

(二)经济预测

计量经济模型作为一类经济数学模型，是从用于经济预测特别是短期预测而发展起来的。在20世纪五六十年代，计量经济模型在西方国家经济预测中就不乏成功的实例，成为了经济预测的一种主要模型方法。但是20世纪70年代以来，人们对计量经济模型的预测功能提出了质疑，起因并不是它未能对发生于1973年和1979年的两次石油危机进行预报，而是几乎所有的模型都无法预测石油危机对经济造成的影响。对计量经济模型的预测功能的批评是有道理的，或者说计量经济模型的预测功能曾经被夸大了。应该看到，计量经济模型以模拟历史、从已经发生的经济活动中找到变化规律为主要技术手段。于是，对于非稳定发展的经济过程，对于缺乏规范行为理论的经济活动，计量经济模型显得无能为力。同时，还应该看到20世纪40~60年代甚至后来建立的计量经济模型都是以凯恩斯理论为经济理论基础的，而经济理论本身已经有了很大的发展，滞后于经济现实与经济理论的模型在应用中当然要遇到障碍。

为了适应经济预测的需要，计量经济模型技术也在不断发展之中。将计量经济模型与其他经济数学模型相结合，是一个主要发展方向。

(三)政策评价

政策的优劣对经济发展有极大影响，在多种可供选择的政策中择其优者加以实施，是经济管理者的重要任务。计量经济模型的一大应用就是政策评价。所谓政策评价，是利用估计好的计量经济模型在许多不同政策方案之间进行选择。通常做法是先用模型作一个基准运行，也就是在现行政策不变的情况下，对经济系统的运行结果作一些政策假设，如：提高利率一个百分点，再运行模型，比较前后两次运行的结果；观察国内生产总值、通货膨胀率等经济变量值的变化，从而模拟出某项政策或政策组合的效果。

计量经济模型用于政策评价主要有三种方法：一是工具目标法，即给定目标变量的预期值，即我们希望达到的目标，通过求解模型，得到政策变量值。二是政策模拟，即将各种不同的政策变量数值代入模型，计算各自的目标值，然后比较其优劣，决定政策的取舍。三是最优控制方法，即将计量经济模型与最优化方法结合起来，选择使得目标最优的政策或政策组合。

(四)检验和发展经济理论

实践是唯物辩证法首要的和基本的观点,也是检验真理的唯一标准。任何经济学理论,只有当它成功地解释了过去,才能为人们所接受。计量经济模型提供了一种检验经济理论的很好的方法。从建立计量经济模型的步骤中不难发现,一个成功的模型,必须很好地拟合样本数据,而样本数据是已经发生的经济活动的客观再现,所以在模型中表现出来的经济活动的数量关系是经济活动所遵循的经济规律,即理论的客观再现。于是,就提出了计量经济模型的两方面功能:一是按照某种经济理论去建立模型,然后用实际的样本数据去估计模型。如果得到的结果能够验证建模所依据的经济理论,就表明这种理论是正确的;如果不能得到验证,就表明这种理论是错误的。这就是检验理论。二是用表现已经发生的经济活动的样本数据去拟合各种模型。拟合最好的模型所表现出来的数量关系,就是经济活动所遵循的经济规律,即理论。这就是发现和发展理论。

本章小结

计量经济学是经济学的一个分支学科,是以揭示经济活动客观存在的数量关系为内容的分支学科。

计量经济学作为经济学的一个分支,在经济学科中具有重要位置,其理论方法已经形成了庞大的内容体系。

从不同角度,计量经济学可以有多种分类:按照研究范围不同,可分为广义计量经济学和狭义计量经济学;按照研究对象不同,可分为理论计量经济学和应用计量经济学,也可分为微观计量经济学和宏观计量经济学等。

计量经济学模型的应用大体包括四个方面:结构分析、经济预测、政策评价、检验和发展经济理论。

思考和练习

1. 计量经济学是一门什么样的学科?
2. 计量经济学与经济理论、数学、统计学的联系和区别是什么?
3. 计量经济研究中如何进行理论模型的设定?
4. 计量经济学模型的检验包括哪几个方面? 为什么要进行模型的检验?
5. 计量经济学模型中的被解释变量和解释变量、内生变量和外生变量是如何划分的?
6. 计量经济学中常用的数据类型有哪些? 各举一例说明。
7. 计量经济学作为一门独立的经济学科正式诞生的标志是什么?
8. 试论计量经济学在经济学科中的地位。

第2章 一元线性回归模型

学习目的与要求

1. 理解一元线性回归模型的特征和基本假设。

2. 熟练运用最小二乘法对一元线性回归模型进行参数估计，掌握一元线性回归模型参数估计量的统计性质。

3. 熟练掌握运用统计检验方法对回归模型及回归参数进行检验。

2.1 回归分析和回归函数

2.1.1 相关分析与回归分析

(一)经济变量间的相互关系

客观现象之间的数量联系存在着两种不同的类型：一种是函数关系；另一种是相关关系。

当一个变量或几个变量取一定的值时，另一个变量有确定的值与之相对应，则变量之间存在确定性的函数关系。例如，某种股票的成交额 Y 与该股票的成交量 X、成交价格 P 之间的关系可以用 $Y=PX$ 来表示，这就是一种函数关系。一般把作为影响因素的变量称为自变量，把发生对应变化的变量称为因变量。

当一个或几个相互联系的变量取一定数值时，与之相对应的另一变量的值虽然不确定，但它仍按某一规律在一定的范围内变化。变量之间的这种相互关系，称为具有不确定性的相关关系。例如，储蓄额与国内生产总值的关系、失业率与通货膨胀率的关系等都属于相关关系。不同地区家庭的人均食品支出与人均收入之间为相关关系：人均收入高的地区，人均食品支出往往较高；但是人均收入相同的地区，人均食品支出不一定相同，这是因为后者同时与地区价格水平以及居民的消费习惯等随机因素有关。又如，生育率与人均国内生产总值的关系也属于典型的相关关系：人均国内生产总值高的国家，生育率往往较低，但是两者没有唯一确定的关系，这是因为除经济因素外，生育水平还受教育水平、城市化水平以及不易测量的民族风俗、宗教和其他随机因素的共同影响。

变量之间的相关关系可以按不同的标志加以划分，具体如下：

(1)按相关方向划分

变量之间的相关关系按相关的方向可分为正相关和负相关。正相关是指变量之间存在着同方向变动的关系，即一个变量增加时，另一个变量也随之增加。例如，居民的消费支出随可支配收入的增加而增加,工人的工资随生产水平的不断提高而增加,即为正相关关系。负相关是指变量之间存在着反方向变动的关系,即一个变量增加时,另一个变量却随之减小。例如,单位生产成本随劳动生产率的提高而减少,利润随单位产品成本的降低而增加,即为负相关关系。

(2)按相关形式划分

变量之间的相关关系按相关的形式可分为线性相关和非线性相关。当一个变量变动时,另一个变量随之发生大致均匀的变动,在直角坐标系上其观察值的分布近似地表现为一条直线,则变量之间的相关关系为线性相关。例如,人均消费水平与人均收入水平通常呈线性关系。如果当一个变量变动时,另一个变量也随之发生变动,但并不表现为直线的关系,而是近似于某种曲线方程的关系,则变量之间的相关关系为非线性相关(又称曲线相关)。例如,单位产品成本与产品总产量之间的相关关系就是一种非线性相关。

(3)按相关程度划分

变量之间的相关关系按相关的程度可分为完全相关、不完全相关和不相关。当一个变量的数量完全由另一个变量的数量变化所确定时,两者之间即为完全相关。例如,在价格不变的条件下,销售额与销售量之间的正比例函数关系即为完全相关。此时相关关系便成为函数关系,因此也可以说函数关系是相关关系的一个特例。当变量之间彼此互不影响,其数量变化各自独立时,则变量之间为不相关(又称零相关)。例如,股票价格的高低与气温的高低一般情况下是不相关的。如果两个变量的关系介于完全相关和不相关之间,称为不完全相关。由于完全相关和不相关的数量关系是确定的或相互独立的,因此统计学中相关分析的主要研究对象是不完全相关。

(4)按变量多少划分

变量之间的相关关系按变量的多少可划分为单相关、复相关和偏相关。两个变量的相关,即一个变量对另一个变量的相关关系,称为单相关,如国内储蓄率与人均国内生产总值的相关关系。一个变量对两个或两个以上变量的相关关系,称为复相关。例如,某种商品的需求量与价格、收入之间的相关关系,即为复相关。在一个变量与两个或两个以上的变量相关的条件下,当假定其他变量不变时,其中两个变量的相关关系称为偏相关。例如,在假定商品价格不变的条件下,该商品的需求量与消费者收入水平的相关关系即为偏相关。

(二)简单线性相关关系的度量

(1)简单相关系数

在各种类型的相关分析中,只有两个变量的线性相关关系的分析是最简单的。两个变量之间线性相关程度可以用简单线性相关系数去度量。这种相关系数是最常用的,称为相关系数。若相关系数是根据总体全部数据计算的,称为总体相关系数,记为 ρ;若是根据样本数据计算的,称为样本相关系数,记为 r。总体相关系数的计算公式为:

$$\rho = \frac{Cov(X,Y)}{\sqrt{Var(X)Var(Y)}} \tag{2.1.1}$$

其中,$Var(X)$ 为变量 X 的方差,$Var(Y)$ 为变量 Y 的方差,$Cov(X,Y)$ 为变量 X 和 Y 的

协方差。

总体相关系数反映了两个变量 X 和 Y 的线性相关程度。对于特定的总体来说，X 和 Y 的数值是既定的，总体相关系数 ρ 是客观存在的特定数值。然而，总体相关系数往往又是未知的。通常的做法是从总体中随机抽取一定数量的样本，通过 X 和 Y 的样本观测值 X_i 和 Y_i 去计算样本相关系数。变量 X 和 Y 的样本相关系数通常用 r_{XY} 表示，或简记为 r，可以用公式(2.1.2) 或式(2.1.3) 来估计：

$$r_{X,Y}=\frac{\sum(X_i-\bar{X})(Y_i-\bar{Y})}{\sqrt{\sum(X_i-\bar{X})^2\sum(Y_i-\bar{Y})^2}} \tag{2.1.2}$$

或

$$r_{XY}=\frac{n\sum X_iY_i-\sum X_i\sum Y_i}{\sqrt{n\sum X_i^2-(\sum X_i)^2}\cdot\sqrt{n\sum Y_i^2-(\sum Y_i)^2}} \tag{2.1.3}$$

其中，X_i 和 Y_i 分别表示变量 X 和 Y 的样本观测值；$\bar{X}$ 和 $\bar{Y}$ 分别表示变量 X 和 Y 的样本平均值；n 为样本个数，也称为样本容量。

(2) 样本相关系数的特点

① 相关系数的取值范围在 -1 和 1 之间，即：$-1\leqslant r\leqslant 1$。

② 计算结果，若 r 为正，则表明两变量为正相关；若 r 为负，则表明两变量为负相关。

③ 相关系数 r 的数值越接近于 -1 或 1，表示相关程度越强；越接近于 0，表示相关程度越弱。如果 $r=1$ 或 -1，则表示两个现象完全直线性相关。如果 $r=0$，则表示两个现象完全不相关(不是直线相关)。

④ 判断两变量线性相关密切程度的具体标准为：

$0\leqslant|r|<0.3$，称为微弱相关；$0.3\leqslant|r|<0.5$，称为低度相关；$0.5\leqslant|r|<0.8$，称为显著相关；$0.8\leqslant|r|<1$，称为高度相关。

值得说明的是，简单样本相关系数只能够测定两个变量之间存在的线性相关关系。也就是说，如果两个变量之间 r 数值较大，也只能够说明两者之间存在较强的线性关系。如果两者之间 r 为 0，并不能说明两者之间不存在除线性形式以外的其他形式的相关关系。

(三) 回归分析

相关关系能说明现象间有无关系，但它不能说明一个现象发生一定量的变化时，另一个变量将会发生多大量的变化。也就是说，它不能说明两个变量之间的一般数量关系值。依据相关关系的具体形态，选择一个合适的数学模型来近似地表达变量间的平均变化关系就称为回归分析。

“回归”一词是由英国生物学家高尔顿(Galton)在研究人类身高遗传时提出的。他发现，对于一定身高的父母，子女的平均身高有朝向中间值集中的趋势，这就是“回归”的古典意义。

现代意义上的“回归”是关于一个变量(被解释变量或因变量)对另一个或多个变量(解释变量)依存关系的研究。把变量之间的具体变动关系模型化，求出关系方程式，找出一个能够反映变量间变化关系的函数关系式,并据此进行估计和推算。通过回归分析,可以将相关变量之间不确定、不规则的数量关系一般化、规范化。从而可以根据自变量的某一个给定值推断出因变量的可能值(或估计值)。

相关分析研究变量之间相关的方向和相关程度,但它不能指出变量间相互关系的具体形式,也无法从一个变量的变化来推测另一个变量的变化情况。回归分析则是研究变量之间相互关系的具体形式,它对具有相关关系的变量之间的数量联系进行测定,确定一个相关的数学方程,根据这个数学方程可以从已知量推测未知量,从而为估算和预测提供了一个重要的方法。

回归分析包括多种类型,根据所涉及变量的多少不同,可分为简单回归和多元回归。简单回归又称一元回归,是指两个变量之间的回归。其中一个变量是自变量,另一个变量是因变量。

根据变量变化的表现形式不同,回归分析也可分为直线回归和曲线回归。对具有直线相关关系的现象配之以直线方程进行回归分析,即直线回归;对具有曲线相关关系的现象配之以曲线方程进行回归分析,则称为曲线回归。

2.1.2　总体回归函数

在回归分析中,我们把被预测或被解释的变量称为因变量(Dependent Variable),用 Y 表示。把用来预测或用来解释因变量的一个或多个变量称为自变量(Independent Variable),用 X 表示。例如,在研究我国居民人均国内生产总值和人均消费水平关系时,一般经济理论告诉我们,消费是由收入决定的,或者说收入影响消费水平。故我们把人均国内生产总值作为自变量,把人均消费水平作为因变量。

如果总体回归函数是只有一个解释变量的线性函数,则有:

$$Y_i = \beta_0 + \beta_1 X_i + u_i \tag{2.1.4}$$

式(2.1.4)表明,Y 是 X 的线性函数(部分)加上误差项。线性部分反映了由于 X 的变化而引起的 Y 的变化;随机扰动项 u_i 反映了除 X 和 Y 之间的线性关系之外的随机因素对 Y 的影响,是不能由 X 和 Y 之间的线性关系所解释的变异性。在总体回归函数中引入随机扰动项,主要有以下几个方面的考虑:

(1) 作为未知影响因素的代表。由于对所研究经济现象的变动规律的认识并不完备,除了一些已知的主要因素以外,还有一些未被认识或尚不能肯定的因素影响着被解释变量,因此只能利用随机扰动项作为被模型略掉的未知因素的代替。

(2) 作为无法取得数据的已知因素的代表。有一些因素已经知道对被解释变量有相当的影响,但可能无法获得这些变量的定量数据。例如在研究家庭消费支出时,根据有关经济理论分析,认为家庭财产的数量对家庭消费支出也有影响,可是一般情况下取得家庭财产的数据有困难,在计量经济模型中不得不把家庭财产略去,因此这类变量的影响被纳入随机扰动项。

(3) 作为众多细小影响因素的综合代表。某些影响因素被认识到,其数据也可能获得,如影响家庭消费支出的还可能有家庭子女数、性别构成、民族习惯、受教育程度等,但是这些因素或许对被解释变量家庭消费支出的影响比较小,或许其影响不很规则,或许有的可能不易量化,故将它们作为随机扰动项来对待。

(4) 模型的设定误差。在设定经济计量模型时，总是力图使模型更为简单明了，当利用较少的解释变量就能够说明被解释变量的实质变化时，就不应该把更多的解释变量列入模型。这样，变量和函数形式的设定可能会引起设定误差。这种设定误差也要由随机扰动项来表示。

(5) 变量的观测误差。对社会经济现象观测所得到的统计数据，由于主客观的原因，可能会有一定的观测误差，这种观测误差只有归入随机扰动项。

(6) 经济现象的内在随机性。某些涉及人们思想行为的变量由于具有内在的随机性而很难被完全控制，这种内在的随机性也可能影响人们的经济行为。这类变量内在的随机性的影响只能归入随机扰动项。

由此可见，随机扰动项具有十分丰富的内容，在计量经济研究中起着重要的作用，随机扰动项的性质在一定程度上决定着计量经济方法的选择和使用。

2.1.3 样本回归函数

对于实际的经济问题，通常总体包含的单位数很多，因而无法掌握所有单位的数值，这种情况下总体回归函数实际上是未知的。我们可能做到的只是对应于解释变量 X 的选定水平，对被解释变量 Y 的某些样本进行观测，然后通过对样本观测获得的信息去估计总体回归函数。

如果把被解释变量 Y 的样本条件均值表示为解释变量 X 的某种函数，则这个函数称为样本回归函数。样本回归函数如为线性函数，可表示为：

$$\hat{Y}_i = \hat{\beta}_0 + \hat{\beta}_1 X_i \tag{2.1.5}$$

式中，$\hat{Y}_i$ 为回归线上与 X_i 相对应的 Y 的样本条件均值；$\hat{\beta}_0$ 和 $\hat{\beta}_1$ 分别为样本回归函数的截距项和斜率，可视为对总体回归函数中系数 β_0 和 β_1 的估计。

与总体回归函数相类似，实际观测的被解释变量值 Y_i 并不完全等于样本条件均值 $\hat{Y}_i$，两者之差可用 e_i 表示，则有：

$$\hat{Y}_i - Y_i = e_i \tag{2.1.6}$$

或者

$$Y_i = \hat{\beta}_0 + \hat{\beta}_1 X + e_i \tag{2.1.7}$$

式(2.1.6)、式(2.1.7)中的 e_i 称为剩余项，或称为残差。e_i 在概念上类似于总体回归的随机扰动项 u_i，可以认为残差项即为随机扰动项的一个近似代替。

2.2 简单线性回归模型参数的估计

估计线性回归模型的方法有若干种，其中使用最广泛的是普通最小二乘法(Ordinary Least Squares, OLS)。为了保证参数估计量具有良好的性质，通常对模型提出若干基本假定。如果实际模型满足这些基本假设，普通最小二乘法就是一种适用的估计方法；如果实际模型不满足这些基本假定，普通最小二乘法就不再适用，而要发展其他方法来估计模型。所以严格来说，下面的假设并不是针对模型的，而是针对普通最小二乘法的。

2.2.1　简单线性回归模型的基本假定

对于式(2.1.4)而言,基本假设包括对解释变量 X_i 的假定,以及对随机扰动项 u_i 的假定。

假定 1:解释变量 X_i 是确定性变量,不是随机变量,而且在重复抽样中取固定值。

假定 2:在给定解释变量 X_i 的条件下,随机扰动项 u_i 的条件期望或条件均值为零,即零均值假定:

$$E(u_i|X_i) = 0 \tag{2.2.1}$$

假定 3:对于给定的每一个 X_i,随机扰动项 u_i 的条件方差都等于某一个常数 σ^2,即同方差假定:

$$Var(u_i|X_i) = \sigma^2 \tag{2.2.2}$$

假定 4:随机扰动项 u_i 无序列自相关,即对于 i、$j(i \neq j)$,u_i、u_j 的协方差为零:

$$Cov(u_i, u_j) = 0 \tag{2.2.3}$$

假定 5:随机扰动项 u_i 与解释变量 X_i 不相关,即:

$$Cov(u_i, X_i) = 0 \tag{2.2.4}$$

以上假定称为线性回归模型的经典假定或高斯假设,满足该假定的线性回归模型,也称为经典线性回归模型。

2.2.2　参数的最小二乘估计

已知一组样本观测点$(X_i, Y_i)(i = 1,2,\cdots,n)$,要求样本回归函数尽可能好地拟合这组值,即样本回归直线上的点 $\hat{Y}_i$ 与真实观测点 Y_i 的“总体偏差”尽可能地小,或者说被解释变量的估计值与观测值应该在总体上最为接近。最小二乘法给出的判断标准是,两者之差的平方和,即残差平方和最小:

$$Q = \sum_{i=1}^{n} e_i{}^2 = \sum_{i=1}^{n}(Y_i - \hat{Y}_i)^2 = \sum_{i=1}^{n}(Y_i - \hat{\beta}_0 - \hat{\beta}_1 X_i)^2 = \text{最小} \tag{2.2.5}$$

在给定了样本数据后,Q 是 $\hat{\beta}_0$ 和 $\hat{\beta}_1$ 的函数,且最小值总是存在的。根据微积分的极值定理,对 Q 求相应于 $\hat{\beta}_0$ 和 $\hat{\beta}_1$ 的偏导数,并令其等于 0,便可求出 $\hat{\beta}_0$ 和 $\hat{\beta}_1$,即:

$$\begin{cases} \dfrac{\partial Q}{\partial_0} = -2\sum_{i=1}^{n}(Y_i - \hat{\beta}_0 - \hat{\beta}_1 X_i) = 0 \\ \dfrac{\partial Q}{\partial_1} = -2\sum_{i=1}^{n}(Y_i - \hat{\beta}_0 - \hat{\beta}_1 X_i)X_i = 0 \end{cases} \tag{2.2.6}$$

经化简得到 $\hat{\beta}_0$ 和 $\hat{\beta}_1$ 的标准方程组:

$$\begin{cases} \sum_{i=1}^{n} Y_i = n\hat{\beta}_0 + \hat{\beta}_1 \sum_{i=1}^{n} X_i \\ \sum_{i=1}^{n} X_i Y_i = \hat{\beta}_0 \sum_{i=1}^{n} X_i + \hat{\beta}_1 \sum_{i=1}^{n} X_i{}^2 \end{cases} \tag{2.2.7}$$

解上述方程组,得:

$$\hat{\beta}_1 = \frac{n\sum X_iY_i - \sum X_i\sum Y_i}{n\sum X_i^2 - (\sum X_i)^2} \tag{2.2.8}$$

$$\hat{\beta}_0 = \frac{\sum X_i^2\sum Y_i - \sum X_i\sum X_iY_i}{n\sum X_i^2 - (\sum X_i)^2} \tag{2.2.9}$$

式(2.2.8)和式(2.2.9)即是根据样本观测值X_i和Y_i计算的参数β_1,β_0的最小二乘估计量。

如果令$x_i = X_i - \bar{X}$,$y_i = Y_i - \bar{Y}$,x_i和y_i分别称为X_i和Y_i的离差形式。容易证明,式(2.2.8)和式(2.2.9)可用离差形式表示为:

$$\hat{\beta}_1 = \frac{n\sum X_iY_i - \sum X_i\sum Y_i}{n\sum X_i^2 - (\sum X_i)^2} = \frac{\sum x_iy_i}{\sum x_i^2} \tag{2.2.10}$$

$$\hat{\beta}_0 = \bar{Y} - \hat{\beta}_1\bar{X} \tag{2.2.11}$$

2.2.3　最小二乘估计量的性质

如前所述,由于抽样的随机性,由最小二乘法得出的参数估计量本质上为随机变量,其估计值的大小或多或少都会与总体参数的真实值存在一定的差距,因此需要从理论上探讨参数估计量的统计学性质,根据某种准则来评价这一估计量的好坏。

一个用于考察总体的估计量,可从如下几个方面考察其优劣性:① 线性性,即它是否是另一个随机变量的线性函数;② 无偏性,即它的均值或期望是否等于总体的真实值;③ 有效性,即它是否在所有线性无偏估计量中具有最小方差;④ 渐进无偏性,即样本容量趋于无穷大时,它的均值序列是否趋于总体的真实值;⑤ 一致性,即样本容量趋于无穷大时,它是否依概率收敛于总体的真值;⑥ 渐进有效性,即样本容量趋于无穷大时,它在所有的一致估计量中是否具有最小方差性。

这里,前三个准则也称为估计量的小样本性质(Small Sample Properties),因为一旦某个估计量具有该性质,它是不以样本的大小而改变的。拥有这类性质的估计量称为最佳线性无偏估计量(Best Linear Unbiased Dstimator,BLUE)。当然,在小样本情形下,有时很难找到最佳线性无偏估计量,这时就需要考察样本容量增大时估计量的渐进性质。后三个准则称为估计量的大样本性质或渐进性质。如果小样本情况下不能满足估计的准则,则应扩大样本容量,考察参数估计量的大样本性质。

可以证明,在经典线性回归的假定下,最小二乘估量具有最佳线性无偏估计量性质。

(一) 线性性

估计量$\hat{\beta}_0$,$\hat{\beta}_1$是Y_i的线性组合,由式(2.2.10)可知:

$$\hat{\beta}_1 = \frac{\sum x_iy_i}{\sum x_i^2} = \sum\left(\frac{\sum x_i}{\sum x_i^2}\right)Y_i = \sum k_iY_i$$

上式中,$k_i = \frac{\sum x_i}{\sum x_i^2}$。在重复抽样中,$X_i$取一组固定值,$k_i$为一组常数,且$k_i$具有如下

性质：① $\sum k_i = 0$；② $\sum k_i x_i = \sum k_i X_i = 1$，于是：

$$\hat{\beta}_1 = \sum k_i Y_i = k_1 Y_1 + k_2 Y_2 + \cdots + k_n Y_n \tag{2.2.12}$$

由于 k_i 为一组常数，所以 $\hat{\beta}_1$ 是 Y_i 的线性函数。

类似地，有：

$$\hat{\beta}_0 = \bar{Y} - \hat{\beta}_1 \bar{X} = \bar{Y} - \bar{X}\sum k_i Y_i = \sum\left(\frac{1}{n} - \bar{X}k_i\right)Y_i \tag{2.2.13}$$

其中，$n, \bar{X}, k_i$ 均为固定常数，所以 $\hat{\beta}_0$ 也是 Y_i 的线性函数。

（二）无偏性

由式(2.2.12)可知：

$$\begin{aligned}\hat{\beta}_1 = \sum k_i Y_i &= \sum k_i(\beta_0 + \beta_1 X_i + u_i)\\ &= \beta_0 \sum k_i + \beta_1 \sum k_i X_i + \sum k_i u_i\\ &= \beta_1 + \sum k_i u_i\end{aligned} \tag{2.2.14}$$

$$E(\ _1) = E(\beta_1 + \sum k_i u_i) = \beta_1 + \sum k_i E(u_i) \tag{2.2.15}$$

根据古典假定 $E(u_i) = 0$，所以：

$$E(\hat{\beta}_1) = \beta_1 \tag{2.2.16}$$

类似地：

$$\begin{aligned}E(\hat{\beta}_0) = E(\bar{Y} - \hat{\beta}_1\bar{X}) &= E(\bar{Y}) - \bar{X}E(\hat{\beta}_1)\\ &= \beta_0 + \beta_1\bar{X} - \bar{X}\beta_1\\ &= \beta_0\end{aligned} \tag{2.2.17}$$

其中，$E(\bar{Y}) = E\left(\frac{\sum Y_i}{n}\right) = E\left(\frac{\sum \beta_0 + \beta_1 X_i + u_i}{n}\right) = \beta_0 + \beta_1\bar{X}$，故：

$$E(\hat{\beta}_0) = \beta_0 \tag{2.2.18}$$

这表明普通最小二乘估计量 $\hat{\beta}_0$、$\hat{\beta}_1$ 分别是待估参数 β_0, β_1 的无偏估计量。

（三）有效性

为了说明普通最小二乘估计量的特性，必须求出 $\hat{\beta}_0$ 和 $\hat{\beta}_1$ 的方差的公式，这里我们直接给出两者的方差协方差矩阵：

$$Var - Cov(\boldsymbol{\beta}) = \begin{pmatrix} Var(\hat{\beta}_0) & Cov(\hat{\beta}_0, \hat{\beta}_1)\\ Cov(\hat{\beta}_1, \hat{\beta}_0) & Var(\hat{\beta}_1)\end{pmatrix}$$

$$= \sigma^2 \begin{pmatrix} \dfrac{\sum X_i^2}{n\sum {x_i}^2} & \dfrac{-\bar{X}}{\sum {x_i}^2}\\ \dfrac{-\bar{X}}{\sum {x_i}^2} & \dfrac{1}{\sum {x_i}^2}\end{pmatrix} \tag{2.2.19}$$

可以证明，在总体回归函数参数 β_0, β_1 的所有无偏估计量中，普通最小二乘估计量 $\hat{\beta}_0$ 和 $\hat{\beta}_1$ 具有最小方差性。

在计量经济学中还常用标准误差去度量估计量的精确程度,标准误差是方差的平方根,可用 SE(Standard Deviation) 表示,根据式(2.2.19) 知:

$$SE(\hat{\beta}_0) = \sigma\sqrt{\frac{\sum X_i^2}{n\sum x_i^2}} \tag{2.2.20}$$

$$SE(\hat{\beta}_1) = \frac{\sigma}{\sqrt{\sum x_i^2}} \tag{2.2.21}$$

在 $\hat{\beta}_0$ 和 $\hat{\beta}_1$ 的方差和标准差的公式中,除了含有样本观测值外,都包含了随机扰动项 u_i 的方差 σ^2。但由于 σ^2 往往是未知的,因此需要通过样本去估计。可以证明,在简单线性回归模型中,σ^2 的无偏估计量 $\hat{\sigma}^2$ 为:

$$\hat{\sigma}^2 = \frac{\sum e_i^2}{n-2} \tag{2.2.22}$$

其中,$\sum e_i^2$ 为残差平方和,$n-2$ 为自由度。

2.3 回归直线的拟合优度

回归直线 $\hat{Y}_i = \hat{\beta}_0 + \hat{\beta}_1 X_i$ 在一定程度上描述了变量 X 与 Y 之间的数量关系。根据这一方程,我们可根据自变量 X 的取值来估计或预测因变量 Y 的取值。但估计或预测的精度如何取决于回归直线对观测数据的拟合程度。可以想象,如果各观测数据的散点都落在这一直线上,那么这条直线就是对数据的完全拟合,直线充分代表了各个点,此时用 X 来估计 Y 是没有误差的。各观测点越是紧密围绕直线,说明直线对观测数据的拟合程度越好,反之则越差。我们把回归直线与各观测点的接近程度称为回归直线对数据的拟合优度(Goodness of Fit)。为说明直线的拟合优度,我们首先需要对因变量 Y 进行方差分解,进而计算判定系数。

2.3.1 总变差的分解

因变量 Y 的取值是不同的,Y 取值的这种波动称为变差。变差的产生来自两个方面:一是自变量 X 的取值不同;二是除 X 以外的其他因素(如 X 对 Y 的非线性影响、测量误差等)的影响。对一个具体的观测值来说,变差的大小可以用实际观测值 Y 与其均值 $\bar{Y}$ 之差 $(Y-\bar{Y})$ 来表示。如图 2-1 所示,对每个观测点的离差都可以分解为:

$$(Y_i - \bar{Y}) = (Y_i - \hat{Y}_i) + (\hat{Y}_i - \bar{Y}) \tag{2.3.1}$$

将式(2.3.1) 两边平方,并对所有的点求和,得到:

$$\sum (Y_i - \bar{Y})^2 = \sum (Y_i - \hat{Y})^2 + \sum (\hat{Y}_i - \bar{Y})^2 + 2\sum (Y_i - \hat{Y}_i)(\hat{Y}_i - \bar{Y}) \tag{2.3.2}$$

由于 $\sum (Y_i - \hat{Y}_i)(\hat{Y}_i - \bar{Y}) = \sum e_i(\hat{\beta}_0 + \hat{\beta}_1 X_i - \bar{Y}) = \sum e_i(\hat{\beta}_0 - \bar{Y}) + \hat{\beta}_1 \sum e_i X_i$

$$\tag{2.3.3}$$

由式(2.2.6)可知：

$$\sum e_i = 0, \qquad \sum e_i X_i = 0$$

故：

$$\sum (Y_i - \hat{Y}_i)(\hat{Y}_i - \bar{Y}) = 0 \tag{2.3.4}$$

所以有：

$$\sum (Y_i - \bar{Y})^2 = \sum (Y_i - \hat{Y})^2 + \sum (\hat{Y}_i - \bar{Y})^2 \tag{2.3.5}$$

式(2.3.5)中$\sum (Y_i - \bar{Y})^2$式被解释变量的观测值与其均值的离差平方和，称为总离差平方和，用 *TSS*(Total Sumo f Squares)表示：

$$TSS = \sum (Y_i - \bar{Y})^2 \tag{2.3.6}$$

$\sum (\hat{Y}_i - \bar{Y})^2$是回归值$\hat{Y}_i$与均值$\bar{Y}$的离差平方和。根据估计的回归方程，估计值$\hat{Y}_i = \hat{\beta}_0 + \hat{\beta}_1 X_i$，因此可以把$(\hat{Y}_i - \bar{Y})$看做由于自变量 X 的变化引起的 Y 的变化，而其平方和$\sum (\hat{Y}_i - \bar{Y})^2$则反映了 Y 的总变差中由于 X 与 Y 之间的线性关系引起的 Y 的变化部分。它是可以由回归直线来解释的 Y_i 变差部分，称为回归平方和，记为 *ESS*(Explained Sum of Squares)：

$$ESS = \sum (\hat{Y}_i - \bar{Y})^2 \tag{2.3.7}$$

$\sum (Y_i - \hat{Y}_i)^2$是各实际观测点与回归值的残差$(Y_i - \hat{Y}_i)$平方和，它是除了 X 对 Y 的线性影响之外的其他因素对 Y 变差的作用，是不能由回归直线来解释的 Y_i 变差部分，称为残差平方和，用 *RSS*(Residual Sum of Squares)表示：

$$RSS = \sum (Y_i - \hat{Y}_i)^2 \tag{2.3.8}$$

这样，式(2.3.5)可以写成：

$$TSS = RSS + ESS \tag{2.3.9}$$

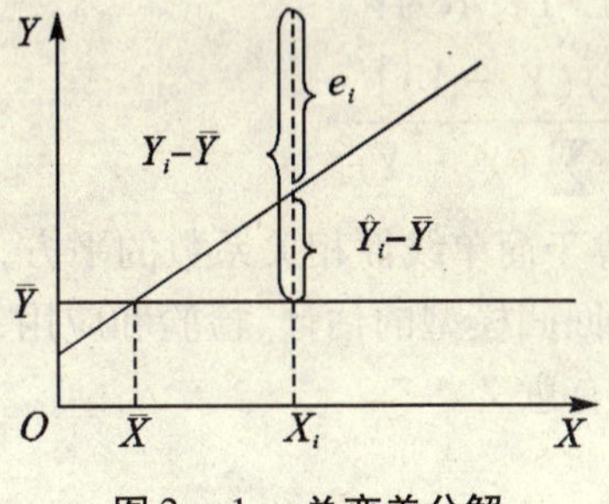

图 2-1　总变差分解

2.3.2　可决系数

从图 2-1 可以直观地看出，回归直线拟合的好坏取决于 *RSS* 及 *ESS* 的大小，或者说取决于回归平方和 *ESS* 占总平方和 *TSS* 的比例 *ESS/TSS* 的大小。各观测点越是靠近直线，*ESS/TSS* 则越大，直线拟合得越好。我们将回归平方和占总平方和的比例定义为样本决定系数，记为 R^2，即：

$$R^2 = \frac{ESS}{TSS} = \frac{\sum(\hat{Y}_i - \bar{Y})^2}{\sum(Y_i - \bar{Y})^2} = 1 - \frac{\sum(Y_i - \hat{Y}_i)^2}{\sum(Y_i - \bar{Y})^2} \tag{2.3.10}$$

决定系数 R^2 测量了回归直线对观测数据的拟合程度。若所有观测点都落在直线上，残差平方和 $RSS = 0, R^2 = 1$，则此时拟合是完全的；如果 Y 的变化与 X 无关，X 完全无助于解释 Y 的变差，此时，$\hat{Y} = \bar{Y}$，则 $R^2 = 0$。可见 R^2 的取值范围是[0,1]。R^2 越接近于1，表明回归平方和占总平方和的比例越大，回归直线与各观测点越接近，用 X 的变化来解释 Y 值变差的部分就越多，回归直线的拟合程度就越好；反之，R^2 越接近于零，回归直线的拟合程度就越差。

在实际计算可决系数时，往往使用以下简化公式：

由于：

$$\hat{Y}_i - \bar{Y} = (\hat{\beta}_0 + \hat{\beta}_1 X_i) - (\hat{\beta}_0 + \hat{\beta}_1 \bar{X}) = \hat{\beta}_1 (X_i - \bar{X}) = \hat{\beta}_1 x_i \tag{2.3.11}$$

所以：

$$ESS = \sum(\hat{Y}_i - \bar{Y})^2 = \hat{\beta}_1^2 \sum x_i^2 \tag{2.3.12}$$

故有：

$$R^2 = \frac{\sum(\hat{Y}_i - \bar{Y})^2}{\sum(Y_i - \bar{Y})^2} = \frac{\hat{\beta}_1^2 \sum x_i^2}{\sum y_i^2} \tag{2.3.13}$$

2.3.3 可决系数与相关系数的关系

可决系数与相关系数既有联系又有区别。在一元线性回归中，可决系数 R^2 在数值上是简单线性相关系数 r 的平方，即 $r = \pm\sqrt{R^2}$。

由式(2.1.2)，样本相关系数为：

$$r_{XY} = \frac{\sum(X_i - \bar{X})(Y_i - \bar{Y})}{\sqrt{\sum(X_i - \bar{X})^2 \sum(Y_i - \bar{Y})^2}}$$

容易证明，可决系数 R^2 也可表示为：

$$R^2 = \frac{\left[\sum(X_i - \bar{X})(Y_i - \bar{Y})\right]^2}{\sum(X_i - \bar{X})^2 \sum(Y_i - \bar{Y})^2} \tag{2.3.14}$$

虽然可决系数在数值上等于简单线性相关系数的平方，但是两者在概念上是有明显区别的。计量经济学主要研究回归模型的估计、检验和应用，所以从回归分析的实际应用来看，可决系数比相关系数更有意义。

2.4 一元线性回归模型的统计检验

拟合优度检验只能说明模型对样本数据的近似情况，但利用给定的样本只得出了回归方程，我们的目的就是利用回归方程对总体进行经济分析和预测。回归方程能否代表总体，即总体模型的设定是否显著，必须进行统计学意义上的检验。这就是回归方程的显著性检验。

2.4.1　方程的显著性检验

(一) 构造的理论基础

正如前面所分析的那样,实际上有关总体的真实的回归方程我们是不可能知道的。我们所能做的就是通过对总体中的某一个随机样本的观测值,采用一定的方法(如最小二乘法、极大或然法等)来对总体的参数值进行估计。那么通过样本得到的估计结果到底是否能够代表统计总体的客观规律呢?或者说,由样本得到的总体的线性回归方程到底有多大的可靠性?解释变量与被解释变量之间的线性关系是真实存在的还是由于样本观测值的随机性得到的?在这种情况下就需要对一元线性回归方程进行显著性检验。

对一元线性回归模型而言,回归方程是根据样本点的观测数据得出的。我们并不知道总体参数 β_0 和 β_1 的真实值。如果令 $\beta_1 = 0$,那么模型 $Y = \beta_0 + \beta_1 X + u$,$Y$ 与解释变量 X 的线性关系以统计学的观点看就是不显著的,我们的回归方程也就没有意义。

根据前述公式(2.3.5),我们对因变量观测值总变差进行方差分解,即:

$$\sum (Y_i - \bar{Y})^2 = \sum (Y_i - \hat{Y})^2 + \sum (\hat{Y}_i - \bar{Y})^2$$

$$TSS = RSS + ESS$$

总离差平方和 = 残差平方和 + 回归平方和

现在我们从另外一个角度来考虑以上方差分解公式。上式中如果回归平方和与残差平方和的比值越大,则说明解释变量 $\boldsymbol{X}$ 对因变量 $\boldsymbol{Y}$ 的解释程度就越高,可推测总体显著线性。反之,推测总体可能线性不显著。但由于样本数据的随机性,我们在使用样本数据估计回归方程之后需要进行统计检验,也就是总体方程的线性关系检验。接下来的问题就是如何在残差平方和与回归平方和之间建立联系,而且这一联系还必须比较稳定。根据费希尔(Fisher)的方差分析原理,我们可以找到这样一个统计量,F 分布。

在一元线性回归模型中,在一系列经典假设条件下,Y_i 服从正态分布。根据数理统计学中的定义,Y_i 的一组样本的平方和服从卡方分布(χ^2 分布)。所以有:

$$ESS = \sum (\hat{Y}_i - \bar{Y})^2 \sim \chi^2(1) \qquad (2.4.1)$$

$$RSS = \sum (Y_i - \hat{Y}_i)^2 \sim \chi^2(n-2) \qquad (2.4.2)$$

即回归平方和、残差平方和分别服从自由度为 1 和 $n-2$ 的 χ^2 分布。将自由度考虑进去进行方差分析,方差分析表如表 2－1 所示:

表 2－1　　**一元线性回归分析方差分析表**

变差来源	平方和	自由度	方差
源于回归	ESS	1	$ESS/1$
源于残差	RSS	$n-2$	$RSS/(n-2)$
总变差	TSS	$n-1$	—

(二) 一元线性回归模型的假设检验

对一元线性回归方程 $\hat{Y} = \hat{\beta}_0 + \hat{\beta}_1 X$ 进行显著性检验,实际上就是对解释变量参数 β_1 是否为零进行假设检验。根据假设检验的步骤及原理,这里给出一元线性回归方程检验的具体步骤：

(1) 建立原假设和备择假设

$H_0:\beta_1 = 0$ 线性关系不显著

$H_1:\beta_1 \neq 0$ 线性关系显著

(2) 构造检验统计量

$$F = \frac{ESS/1}{RSS/(n-2)}$$

由数理统计学知识，可以证明，在 H_0 成立的条件下：

$$F = \frac{ESS/1}{RSS/(n-2)} \sim F(1,n-2) \tag{2.4.3}$$

即检验统计量服从第一自由度为1和第二自由度为$(n-2)$的 F 分布。

(3) 给定显著性水平 α，在 F 分布表中查第一自由度为1和第二自由度为$(n-2)$的临界值 $F_\alpha(1,n-2)$。

(4) 将样本观测值代入式(2.4.3)计算统计量 F 值。

(5) 将 F 值与临界值 $F_\alpha(1,n-2)$ 比较：若 $F > F_\alpha(1,n-2)$，则拒绝原假设 H_0，说明回归方程显著，解释变量对被解释变量的影响是显著的；若 $F < F_\alpha(1,n-2)$，则接受原假设 H_0，说明回归方程不显著。

2.4.2 回归系数的显著性检验

如果模型通过了 F 检验，则表明模型中所有解释变量对被解释变量的"总体影响"是显著的，但这并不意味着模型中的每一个解释变量对因变量都有重要影响，或者说并不是每个解释变量的单独影响都是显著的，还要对各个解释变量的回归系数进行逐个检验，这就是变量的显著性检验，也称为单个回归系数的显著性检验，即 t 检验。只有那些参数不为零的变量才应当保留在模型中，而参数为零的变量应当排除在模型之外。很显然，如果解释变量的参数为零，它与被解释变量便不存在依存关系，对被解释变量也没有什么影响，自然对被解释变量的变动也不具备解释功能，所以不应当保留在模型中。根据这一思路，可以将参数为零的可能性大小，作为模型估计式中解释变量选择是否正确的标准。变量的显著性检验的思想、依据、步骤也与 F 检验类似，只不过两者所构造的统计量不同。那么怎样才能够在总体真实参数 β_0,β_1 与参数估计值 $\hat{\beta}_0,\hat{\beta}_1$ 之间建立联系呢？这就需要考察参数估计量 $\hat{\beta}_0,\hat{\beta}_1$ 的分布。

(一) 参数估计量 $\hat{\beta}_0,\hat{\beta}_1$ 的分布

根据式(2.2.19)可知，一元线性回归分析中OLS的参数估计量的方差—协方差为

$$Var-Cov(\hat{\boldsymbol{\beta}}) = \begin{pmatrix} Var(\hat{\beta}_0) & Cov(\hat{\beta}_0,\hat{\beta}_1) \\ Cov(\hat{\beta}_1,\hat{\beta}_0) & Var(\hat{\beta}_1) \end{pmatrix}$$

$$= \sigma^2 \begin{pmatrix} \dfrac{\sum X_i^2}{n\sum x_i^2} & \dfrac{-\bar{X}}{\sum x_i^2} \\ \dfrac{-\bar{X}}{\sum x_i^2} & \dfrac{1}{\sum x_i^2} \end{pmatrix}$$

由于$\hat{\beta}_0$,$\hat{\beta}_1$皆为被解释变量Y的线性函数,所以$\hat{\beta}_0$和$\hat{\beta}_1$皆服从正态分布,其分布可以表示为:

$$\hat{\beta}_0 \sim N(\beta_0, Var(\hat{\beta}_0)) \tag{2.4.4}$$

$$\hat{\beta}_1 \sim N(\beta_1, Var(\hat{\beta}_1)) \tag{2.4.5}$$

根据式(2.2.20)、式(2.2.21)可知:

$$se(\hat{\beta}_0) = \sigma\sqrt{\frac{\sum X_i^2}{n\sum x_i^2}} \qquad se(\hat{\beta}_1) = \frac{\sigma}{\sqrt{\sum x_i^2}}$$

若将$\hat{\beta}_0$,$\hat{\beta}_1$作标准化变换,则有:

$$\frac{\hat{\beta}_0 - \beta_0}{se(\hat{\beta}_0)} \sim N(0,1) \tag{2.4.6}$$

$$\frac{\hat{\beta}_1 - \beta_1}{se(\hat{\beta}_1)} \sim N(0,1) \tag{2.4.7}$$

其中σ^2为随机误差项的方差,在实际计算时,用公式(2.2.22)代替,即$\hat{\sigma}^2 = \dfrac{\sum e_i^2}{n-2}$,可计算参数估计量$\hat{\beta}_0$、$\hat{\beta}_1$的估计的标准误差:

$$s(\hat{\beta}_0) = \hat{\sigma}\sqrt{\frac{\sum X_i^2}{n\sum x_i^2}} \tag{2.4.8}$$

$$s(\hat{\beta}_1) = \frac{\hat{\sigma}}{\sqrt{\sum x_i^2}} \tag{2.4.9}$$

当样本为大样本($n \geqslant 30$)时,估计的标准误差作$\hat{\beta}_0$和$\hat{\beta}_1$标准化变换后可视为标准正态分布变量:

$$\frac{\hat{\beta}_0 - \beta_0}{s(\hat{\beta}_0)} \sim N(0,1) \tag{2.4.10}$$

$$\frac{\hat{\beta}_1 - \beta_1}{s(\hat{\beta}_1)} \sim N(0,1) \tag{2.4.11}$$

当样本为小样本时,回归系数估计值$\hat{\beta}_0$和$\hat{\beta}_1$标准化变换后并不服从正态分布,而是服从自由度为$(n-2)$的t分布。数理统计学上可以证明:

$$t = \frac{\hat{\beta}_0 - \beta_0}{s(\hat{\beta}_0)} \sim t(n-2) \tag{2.4.12}$$

$$t = \frac{\hat{\beta}_1 - \beta_1}{s(\hat{\beta}_1)} \sim t(n-2) \tag{2.4.13}$$

(二)变量显著性检验

通常我们关心的是回归直线中因变量与自变量之间是否存在线性关系。对一元线性回归模型$\hat{Y} = \hat{\beta}_0 + \hat{\beta}_1 X$而言,主要是判断$\beta_1$是否等于0。为此,对变量$X$进行显著性检验的步骤如下:

(1) 提出原假设和备择假设

$H_0:\beta_1=0$,变量 X 与被解释变量之间不存在线性关系

$H_1:\beta_1\neq 0$,变量 X 与被解释变量之间存在线性关系

(2) 检验统计量

在原假设 H_0 成立的条件下,有:

$$t=\frac{\hat{\beta}_1-\beta_1}{s(\hat{\beta}_1)}=\frac{\hat{\beta}_1}{s(\hat{\beta}_1)}\sim t(n-2) \tag{2.4.14}$$

(3) 给定显著性水平 α,查自由度为 $(n-2)$ 的 t 分布表,得临界值 $t_{\alpha/2}(n-2)$。

(4) 将样本观测值代入式(2.4.14)计算统计量 t 值。

(5) 将 t 值与临界值 $t_{\alpha/2}(n-2)$ 比较,$|t|>t_{\alpha/2}(n-2)$,拒绝 H_0,回归系数等于零的可能性小于 α,表明自变量 X 对因变量 Y 的影响是显著的,换言之,两个变量之间存在着显著的线性关系;若 $|t|<t_{\alpha/2}(n-2)$,则不能拒绝 H_0,没有证据表明 X 对 Y 的影响是显著的,不能认为两者之间存在显著的线性关系。

对于参数 β_0 的显著性检验,我们可以使用类似的方法进行。

在实际应用中,显著性水平 α 通常取0.05。在 t 分布表中,可以看到,当 $n-2\geqslant 13$ 时,临界值 $t_{\alpha/2}(n-2)$ 大体保持在2附近,而且非常接近2。由此我们得到一个十分简便的检验方法:若 t 的绝对值远远大于2,则在0.05的显著性水平下,可以认为回归系数 β 显著不为零。

值得一提的是,在一元线性回归中,自变量只有一个,上面介绍的 F 检验和 t 检验是等价的。也就是说,如果 $H_0:\beta_1=0$ 被 t 检验拒绝,它也将被 F 检验所拒绝。这实际上可以从 F 统计量与 t 统计量的构造过程看出,或者说可以从 F 统计量与 t 统计量的内在联系看出。但在多元回归分析中,这两种检验的意义是不同的,F 检验只是用来检验总体回归相关的显著性,而 t 检验则是各个回归系数的显著性。

2.5 一元线性回归模型的预测

2.5.1 参数估计量的置信区间

用OLS方法得到的模型参数的估计值,尽管在重复抽样中可预计它的期望等于参数的真值,即 $E(\hat{\beta}_1)=\beta_1$,但是还不能说明所得参数点估计值的可靠性。参数真实值 β_1 可能比 $\hat{\beta}_1$ 小,也可能比 $\hat{\beta}_1$ 大,β_1 很可能在 $\hat{\beta}_1$ 附近的一个区间范围内。那么 β_1 的上下限究竟是多少?为此,我们要设法找到可能包含参数真实值的一个范围,并且确定这个范围包括参数真实值的可靠程度,这就需要对参数进行区间估计。

根据区间估计的思想,我们需要确定待估参数的抽样分布。前面我们对 u_i 的分布作了正态性假定,随之确定了 $\hat{\beta}_0$,$\hat{\beta}_1$ 的分布。在变量的显著性检验中已经知道:

$$t=\frac{\hat{\beta}_0-\beta_0}{s(\hat{\beta}_0)}\sim t(n-2) \tag{2.5.1}$$

$$t = \frac{\hat{\beta}_1 - \beta_1}{s(\hat{\beta}_1)} \sim t(n-2) \tag{2.5.2}$$

这就是说，如果给定置信水平$(1-\alpha)$，从t分布表中查自由度为$(n-2)$的临界值$t_{\alpha/2}(n-2)$，有：

$$P(-t_{\alpha/2}(n-2) \leqslant t \leqslant t_{\alpha/2}(n-2)) = 1-\alpha$$

将$t = \frac{\hat{\beta}_1 - \beta_1}{s(\hat{\beta}_1)}$代入得：

$$P(\hat{\beta}_1 - t_{\alpha/2}(n-2)s(\hat{\beta}_1) \leqslant t \leqslant \hat{\beta}_1 + t_{\alpha/2}(n-2)s(\hat{\beta}_1)) = 1-\alpha$$

因此，我们有$100(1-\alpha)\%$的把握。比如$\alpha = 0.05$，则我们有95%的把握β_1在区间：

$$[\hat{\beta}_1 - t_{\alpha/2}(n-2)s(\hat{\beta}_1), \hat{\beta}_1 + t_{\alpha/2}(n-2)s(\hat{\beta}_1)]$$

即：

$$\left[\hat{\beta}_1 - t_{\alpha/2}(n-2)\sqrt{\frac{\hat{\sigma}^2}{\sum x_i^2}}, \hat{\beta}_1 + t_{\alpha/2}(n-2)\sqrt{\frac{\hat{\sigma}^2}{\sum x_i^2}}\right] \tag{2.5.3}$$

同理，对β_0的$100(1-\alpha)\%$的置信区间为：

$$[\hat{\beta}_0 - t_{\alpha/2}(n-2)s(\hat{\beta}_0), \hat{\beta}_0 + t_{\alpha/2}(n-2)s(\hat{\beta}_0)]$$

即：

$$\left[\hat{\beta}_0 - t_{\alpha/2}(n-2)\sqrt{\frac{\hat{\sigma}^2\sum X_i^2}{n\sum x_i^2}}, \hat{\beta}_0 + t_{\alpha/2}(n-2)\sqrt{\frac{\hat{\sigma}^2\sum X_i^2}{n\sum x_i^2}}\right] \tag{2.5.4}$$

2.5.2 一元线性回归模型的预测

预测是计量经济模型的主要用途之一。对于简单线性回归模型来说，预测就是利用所估计的样本回归方程$\hat{Y} = \hat{\beta}_0 + \hat{\beta}_1 X$和解释变量预测期的已知值或预测值$X_0$，对预测期或样本以外的因变量数值作出定量的估计。

利用预测的回归方程，对于X的一个特定的X_0，求出Y的一个预测值就是点预测。点预测可分为两种：一是平均值的点预测；二是个别值的点预测。利用预测的回归方程，对于X的一个特定值X_0，求出的平均值的一个预测值$[E(Y_0)]$，这就是平均值的点预测；如果对于X的一个特定值X_0，求出Y的一个个别值的预测值Y_0，则属于个别值的点预测。

（一）被解释变量平均值的预测

（1）被解释变量平均值的点预测

将解释变量的预测值X_0直接代入所估计的样本回归函数，就可以计算出被解释变量平均值的预测值：

$$\hat{Y}_0 = \hat{\beta}_0 + \hat{\beta}_1 X_0 \tag{2.5.5}$$

（2）对被解释变量平均值的区间预测

为了由预测值$\hat{Y}_0$去对真实平均值$E(\hat{Y}_0)$作区间预测，应求出预测值$\hat{Y}_0$的抽样分布。可以证明，$E(\hat{Y}_0)$的期望和方差分别为：

$$E(\hat{Y}_0) = E(\hat{\beta}_0 + \hat{\beta}_1 X_0) = \beta_0 + \beta_1 X_0 \tag{2.5.6}$$

$$Var(\hat{Y}_0) = \sigma^2\left[\frac{1}{n} + \frac{(X_0 - \bar{X})^2}{\sum x_i^{\ 2}}\right] \tag{2.5.7}$$

式(2.5.7)中,由于 σ^2 未知,一般使用 $\hat{\sigma}^2 = \frac{\sum e_i^2}{n-2}$ 代替。根据抽样分布理论,则有:

$$t = \frac{\hat{Y}_0 - E(Y_0)}{\hat{\sigma}\sqrt{\frac{1}{n} + \frac{(X_0 - \bar{X})^2}{\sum x_i^{\ 2}}}} \sim t(n-2) \tag{2.5.8}$$

那么,给定显著性水平 α,由 t 分布表查得临界值 $t_{\alpha/2}(n-2)$,便有:

$P(|t| \leqslant t_{\alpha/2}(n-2)) = 1 - \alpha$,得 $E(Y_0)$ 的预测区间为:

$$\hat{Y}_0 - t_{\alpha/2}(n-2)\hat{\sigma}\sqrt{\frac{1}{n} + \frac{(X_0 - \bar{X})^2}{\sum x_i^{\ 2}}} \leqslant E(Y_0)$$

$$\leqslant \hat{Y}_0 + t_{\alpha/2}(n-2)\hat{\sigma}\sqrt{\frac{1}{n} + \frac{(X_0 - \bar{X})^2}{\sum x_i^{\ 2}}} \tag{2.5.9}$$

(二)被解释变量个别值的预测

(1)被解释变量个别值的点预测

将解释变量的预测值 X_0 直接代入所估计的样本回归函数,就可以计算出被解释变量个别值的预测值:

$$\hat{Y}_0 = \hat{\beta}_0 + \hat{\beta}_1 X_0 \tag{2.5.10}$$

(2)被解释变量个别值区间预测

可以证明,被解释变量个别值的方差为:

$$Var(\hat{Y}_0) = \sigma^2\left[1 + \frac{1}{n} + \frac{(X_0 - \bar{X})^2}{\sum x_i^{\ 2}}\right] \tag{2.5.11}$$

由于 σ^2 未知,一般使用 $\hat{\sigma}^2 = \frac{\sum e_i^2}{n-2}$ 代替。根据抽样分布理论,则有:

$$t = \frac{\hat{Y}_0 - Y_0}{\hat{\sigma}\sqrt{1 + \frac{1}{n} + \frac{(X_0 - \bar{X})^2}{\sum x_i^{\ 2}}}} \sim t(n-2) \tag{2.5.12}$$

那么,给定显著性水平 α,由 t 分布表查得临界值 $t_{\alpha/2}(n-2)$,便有:

$$P[|t| \leqslant t_{\alpha/2}(n-2)] = 1 - \alpha$$

得出 y_0 的预测区间为:

$$\hat{Y}_0 - t_{\alpha/2}(n-2)\hat{\sigma}\sqrt{1 + \frac{1}{n} + \frac{(X_0 - \bar{X})^2}{\sum x_i^{\ 2}}} \leqslant Y_0$$

$$\leqslant \hat{Y}_0 + t_{\alpha/2}(n-2)\hat{\sigma}\sqrt{1 + \frac{1}{n} + \frac{(X_0 - \bar{X})^2}{\sum x_i^{\ 2}}} \tag{2.5.13}$$

2.6　案例分析

2.6.1　研究目的

居民消费在社会经济的持续发展中起着至关重要的作用。研究居民消费水平与经济发展水平的数量关系，对于探寻居民消费增长的规律、预测居民消费的发展趋势具有重要意义。

2.6.2　模型设定

现代经济学家针对消费和储蓄行为提出了许多假设，包括凯恩斯的绝对收入假说、杜森贝里的相对收入假说、莫迪利安尼的生命周期假说和弗里德曼的持久收入假说等。本例中，我们用 1978—2009 年中国居民人均消费水平和人均国内生产总值的实际数据来估计凯恩斯消费函数，选择城乡居民人均消费水平为被解释变量(Y)，选择人均国内生产总值(人均 GDP) 为解释变量(X)。如表 2 - 2 所示：

表 2 - 2　　1978—2009 年中国居民人均消费水平和人均 GDP

年份	人均 GDP (X)	人均消费水平 (Y)	年份	人均 GDP (X)	人均消费水平 (Y)
1978	381.23	232.61	1994	4 044.00	2 439.90
1979	419.25	270.01	1995	5 045.73	3 034.01
1980	463.25	304.74	1996	5 845.89	3 588.52
1981	492.16	335.91	1997	6 420.18	3 894.05
1982	527.78	365.44	1998	6 796.03	4 134.96
1983	582.68	400.59	1999	7 158.50	4 423.14
1984	695.20	464.40	2000	7 857.68	4 853.60
1985	857.82	565.54	2001	8 621.71	5 244.49
1986	963.19	634.54	2002	9 398.05	5 590.88
1987	1 112.38	714.05	2003	10 541.97	6 011.55
1988	1 365.51	886.23	2004	12 335.58	6 735.44
1989	1 519.00	990.58	2005	14 185.36	7 575.28
1990	1 644.00	1 057.48	2006	16 499.70	8 568.55
1991	1 892.76	1 216.68	2007	20 169.46	9 953.16
1992	2 311.09	1 468.22	2008	23 707.71	11 471.71
1993	2 998.36	1 847.83	2009	25 575.48	12 401.43

资料来源：《中国统计年鉴》(2010)。

为分析居民人均 GDP(X) 和人均消费水平(Y) 的关系，作散点图，如图 2 - 2 所示：

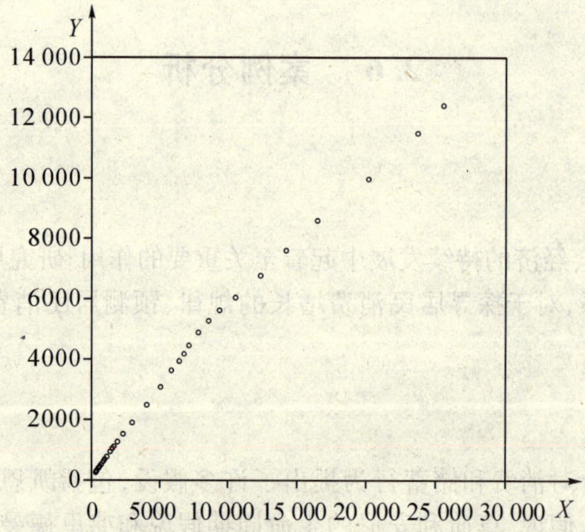

图 2-2　人均消费水平与人均 GDP 的散点图

从散点图可以看出居民消费水平(Y) 和人均 GDP(X) 大体呈线性关系,于是我们可以建立一元线性回归模型:

$$Y_i = \beta_0 + \beta_1 X_i + u_i$$

2.6.3　参数估计

根据 Eviews 软件回归估计结果,如表 2-3 所示:

表 2-3　回归估计结果

Dependent Variable: Y
Method: Least Squares
Date: 04/25/11　Time: 10:33
Sample: 1978 2009
Included observations: 32

Variable	Coefficient	Std. Error	t-Statistic	Prob.
C	365.757 2	84.238 64	4.341 918	0.000 1
X	0.493 859	0.008 960	55.116 61	0.000 0

R-squared	0.990 221	Mean dependent var	3 489.860
Adjusted R-squared	0.989 895	S.D. dependent var	3 506.816
S.E. of regression	352.514 8	Akaike info criterion	14.628 52
Sum squared resid	3 728 001.	Schwarz criterion	14.720 13
Log likelihood	-232.056 4	F-statistic	3 037.841
Durbin-Watson stat	0.103 368	Prob(F-statistic)	0.000 000

计量经济分析中,一般使用下列简单形式书写上述结果:

$$\hat{Y}_i = 365.757\,2 + 0.493\,859 X_i$$
$$(84.238\,6)\quad(0.008\,96)$$

$t=\ (4.342\,0)\quad (55.116\,6)$

$R^2=0.990\,221\quad F=3\,037.841\quad n=32$

2.6.4　模型检验

(一) 经济意义的检验

所估计的参数$\hat{\beta}_0=365.757\,2$,$\hat{\beta}_1=0.493\,859$,说明人均 GDP 每增加 1 元,平均来说可导致居民消费水平增加 0.493 859 元,这与经济学中边际消费倾向的意义相符。

(二) 拟合优度和统计检验

由表 2-3 可以看出,本例中可决系数为 0.990 221,说明所建模型整体上对样本数据拟合较好,即解释变量"人均 GDP"对被解释变量"人均消费水平"的绝大部分差异作出了解释。

对回归系数的 t 检验:

(1) 对 β_0 进行显著性检验

提出原假设:$H_0:\beta_0=0$,备择假设:$H_1:\beta_0\neq 0$

在原假设 $H_0:\beta_0=0$ 成立的条件下,构造 t 统计量:

$$t=\frac{\hat{\beta}_0-\beta_0}{s(\hat{\beta}_0)}=\frac{365.757\,2-0}{84.238\,64}=4.34$$

上述统计量服从自由度为 30 的 t 分布。给定显著性水平 $\alpha=0.05$,查自由度为 30 的 t 分布表,得临界值 $t_{0.05/2}(30)=t_{0.025}(30)=2.042$。由于 $|t|=4.34>t_{0.025}(30)=2.042$,所以在 0.05 的显著性水平下,拒绝原假设,接受备择假设。

(2) 对 β_1 进行显著性检验

提出原假设:$H_0:\beta_1=0$,备择假设:$H_1:\beta_1\neq 0$

在原假设 $H_0:\beta_1=0$ 成立的条件下,我们可以构造 t 统计量:

$$t=\frac{\hat{\beta}_1-\beta_1}{s(\hat{\beta}_1)}=\frac{0.493\,859-0}{0.008\,96}=55.12$$

上述统计量服从自由度为 30 的 t 分布,给定显著性水平 $\alpha=0.05$,查自由度为 30 的 t 分布表,得临界值 $t_{0.05/2}(30)=t_{0.025}(30)=2.042$。由于 $|t|=4.34>t_{0.025}(30)=2.042$,所以在 0.05 的显著性水平下,拒绝原假设,接受备择假设。说明人均国内生产总值对居民人均消费水平的影响是显著的。

对方程的显著性检验

(1) 提出原假设与备择假设

$H_0:\beta_1=0;\ H_1:\beta_1\neq 0$

(2) 选择检验统计量

在 H_0 成立的条件下,统计量 $F=3\,037.841$。

给定显著性水平 $\alpha=0.05$,在 F 分布表中查第一自由度为 1 和第二自由度为 30 的临界值 $F_{0.05}(1,30)=4.17$。由于 $F=3\,037.841>4.17$,则拒绝原假设 H_0,说明回归方程显著,解释变量对被解释变量的影响是显著的,即方程是显著的。

2.6.5 模型预测

（一）点预测

本例中，我们得到估计的回归方程为 $\hat{Y} = 365.757\,2 + 0.493\,859X$。如果我们要估计人均国内生产总值为 28 000 元时我国居民的人均消费水平，点预测值的计算方法为：

$$\hat{Y}_0 = 365.757\,2 + 0.493\,859 \times 28\,000 = 14\,193.81(\text{元})$$

（二）区间预测

根据公式(2.5.13)对于给定的 X_0, Y_0，在 $1-\alpha$ 置信水平下的置信区间可表示为：

$$\left[\hat{Y}_0 - t_{\alpha/2}(n-2)\hat{\sigma}\sqrt{1+\frac{1}{n}+\frac{(X_0-\bar{X})^2}{\sum x_i^{\ 2}}}, \hat{Y}_0 + t_{\alpha/2}(n-2)\hat{\sigma}\sqrt{1+\frac{1}{n}+\frac{(X_0-\bar{X})^2}{\sum x_i^{\ 2}}}\right]$$

根据资料知 $n = 32, \bar{X} = 6\,325.90, \sum x_i^{\ 2} = \sum (X_i - \bar{X})^2 = 1\,547\,795\,168.45$；根据回归分析结果知：

$$\hat{\sigma} = \sqrt{\hat{\sigma}^2} = \sqrt{\frac{\sum e_i^2}{n-2}} = \sqrt{\frac{3\,728\,001}{30}} = 352.51$$

另给定 $\alpha = 0.05$，得 $t_{\alpha/2}(n-2) = t_{0.025}(32-2) = 2.042$。

预测区间为：

$$\left[14\,193.81 \pm 2.042 \times 352.51 \times \sqrt{1+\frac{1}{32}+\frac{(28\,000-6\,325.90)^2}{1\,547\,795\,168.45}}\right]$$

$$= [14\,193.81 \pm 831.63] = [13\,362.18, 15\,025.44]$$

也就是说，当人均 GDP 为 28 000 元时，人均消费水平在 13 362.18 ~ 15 025.44 元之间。

本章小结

1. 变量间的关系可分为函数关系和相关关系。相关系数是对变量间线性相关程度的度量。

2. 现代意义的回归是指一个被解释变量与一个或多个解释变量之间的依存关系。一元线性回归模型是指只有一个解释变量的模型。

3. 为了对回归模型参数进行估计，我们需要对模型中的相关变量进行某种设定。对经典线性回归模型而言，这种设定一般包括对解释变量的假定和残差项的假定。普通最小二乘法是一种通用的估计方法。在经典假定之下，最小二乘法估计量具有线性性、无偏性、有效性等优良统计性质。

4. 预测是计量经济模型的主要用途之一。对于简单线性回归模型来说，预测就是利用所估计的样本回归方程，用解释变量预测期的已知值或预测值，对预测期或样本以外的因变量数值作出定量的估计。预测可分为点预测和区间预测两种。

思考和练习

1. 什么是相关分析?什么是回归分析?相关分析与回归分析的关系如何?

2. 随机误差项在计量经济学模型中的作用是什么?

3. 什么是总体回归函数?什么是总体回归模型?

4. 什么是样本回归函数?什么是样本回归模型?

5. 线性回归模型中"线性"的含义是什么?

6. 为什么要对模型提出假设?一元线性回归模型的基本假设有哪些?

7. 参数的普通最小二乘估计法的基本思想是什么?

8. 普通最小二乘参数估计量和估计值各有哪些性质?

9. 随机误差项方差的普通最小二乘估计和最大似然估计各是什么?是否是无偏估计?

10. 什么是拟合优度?什么是拟合优度检验?拟合优度通过什么指标度量?为什么残差平方和不能作为拟合优度的度量指标?

11. 一元线性回归模型的普通最小二乘参数估计量的分布如何?

12. 由 1981—2005 年的样本数据估计得到反映某一经济活动的计量经济学模型。利用模型对 2050 年该经济活动的情况进行预测是否合适?为什么?

13. 在一元线性回归模型 $Y_i = \beta_0 + \beta_1 X_i + u_i$ 中,用不为零的常数 k 去乘每一个 X 值,对参数 β_0 与 β_1 的估计值、Y 的拟合值、残差会产生什么样的影响?如果用不为零的常数 k 去加每一个 X 值,又会怎样?

14. 在一元线性回归模型 $Y_i = \beta_0 + \beta_1 X_i + u_i$ 中,用不为零的常数 k 去乘每一个 Y 值,对参数 β_0, β_1 的估计值会产生什么样的影响?如果用不为零的常数 k 去加每一个 Y 值,又会怎样?

15. 由某公司分布在 12 个地区的销售点的销售量(Y) 和销售价格(X) 数据得出如下结果:

$$\bar{X} = 621.3 \quad \bar{Y} = 205.6, \sum_{i=1}^{12} X_i^2 = 5\,564\,218 \quad \sum_{i=1}^{12} Y_i^2 = 529\,835 \quad \sum_{i=1}^{12} X_i Y_i = 1\,396\,698$$

(1) 建立销售量对价格的一元线性回归方程;

(2) 求决定系数 R^2。

16.《华尔街日报 1999 年年鉴》(The Wall Street Journal Almanac 1999) 公布的美国各航空公司业绩统计数据显示,各航空公司航班正点到达比率和每10万乘客投诉次数如表2-4 所示:

表 2－4　　美国各航空公司航班正点到达比率和每 10 万乘客投诉次数

航空公司名称	航班正点率(%)	投诉率(次/10 万乘客)
西南(Southwest)航空公司	81.8	0.21
大陆(Continental)航空公司	76.6	0.58
西北(Northwest)航空公司	76.6	0.85
美国(US Airways)航空公司	75.7	0.68
联合(United)航空公司	73.8	0.74
美洲(American)航空公司	72.2	0.93
德尔塔(Delta)航空公司	71.2	0.72
美国西部(America West)航空公司	70.8	1.22
环球(TWA)航空公司	68.5	1.25

要求：

(1) 画出这些数据的散点图；

(2) 根据散点图确定两变量之间存在什么关系；

(3) 求投诉率对航班正点到达比率的回归方程；

(4) 对回归方程的斜率的意义作出解释；

(5) 如果航班正点率为 80%，估计每 10 万旅客投诉的次数是多少。

17. 我国 1979—2008 年的国内生产总值与财政收入数据如表 2－5 所示：

表 2－5　　我国国内生产总值与财政收入数据　　单位：亿元

年份	财政收入(Y)	国内生产总值(X)	年份	财政收入(Y)	国内生产总值(X)
1990	2 937.1	18 667.82	2000	13 395.23	99 214.55
1991	3 149.48	21 781.50	2001	16 386.04	109 655.17
1992	3 483.37	26 923.48	2002	18 903.64	120 332.69
1993	4 348.95	35 333.92	2003	21 715.25	135 822.76
1994	5 218.1	48 197.86	2004	26 396.47	159 878.34
1995	6 242.2	60 793.73	2005	31 649.29	184 937.37
1996	7 407.99	71 176.59	2006	38 760.2	216 314.43
1997	8 651.14	78 973.03	2007	51 321.78	265 810.31
1998	9 875.95	84 402.28	2008	61 330.35	314 045.43
1999	11 444.08	89 677.05			

要求：

(1) 建立财政收入随国内生产总值变化的一元线性回归模型；

(2) 对模型进行检验(取 $\alpha = 0.05$)；

(3) 若 2009 年的国内生产总值为 340 506.9，求 2009 年财政收入的预测值和预测置信区间(取 $1 - \alpha = 0.95$)。

第 3 章　多元线性回归模型

学习目的与要求

1. 理解多元线性回归模型的特征和基本假设。

2. 熟练运用最小二乘法对多元线性回归模型进行参数估计，了解多元线性回归模型参数估计量的统计性质。

3. 熟练掌握运用统计检验方法对回归模型及回归参数进行检验。

本章将一元回归模型拓展到了多元回归模型，其基本的建模思想和建模方法与一元的情形相同。主要内容包括模型的基本假定、模型的估计等方面。只不过为了多元建模的需要，在基本假设方面以及检验方面有所扩充。

本章仍重点介绍了多元线性回归模型的基本假设、估计方法。与一元回归分析相比，多元回归分析的基本假设中引入了多个解释变量间不存在（完全）多重共线性这一假设。

3.1　多元线性回归模型概述

上一章里我们在假定所研究的经济变量（因变量）受一个因素（解释变量）影响的前提下讨论了一元线性回归模型。但事实上，许多经济问题所研究的经济变量往往受多个因素的影响。例如商品的销售量不但要受到它本身价格的影响，而且还受到消费者的收入、代用品的价格、其他商品的价格的影响。产品的成本要受到原材料的价格、产品的数量等的影响。处理这类经济问题，仅用一元线形回归模型是远远不够的，因此必须考虑多元线性回归模型。就方法的实质来说，处理多元的方法与处理一元的方法基本相同，只是多元线性回归的方法复杂些，计算量也大得多，一般都用计算机进行处理。

3.1.1　多元线性回归模型的特征

设因变量为 Y，k 个自变量分别为 $X_1, X_2, \cdots, X_k$，描述因变量 Y 如何依赖于自变量 $X_1, X_2, \cdots, X_k$ 和误差项 u 的方程称为多元回归模型（Multiple Regression Model），其一般形式可写为：

$$Y_i = \beta_0 + \beta_1 X_1 + \beta_2 X_2 + \cdots + \beta_k X_k + u_i \qquad (3.1.1)$$

式中，$\beta_0, \beta_1, \beta_2, \cdots, \beta_k$ 为模型的参数；u 为随机误差项。

取 n 期观测值（$Y_i, X_{1i}, X_{2i}, \cdots, X_{ki}$），$i = 1, 2, \cdots, n$，代入（3.1.1）式得：

$$Y_i = \beta_0 + \beta_1 X_{1i} + \beta_2 X_{2i} + \cdots + \beta_k X_{ki} + u_i \quad i = 1,2,\cdots,n \tag{3.1.2}$$

即

$$\begin{cases} Y_1 = \beta_0 + \beta_1 Y_{11} + \beta_2 Y_{21} + \cdots + \beta_k Y_{k1} + u_1 \\ Y_2 = \beta_0 + \beta_1 X_{12} + \beta_2 X_{22} + \cdots + \beta_k X_{k2} + u_2 \\ \cdots \\ Y_n = \beta_0 + \beta_1 X_{1n} + \beta_2 X_{2n} + \cdots + \beta_k X_{kn} + u_n \end{cases}$$

写成矩阵形式为:

$$\begin{bmatrix} Y_1 \\ Y_2 \\ \vdots \\ Y_n \end{bmatrix} = \begin{bmatrix} 1 & X_{11} & X_{21} & \dots & X_{k1} \\ 1 & X_{12} & X_{22} & \cdots & X_{k2} \\ \vdots & \vdots & \vdots & \vdots & \vdots \\ 1 & X_{1n} & X_{2n} & \cdots & X_{kn} \end{bmatrix} \begin{bmatrix} \beta_0 \\ \beta_1 \\ \vdots \\ \beta_k \end{bmatrix} + \begin{bmatrix} u_1 \\ u_2 \\ \vdots \\ u_n \end{bmatrix} \tag{3.1.3}$$

或者:

$$\boldsymbol{Y} = \boldsymbol{X\beta} + \boldsymbol{u} \tag{3.1.4}$$

这里

$$\boldsymbol{Y} = \begin{bmatrix} Y_1 \\ Y_2 \\ \vdots \\ Y_n \end{bmatrix}_{(n\times1)}, \boldsymbol{X} = \begin{bmatrix} 1 & X_{11} & X_{21} & \dots & X_{k1} \\ 1 & X_{12} & X_{22} & \cdots & X_{k2} \\ \vdots & \vdots & \vdots & \vdots & \vdots \\ 1 & X_{1n} & X_{2n} & \cdots & X_{kn} \end{bmatrix}_{n\times(k+1)}, \boldsymbol{\beta} = \begin{bmatrix} \beta_0 \\ \beta_1 \\ \vdots \\ \beta_k \end{bmatrix}_{(k+1)\times1}, \boldsymbol{u} = \begin{bmatrix} u_1 \\ u_2 \\ \vdots \\ u_n \end{bmatrix}_{(n\times1)}$$

在 $\boldsymbol{Y} = \boldsymbol{X\beta} + \boldsymbol{u}$ 中,

$\boldsymbol{Y}$—— 被解释变量样本观测值的 $n \times 1$ 阶列向量;

$\boldsymbol{X}$—— 解释变量样本观测值 $n \times (k+1)$ 阶矩阵,它的每个元素 X_{ji} 都有两个下标,第一个下标 j 表示第 j 个变量,第二个下标 i 表示第 i 个观测值。矩阵 $\boldsymbol{X}$ 的每一列表示一个解释变量的 n 个观测值向量,全为 1 的列代表截距项 β_0;

$\boldsymbol{\beta}$—— 未知参数的 $(k+1) \times 1$ 阶列向量;

$\boldsymbol{u}$—— 随机误差项的 $n \times 1$ 阶列向量。

3.1.2 多元线性回归模型的基本假设

对于多元线性回归模型,其基本假设与一元线性回归模型相类似,多元线性回归模型的基本假定有:

(1) 随机误差项的期望值为 0,即:

$$E(u_i) = 0, (i = 1,2,\cdots,n) \tag{3.1.5}$$

其矩阵表达式为:

$$E(\boldsymbol{u}) = E\begin{bmatrix} u_1 \\ u_2 \\ \vdots \\ u_n \end{bmatrix} = \begin{bmatrix} E(u_1) \\ E(u_2) \\ \vdots \\ E(u_n) \end{bmatrix} = \begin{bmatrix} 0 \\ 0 \\ \vdots \\ 0 \end{bmatrix} = \boldsymbol{0} \tag{3.1.6}$$

上式表示随机误差项是一个期望值或平均值为零的随机变量。于是,Y_i 的期望值或平均值为：$E(Y_i)=\beta_0+\beta_1X_{1i}+\beta_2X_{2i}+\cdots+\beta_kX_{ki}$。在这个方程中，$E(Y_i)$ 表示对于解释变量的给定值 $X_{1i},X_{2i},\cdots,X_{ki}$，$Y_i$ 的所有可能值的期望值或平均值。也就是说，它表示 Y_i 的条件期望值。

(2) 随机误差项的方差为一个常数，即：

$$Var(u_i)=E(u_i^{\ 2})=\sigma^2, i=1,2,\cdots,n \tag{3.1.7}$$

(3) 不同的随机误差项之间相互独立，即：

$$\begin{aligned}Cov(u_i,u_j)&=E[(u_i-E(u_i))(u_j-E(u_j))]\\&=E(u_iu_j)=0\end{aligned}, i\neq j; i,j=1,2,\cdots,n \tag{3.1.8}$$

假设(2) 和(3) 可综合表示为：

$$E(u_i,u_j)=\begin{cases}\sigma^2, i=j\\0, i\neq j\end{cases}\quad (i,j=1,2,\cdots,n) \tag{3.1.9}$$

假定(2)、(3) 用矩阵表示就是随机误差项的方差—协方差矩阵：

$$Var(\boldsymbol{u})=E(\boldsymbol{uu}')=E\begin{bmatrix}\begin{bmatrix}u_1\\u_2\\\vdots\\u_n\end{bmatrix}[u_1\quad u_2\quad\cdots\quad u_n]\end{bmatrix}=E\begin{bmatrix}u_1^2 & u_1u_2 & \cdots & u_1u_n\\u_2u_1 & u_2^2 & \cdots & u_2u_n\\\vdots & \vdots & \vdots & \vdots\\u_nu_1 & u_nu_2 & \cdots & u_n^2\end{bmatrix}$$

$$=\begin{bmatrix}E(u_1^2) & E(u_1u_2) & \cdots & E(u_1u_n)\\E(u_2u_1) & E(u_2^2) & \cdots & E(u_2u_n)\\\vdots & \vdots & \vdots & \vdots\\E(u_nu_1) & E(u_nu_2) & \cdots & E(u_n^2)\end{bmatrix}$$

$$=\begin{bmatrix}Var(u_1) & Cov(u_1u_2) & \cdots & Cov(u_1u_n)\\Cov(u_2u_1) & Var(u_2) & \cdots & Cov(u_2u_n)\\\vdots & \vdots & \vdots & \vdots\\Cov(u_nu_1) & Cov(u_nu_2) & \cdots & Var(u_n)\end{bmatrix}$$

$$=\begin{bmatrix}\sigma^2 & 0 & \cdots & 0\\0 & \sigma^2 & \cdots & 0\\\vdots & \vdots & \vdots & \vdots\\0 & 0 & 0 & \sigma^2\end{bmatrix}=\sigma^2\boldsymbol{I}_n \tag{3.1.10}$$

其中，$\boldsymbol{I}_n$ 表示 n 阶单位矩阵，$Var(\boldsymbol{u})$ 表示随机误差项的方差—协方差(Variance - Covariance) 矩阵；此矩阵的主对角线上的元素给出方差，而偏离主对角线的元素则给出协方差。

(4) 随机误差项 u_i 为服从正态分布的随机变量，即：

$$u_i\sim N(0,\sigma^2), (i=1,2,\cdots,n) \tag{3.1.11}$$

矩阵形式为：

$$\boldsymbol{u}\sim N(0,\sigma^2\boldsymbol{I}) \tag{3.1.12}$$

(5) 随机误差项与解释变量不相关，即：

$$Cov(x_{ji},u_i) = 0,(j = 1,2,\cdots,k,i = 1,2,\cdots,n) \tag{3.1.13}$$

进一步假定,解释变量 $x_1,x_2,\cdots,x_k$ 是确定性变量,不是随机变量,且与随机误差项不相关。

(6) $\text{Rank}(\boldsymbol{X}) = k + 1$ (3.1.14)

解释变量样本观测值矩阵 $\boldsymbol{X}$ 的秩等于参数个数 $k+1$,$\boldsymbol{X'X}$ 为满秩矩阵,也就是说,解释变量之间不存在线性关系,也称为解释变量之间不存在多重共线性。

3.2 多元线性回归模型的参数估计方法

3.2.1 普通最小二乘估计

(一) 多元线性回归模型

多元线性回归模型与简单线性回归模型基本类似,只不过解释变量由一个增加到两个以上,其回归系数的经济意义与简单线性回归中的回归系数有所区别。由于多个解释变量会同时对因变量 Y 的变动发挥作用,因此,如果我们要考察其中某个解释变量对 Y 的影响,就必须使其他解释变量保持不变来进行分析。模型中的回归系数 $\beta_j(j = 1,2,\cdots,k)$ 表示当其他解释变量保持不变的条件下,第 j 个解释变量的单位变动对因变量均值的影响。多元线性回归模型中这样的回归系数称为偏回归系数。偏回归系数反映了当模型中的其他量为常数时,另一个解释变量对因变量均值的影响。

由式(3.1.2),可得 Y 的期望函数:

$$E(Y_i) = \beta_0 + \beta_1 X_{1i} + \beta_2 X_{2i} + \cdots + \beta_k X_{ki} \tag{3.2.1}$$

它是解释变量的多元线性函数,称为多元线性总体回归方程。在总体回归方程中,各参数是未知的,我们进行回归分析的主要目的之一就是利用样本观测值对其进行估计。假定通过适当的方法我们已经得到总体回归参数的估计值,用参数估计值替换总体回归函数的未知参数,就得到多元线性样本回归方程:

$$\hat{Y}_i = \hat{\beta}_0 + \hat{\beta}_1 X_{1i} + \hat{\beta}_2 X_{2i} + \cdots + \hat{\beta}_k X_{ki} \tag{3.2.2}$$

它是总体回归方程的估计,其中 $\hat{\beta}_j(j = 1,2,\cdots,k)$ 是对总体回归参数 $\beta_j(j = 1,2,\cdots,k)$ 的估计。

由样本回归方程得到的因变量估计值 $\hat{Y}_i$ 与实际观测值 Y_i 之间通常存在偏差,这一偏差就是残差 e_i,即:

$$e_i = Y_i - \hat{Y}_i \tag{3.2.3}$$

这样与式(3.1.2) 相对应,多元线性样本回归模型就可以表示为多元线性回归方程与残差之和:

$$Y_i = \hat{Y}_i + e_i = \hat{\beta}_0 + \hat{\beta}_1 X_{1i} + \hat{\beta}_2 X_{2i} + \cdots + \hat{\beta}_k X_{ki} + e_i$$

类似地,多元线性回归方程矩阵表示如下:

$$E(\boldsymbol{Y}) = \boldsymbol{X\beta} \tag{3.2.4}$$

它表示总体变量间的依存关系。

多元线性样本回归模型用如下矩阵表示：

$$\boldsymbol{Y} = \boldsymbol{X}\hat{\boldsymbol{\beta}} + \boldsymbol{e} \tag{3.2.5}$$

它表示样本显示的变量关系。

多元线性样本回归方程用如下矩阵表示：

$$\hat{\boldsymbol{\beta}} = \boldsymbol{X}\hat{\boldsymbol{\beta}} \tag{3.2.6}$$

其中：

$\hat{\boldsymbol{Y}} = \begin{bmatrix} \hat{Y}_1 \\ \hat{Y}_2 \\ \vdots \\ \hat{Y}_n \end{bmatrix}, \hat{\boldsymbol{\beta}} = \begin{bmatrix} \hat{\beta}_0 \\ \hat{\beta}_1 \\ \vdots \\ \hat{\beta}_k \end{bmatrix}, \boldsymbol{e} = \begin{bmatrix} e_1 \\ e_2 \\ \vdots \\ e_n \end{bmatrix}$。它们分别为因变量估计值向量、回归系数估计值向量和残差值向量。

（二）参数的最小二乘估计

根据样本观测值估计未知参数，应按照某种优良性准则来进行。与简单线性回归模型的估计方法一样，我们使用残差平方和最小的准则即最小二乘法来估计模型的回归参数，也就是使残差平方和：

$$\begin{aligned} Q &= \sum_{i=1}^{n} e_i^2 = \sum_{i=1}^{n} (Y_i - \hat{Y}_i)^2 \\ &= \sum_{i=1}^{n} (Y_i - (\hat{\beta}_0 + \hat{\beta}_1 X_{1i} + \hat{\beta}_2 X_{2i} + \cdots + \hat{\beta}_k X_{ki}))^2 \\ &= \sum_{i=1}^{n} (Y_i - \hat{\beta}_0 - \hat{\beta}_1 X_{1i} - \hat{\beta}_2 X_{2i} - \cdots - \hat{\beta}_k X_{ki})^2 \\ &= \text{最小} \end{aligned} \tag{3.2.7}$$

根据极值原理，有如下条件：

$$\begin{cases} \dfrac{\partial Q}{\partial \hat{\beta}_0} = 0 \\ \dfrac{\partial Q}{\partial \hat{\beta}_1} = 0 \\ \dfrac{\partial Q}{\partial \hat{\beta}_2} = 0 \\ \vdots \\ \dfrac{\partial Q}{\partial \hat{\beta}_k} = 0 \end{cases} \tag{3.2.8}$$

于是得到关于待估参数估计值的线性方程组：

$$\begin{cases} \sum Y_i - \sum (\hat{\beta}_0 + \hat{\beta}_1 X_{1i} + \hat{\beta}_2 X_{2i} + \cdots + \hat{\beta}_k X_{ki}) = 0 \\ \sum Y_i X_{1i} - \sum (\hat{\beta}_0 + \hat{\beta}_1 X_{1i} + \hat{\beta}_2 X_{2i} + \cdots + \hat{\beta}_k X_{ki})(X_{1i}) = 0 \\ \sum Y_i X_{2i} - \sum (\hat{\beta}_0 + \hat{\beta}_1 X_{1i} + \hat{\beta}_2 X_{2i} + \cdots + \hat{\beta}_k X_{ki})(X_{2i}) = 0 \\ \cdots \\ \sum Y_i X_{ki} - \sum (\hat{\beta}_0 + \hat{\beta}_1 X_{1i} + \hat{\beta}_2 X_{2i} + \cdots + \hat{\beta}_k X_{ki})(X_{ki}) = 0 \end{cases} \tag{3.2.9}$$

即：

$$
\begin{cases}
\sum Y_i = n\hat{\beta}_0 + \hat{\beta}_1 \sum X_{1i} + \hat{\beta}_2 \sum X_{2i} + \cdots + \hat{\beta}_k \sum X_{ki} \\
\sum Y_i X_{1i} = \hat{\beta}_0 \sum X_{1i} + \hat{\beta}_1 \sum X_{1i}^2 + \hat{\beta}_2 \sum X_{1i}X_{2i} + \cdots + \hat{\beta}_k \sum X_{1i}X_{ki} \\
\sum Y_i X_{2i} = \hat{\beta}_0 \sum X_{2i} + \hat{\beta}_1 \sum X_{1i}X_{2i} + \hat{\beta}_2 \sum X_{2i}^2 + \cdots + \hat{\beta}_k \sum X_{2i}X_{ki} \\
\cdots \\
\sum Y_i X_{ki} = \hat{\beta}_0 \sum X_{ki} + \hat{\beta}_1 \sum X_{1i}X_{ki} + \hat{\beta}_2 \sum X_{2i}X_{ki} + \cdots + \hat{\beta}_k \sum X_{ki}^2
\end{cases}
\quad (3.2.10)
$$

解该$(k+1)$个方程组成的线性代数方程组，即可得到$(k+1)$个待估参数的估计值$\hat{\beta}_j(j = 1,2,\cdots,k)$。

如果模型的参数估计值已经得到，则有：

$$\hat{\boldsymbol{Y}} = \boldsymbol{X}\hat{\boldsymbol{\beta}}$$

那么，被解释变量的观测值与估计值之差的平方和为：

$$
\begin{aligned}
Q &= \sum_{i=1}^{n} e_i^2 = \sum_{i=1}^{n} (y_i - \hat{y}_i)^2 \\
&= \boldsymbol{e}'\boldsymbol{e} = (\boldsymbol{Y} - \boldsymbol{X}\hat{\boldsymbol{\beta}})'(\boldsymbol{Y} - \boldsymbol{X}\hat{\boldsymbol{\beta}}) \\
&= \boldsymbol{Y}'\boldsymbol{Y} - 2\hat{\boldsymbol{\beta}}'\boldsymbol{X}'\boldsymbol{Y} + '\boldsymbol{X}'\boldsymbol{X}
\end{aligned}
\quad (3.2.11)
$$

根据最小二乘原理，参数估计值应该是下列方程组：

$$\frac{\partial Q}{\partial \hat{\boldsymbol{\beta}}} = \frac{\partial}{\partial \hat{\boldsymbol{\beta}}}(\boldsymbol{Y} - \boldsymbol{X}\hat{\boldsymbol{\beta}})'(\boldsymbol{Y} - \boldsymbol{X}\hat{\boldsymbol{\beta}}) = 0 \quad (3.2.12)$$

的解，即：

$$
\begin{aligned}
\frac{\partial Q}{\partial \hat{\boldsymbol{\beta}}} &= \frac{\partial}{\partial \hat{\boldsymbol{\beta}}}(\boldsymbol{Y} - \boldsymbol{X})'(\boldsymbol{Y} - \boldsymbol{X}) = 0 \\
&= \frac{\partial}{\partial}(\boldsymbol{Y}'\boldsymbol{Y} - 2\hat{\boldsymbol{\beta}}'\boldsymbol{X}'\boldsymbol{Y} + \hat{\boldsymbol{\beta}}'\boldsymbol{X}'\boldsymbol{X}\hat{\boldsymbol{\beta}}) = 0 \\
&= -2\boldsymbol{X}'\boldsymbol{Y} + 2\boldsymbol{X}'\boldsymbol{X}\hat{\boldsymbol{\beta}} = 0
\end{aligned}
$$

$$\Rightarrow \hat{\boldsymbol{\beta}} = (\boldsymbol{X}'\boldsymbol{X})^{-1}\boldsymbol{X}'\boldsymbol{Y} \quad (3.2.13)$$

3.2.2　参数估计量的性质

（一）最小二乘估计量的性质

用最小二乘法得到的多元线性回归参数估计值具有线性性、无偏性和最小方差性。

(1) 线性性，即参数估计量$\hat{\boldsymbol{\beta}}$既是因变量观测值Y的线性组合，又是随机项$\boldsymbol{u}$的线性组合。即：

$$\hat{\boldsymbol{\beta}} = (\boldsymbol{X}'\boldsymbol{X})^{-1}\boldsymbol{X}'\boldsymbol{Y} \quad (3.2.14)$$

(2) 无偏性，即参数估计量$\hat{\boldsymbol{\beta}}$的期望值等于总体参数：

$$E(\hat{\boldsymbol{\beta}}) = \boldsymbol{\beta} \quad (3.2.15)$$

其证明如下：

由于：

$$\hat{\boldsymbol{\beta}} = (\boldsymbol{X}'\boldsymbol{X})^{-1}\boldsymbol{X}'\boldsymbol{Y} = (\boldsymbol{X}'\boldsymbol{X})^{-1}\boldsymbol{X}'(\boldsymbol{X}\boldsymbol{\beta} + \boldsymbol{u})$$

$$= (X'X)^{-1}X'X\boldsymbol{\beta} + (X'X)^{-1}X'u$$
$$= \boldsymbol{\beta} + (X'X)^{-1}X'u \tag{3.2.16}$$

故：

$$E(\hat{\boldsymbol{\beta}}) = E[\boldsymbol{\beta} + (X'X)^{-1}X'u] = E(\boldsymbol{\beta}) + E[(X'X)^{-1}X'u]$$
$$= \boldsymbol{\beta} + (X'X)^{-1}E(X'u)$$
$$= \boldsymbol{\beta} \tag{3.2.17}$$

这里利用了解释变量与随机误差项不相关的假定。

(3) 有效性，又称最小方差性。参数估计量$\hat{\boldsymbol{\beta}}$是待估参数$\boldsymbol{\beta}$的所有线性无偏估计量中方差最小的估计量。

(4) 参数的最小二乘估计量$\hat{\boldsymbol{\beta}}$服从正态分布，即：

$$\hat{\boldsymbol{\beta}} \sim N(\boldsymbol{\beta}, \sigma^2(X'X)^{-1}) \tag{3.2.18}$$

由式(3.2.16)知$\hat{\boldsymbol{\beta}} = \boldsymbol{\beta} + (X'X)^{-1}X'u$

$$\hat{\boldsymbol{\beta}} - \boldsymbol{\beta} = (X'X)^{-1}X'u$$
$$(\hat{\boldsymbol{\beta}} - \boldsymbol{\beta})(\hat{\boldsymbol{\beta}} - \boldsymbol{\beta})' = [(X'X)^{-1}X'u][(X'X)^{-1}X'u]'$$
$$= [(X'X)^{-1}X'u][u'X(X'X)^{-1}] \tag{3.2.19}$$

所以：

$$Var-Cov(\hat{\boldsymbol{\beta}}) = E[(\hat{\boldsymbol{\beta}} - \boldsymbol{\beta})(\hat{\boldsymbol{\beta}} - \boldsymbol{\beta})']$$
$$= E\{[(X'X)^{-1}X'u][(X'X)^{-1}X'u]'\}$$
$$= E[(X'X)^{-1}X'uu'X(X'X)^{-1}]$$
$$= (X'X)^{-1}X'E[uu']X(X'X)^{-1}$$
$$= (X'X)^{-1}X'(\sigma^2 I)X(X'X)^{-1}$$
$$= \sigma^2(X'X)^{-1}X'X(X'X)^{-1}$$
$$= \sigma^2(X'X)^{-1} \tag{3.2.20}$$

同时，由于$\hat{\boldsymbol{\beta}} = \boldsymbol{\beta} + (X'X)^{-1}X'u$，$E(\hat{\boldsymbol{\beta}}) = \boldsymbol{\beta}$，$u \sim N(0, \sigma^2 I_n)$，因此，$\hat{\boldsymbol{\beta}}$服从多元正态分布，故可证。

参数估计值$\hat{\boldsymbol{\beta}}$的方差—协方差矩阵主对角线上的元素表示$\hat{\boldsymbol{\beta}}$的方差，非主对角线上的元素表示$\hat{\boldsymbol{\beta}}$的协方差。如：$Var(\hat{\beta}_j)$是位于$\sigma^2(X'X)^{-1}$的第i行、第i列交叉处的元素（主对角线上）；$Cov(\hat{\beta}_i, \hat{\beta}_j)$是位于$\sigma^2(X'X)^{-1}$的第$i$行、第$j$列交叉处的元素（非主对角线上）。

在实际应用中，我们关心的是$\hat{\boldsymbol{\beta}}$的方差，记$C = (X'X)^{-1}$的第j个主对角元素为c_{jj}，则：

$$\hat{\beta}_j \sim N(\beta_j, \sigma^2 c_{jj}) \tag{3.2.21}$$

（二）随机误差项方差的估计

参数估计量的方差或标准差是衡量参数估计量偏离真实参数的重要指标，据此可以推断参数估计量的可靠性。但在参数估计量方差的表达式中，随机误差项的方差σ^2是未知的，参数估计量方差实际上是无法计算的。为此，需要对σ^2进行估计。

若记 $\hat{\sigma}^2 = \dfrac{\sum e_i^2}{n-k-1}$ (3.2.22)

可以证明：$\hat{\sigma}^2$ 是 σ^2 的无偏估计量，即：

$$E(\hat{\sigma}^2) = E\left(\frac{\sum e_i^2}{n-k-1}\right) = \sigma^2 \qquad (3.2.23)$$

一般地，称 $\hat{\sigma}^2$ 为残差的方差，$\hat{\sigma}$ 为标准误差或回归方程的标准误差，即根据样本资料计算的、用来反映被解释变量的实际值与估计值的平均变异程度的指标。$\hat{\sigma}$ 越大，回归直线的精度越低；$\hat{\sigma}$ 越小，回归直线的精度越高。当 $\hat{\sigma} = 0$ 时，表示所有样本点都落在回归直线上。

证明：由残差向量的定义及参数的最小二乘估计式有：

$$\boldsymbol{e} = \boldsymbol{Y} - = \boldsymbol{Y} - \boldsymbol{X} = \boldsymbol{Y} - \boldsymbol{X}(\boldsymbol{X'X})^{-1}\boldsymbol{X'Y} = [\boldsymbol{I}_n - \boldsymbol{X}(\boldsymbol{X'X})^{-1}\boldsymbol{X'}]\boldsymbol{Y}$$

记

$$\boldsymbol{P} = \boldsymbol{I}_n - \boldsymbol{X}(\boldsymbol{X'X})^{-1}\boldsymbol{X'}$$

则

$$\boldsymbol{e} = \boldsymbol{PY}$$

进一步推导，残差向量还可以表示为：

$$\boldsymbol{e} = [\boldsymbol{I}_n - \boldsymbol{X}(\boldsymbol{X'X})^{-1}\boldsymbol{X'}]\boldsymbol{Y} = [\boldsymbol{I}_n - \boldsymbol{X}(\boldsymbol{X'X})^{-1}\boldsymbol{X'}](\boldsymbol{X\beta} + \boldsymbol{u})$$

容易验证，$\boldsymbol{P}$ 为对称幂等矩阵，即 $\boldsymbol{P} = \boldsymbol{P'}, \boldsymbol{P}^2 = \boldsymbol{P}\cdot\boldsymbol{P} = \boldsymbol{P}$。

从而可得残差向量的协方差矩阵为：

$$\begin{aligned} Var(\boldsymbol{e}) &= E(\boldsymbol{e'e}) = E[\boldsymbol{Pu}(\boldsymbol{Pu})'] = E[\boldsymbol{P}(\boldsymbol{uu'})\boldsymbol{P}] \\ &= \boldsymbol{P}E(\boldsymbol{uu'})\boldsymbol{P'} = \boldsymbol{P}(\sigma^2\boldsymbol{I}_n)\boldsymbol{P'} = \boldsymbol{PP'}\sigma^2 = \boldsymbol{P}\sigma^2 \end{aligned}$$

利用矩阵迹的性质，有：

$$\sum e_i^2 = \boldsymbol{e'}e = tr(\boldsymbol{ee'})$$

$$\begin{aligned} E\left(\sum e_i^2\right) &= E(\boldsymbol{e'e}) = E[tr(\boldsymbol{ee'})] = tr[E(\boldsymbol{ee'})] = tr(\boldsymbol{P}\sigma^2) \\ &= \sigma^2 tr[\boldsymbol{I}_n - \boldsymbol{X}(\boldsymbol{X'X})^{-1}\boldsymbol{X'}] = \sigma^2[tr\boldsymbol{I}_n - tr\boldsymbol{X}(\boldsymbol{X'X})^{-1}\boldsymbol{X'}] \\ &= \sigma^2[n - tr(\boldsymbol{I}_{k+1})] = [n-(k+1)]\sigma^2 \end{aligned}$$

所以 $E\left(\sum e_i^2\right) = [n-k-1]\sigma^2$，因此：

$$E\left(\frac{\sum e_i^2}{n-k-1}\right) = \sigma^2$$

于是，参数估计量 $\hat{\beta}_j(j = 1,2,\cdots,k)$ 的标准差 $s(\hat{\beta}_j)$ 就可借助 $\hat{\sigma}$ 来估计，从而得到参数估计量 $\hat{\beta}_j(j = 1,2,\cdots,k)$ 的样本标准差估计式：

$$s(\hat{\beta}_j) = \sqrt{\hat{\sigma}^2 C_{jj}} \quad (j = 1,2,\cdots,k) \qquad (3.2.24)$$

3.3　多元线性回归方程的拟合优度检验

与一元线性回归模型相类似，我们需要对估计的多元线性回归方程关于样本观测值的拟合优度进行检验，而检验的统计量是多重决定系数。

3.3.1　多重决定系数

类似于一元线性回归模型，多元线性回归有如下总变差分解式：

$$\sum (Y_i - \bar{Y})^2 = \sum (Y_i - \hat{Y}_i)^2 + \sum (\hat{Y}_i - \bar{Y})^2$$

$$TSS = RSS + ESS \tag{3.3.1}$$

总离差平方和 = 残差平方和 + 回归平方和

ESS：由回归直线（即解释变量）所解释的部分，表示 X 对 Y 的线性影响。

RSS：未被回归直线解释的部分，由解释变量 X 对 Y 影响以外的因素而造成的。式(3.3.1)中，总离差平方和 TSS 反映了因变量观测值总的变动程度；回归平方和 ESS 反映了因变量回归估计值总的变异程度，它是因变量观测值总变差中由解释变量解释的那部分变差；残差平方和 RSS 反映了因变量观测值与估计值之间的总变差中未被解释变量解释的那部分变差。显然回归平方和 ESS 越大，残差平方和也就越小，从而因变量观测值总变差中能由解释变量解释的那部分变差就越大，模型对观测数据的拟合程度就越高。因此，我们定义样本决定系数（即复决定系数或多重决定系数）为解释变差占总变差的比重，用来表示解释变量对被解释变量的解释程度：

$$R^2 = \frac{ESS}{TSS} \tag{3.3.2}$$

或者表示为：

$$R^2 = \frac{TSS - RSS}{TSS} = 1 - \frac{RSS}{TSS} = 1 - \frac{\sum e_i^2}{\sum (Y_i - \bar{Y})^2} \tag{3.3.3}$$

因为：

$$TSS = \sum (Y_i - \bar{Y})^2 = \sum Y_i^2 - n(\bar{Y})^2$$

$$= \boldsymbol{Y'Y} - n(\bar{Y})^2 \tag{3.3.4}$$

$$\sum e_i^2 = \sum \boldsymbol{e'e} = (\boldsymbol{Y} - \boldsymbol{X}\hat{\boldsymbol{\beta}})'(\boldsymbol{Y} - \boldsymbol{X}\hat{\boldsymbol{\beta}}) = \boldsymbol{Y'Y} - \hat{\boldsymbol{\beta}}'\boldsymbol{X'Y} \tag{3.3.5}$$

故有：

$$R^2 = 1 - \frac{\boldsymbol{Y'Y} - \hat{\boldsymbol{\beta}}'X'Y}{Y'Y - n(\bar{Y})^2} \tag{3.3.6}$$

3.3.2　修正的决定系数

作为检验回归方程与样本值"拟合优度"的指标，R^2 越大（$0 \leqslant R^2 \leqslant 1$），表示回归方程与样本拟合得越好；反之，回归方程与样本值拟合较差。如果模型中增加一个新的解释变量，总离差（TSS）不会改变，但总离差中由解释变量所解释的部分，即回归平方和（ESS）将会增加。在这种情况下，容易引起一种错觉：要使 R^2 增大，增加模型中解释变量的数目就行了。显然这样用 R^2 来检验回归方程与样本值的“拟合程度”是不合适的，因此必须对 R^2 进行调整，使它不但能说明已被解释离差与总离差的关系，而且又能说明自由度的数目。

同时，在样本容量一定的情况下，增加解释变量必定会使待估参数的个数增加，从而损失自由度，而且在实际应用中，有时所增加的解释变量并非必要。有些解释变量对被解释变量的影响很小，增加这些解释变量对减小残差平方和没有多大作用。但由式（3.2.22）可知，引入的解释变量数目越多，k 越大。由于分子部分 $\sum e_i^2$ 的减小并不那么明显，必将导致 σ^2 的无偏估计值 $\hat{\sigma}^2$ 将增大。$\hat{\sigma}^2$ 的增大无论对推测总体参数的置信区间还是对预测区间的估计，都意味着推测精度的降低。

为此，人们引入修正的多重决定系数，其计算公式为：

$$\bar{R}^2 = 1 - \frac{\sum e_i^2/(n-k-1)}{\sum (Y_i - \bar{Y})^2/(n-1)} \tag{3.3.7}$$

其中，$(n-k-1)$ 为残差平方和（$\sum e_i^2$）的自由度，$(n-1)$ 为总离差平方和（$\sum (Y_i - \bar{Y})^2$）的自由度。修正决定系数与为修正的多重决定系数之间的关系如下：

$$\begin{aligned}\bar{R}^2 &= 1 - \frac{n-1}{n-k-1}\left(\frac{\sum e_i^2}{\sum (Y_i - \bar{Y})^2}\right)\\ &= 1 - \frac{n-1}{n-k-1}(1 - R^2)\end{aligned} \tag{3.3.8}$$

或者：

$$R^2 = 1 - \frac{n-k-1}{n-1}(1 - \bar{R}^2) \tag{3.3.9}$$

从式（3.3.8）可以看出，当增加一个解释变量时，由前面分析可知 R^2 会增加，引起 $(1 - R^2)$ 的减少，而 $(n-1)/(n-k-1)$ 增加，因而 $\bar{R}^2$ 不会增加。这样用 $\bar{R}^2$ 判定回归方程与样本值“拟合优度”就消除了 R^2 对解释变量个数的依赖。另外，从式（3.3.8）还可以看出，当 $k > 1$ 时，$\bar{R}^2 < R^2$；如果样本的观测数目 n 很大，$\bar{R}^2$ 与 R^2 相差较小；当使用小样本时，解释变量的数目很大，$\bar{R}^2$ 就会远远小于 R^2，甚至可能会取负值。在式（3.3.8）中，当 $R^2 < (k/n - 1)$ 时，$\bar{R}^2 < 0$。此时，修正的 $\bar{R}^2$ 应看做零。

需要说明的是，在实际应用中，我们希望所建模型的 $\bar{R}^2$ 或 R^2 越大越好。但应注意，决定系数只是对模型拟合优度的度量，$\bar{R}^2$ 或 R^2 越大，只能说明列入模型中的解释变量对因变量整体影响程度越大，并非说明模型中各个解释变量对因变量的影响程度显著。因此在选择模型时，不能单纯根据决定系数的高低断定模型的优劣，有时为了通盘考虑模型的可靠度及其经济意义，可以适当降低对决定系数的要求。

3.4　多元线性回归模型的统计检验

拟合优度检验只能说明模型对样本数据的近似情况,但利用给定的样本只得出了回归方程,我们的目的就是利用回归方程对总体进行经济分析和预测。回归方程能否代表总体,即总体模型的设定是否显著,必须进行统计学意义上的检验。这就是回归方程的显著性检验。

3.4.1　方程的显著性检验

多元线性回归方程的显著性检验与一元线性回归方程类似,只不过这里要同时检验全部解释变量对被解释变量的共同影响是否显著,也就是检验模型中被解释变量与解释变量之间的线性关系在总体上是否显著成立。检验方法依旧是在对因变量观测值总变差进行方差分解的基础上采用回归平方和与残差平方和各自与自由度相除后的 F 统计量进行检验。对于多元线性回归方程而言,方程显著性检验即检验方程 $Y_i = \beta_0 + \beta_1 X_{1i} + \beta_2 X_{2i} + \cdots + \beta_k X_{ki} + u_i$ 中参数是否显著不为零。

在一系列经典假设条件下,Y_i 服从正态分布。根据数理统计学中的定义,Y_i 的一组样本的平方和服从卡方分布(χ^2 分布)。所以有:

$$ESS = \sum (\hat{Y}_i - \bar{Y})^2 \sim \chi^2(k) \tag{3.4.1}$$

$$RSS = \sum (Y_i - \hat{Y}_i)^2 \sim \chi^2(n-k-1) \tag{3.4.2}$$

即回归平方和、残差平方和分别服从自由度为 k 和 $n-k-1$ 的 χ^2 分布。将自由度考虑进去进行方差分析,方差分析表如表 3－1 所示:

表 3－1　　多元线性回归方程的方差分析表

变差来源	平方和	自由度	方差
源于回归	ESS	k	ESS/k
源于残差	RSS	$n-k-1$	$RSS/(n-k-1)$
总变差	TSS	$n-1$	—

于是使用 F 检验的具体步骤如下:

(1) 提出原假设与备择假设

$H_0: \beta_1 = \beta_2 = \cdots = \beta_k = 0$,即各解释变量与因变量在总体上不存在线性关系,

$H_1: \beta_j (j = 1, 2, \cdots, k)$ 不全为零,即各解释变量与因变量在总体上存在线性关系。

(2) 选择检验统计量

由数理统计学知识可以证明,在 H_0 成立的条件下,统计量:

$$F = \frac{ESS/k}{RSS/(n-k-1)} \sim F(k, n-k-1) \tag{3.4.3}$$

服从第一自由度为 k 和第二自由度为 $(n-k-1)$ 的 F 分布。

(3) 给定显著性水平α,在F分布表中查第一自由度为k和第二自由度为$(n-k-1)$的临界值$F_{\alpha}(k,n-k-1)$。

(4) 将样本观测值代入式(3.4.3)计算统计量F值。

(5) 将F值与临界值$F_{\alpha}(k,n-k-1)$比较:若$F > F_{\alpha}(k,n-k-1)$,则拒绝原假设H_0,说明回归方程显著,解释变量对被解释变量的影响是显著的;若$F < F_{\alpha}(k,n-k-1)$,则接受原假设H_0,说明回归方程不显著。

3.4.2 回归系数的显著性检验

从理论上说,多元线性回归方程的变量显著性检验是一元线性回归方程变量显著性检验的逻辑推广,这种情况下更能显示出F检验与t检验的不同。

如果模型经过F显著性检验后,解释变量对被解释变量影响的显著性情况以二元线性回归模型为例,还存在以下几种可能:$\beta_1 \neq 0, \beta_2 \neq 0$;$\beta_1 = 0, \beta_2 \neq 0$;$\beta_1 \neq 0, \beta_2 = 0$。到底哪个$X$对$Y$的影响是显著的,哪个是不显著的,或者两者都是显著的?还要对各个解释变量的回归系数进行逐个检验,这就是单个回归系数的显著性检验,即t检验。

(一)$\hat{\boldsymbol{\beta}}$的抽样分布

根据多元线性回归分析中OLS的参数估计结果,我们可知参数估计量的方差—协方差为:

$$Var-Cov(\hat{\boldsymbol{\beta}}) = \sigma^2(\boldsymbol{X}'\boldsymbol{X})^{-1} \tag{3.4.4}$$

其中σ^2为随机误差项的方差,在实际计算时,用它的估计量代替,即$\hat{\sigma}^2 = \dfrac{\sum e_i^2}{n-k-1}$。

这样,当模型参数估计完成后,就可以计算每个参数估计量的方差。因为$\hat{\beta}_j$服从正态分布,又因为$\hat{\beta}_j$为β_j的无偏估计量,因此:

$$\hat{\beta}_j \sim N(\beta_j, \hat{\sigma}^2 c_{jj}) \tag{3.4.5}$$

进一步根据数理统计学知识,就可以构造一个统计量:

$$t = \frac{\hat{\beta}_j - \beta_j}{s(\hat{\beta}_j)} = \frac{\hat{\beta}_j - \beta_j}{\sqrt{\hat{\sigma}^2 c_{jj}}} = \frac{\hat{\beta}_j - \beta_j}{\sqrt{\dfrac{\sum e_i^2}{n-k-1} c_{jj}}} \tag{3.4.6}$$

该统计量服从自由度为$(n-k-1)$的t分布,即$t \sim t(n-k-1)$,该统计量即为用于变量显著性检验的t统计量。

(二)t检验

用t统计量进行回归系数的显著性检验的具体过程如下:如果变量X_j是显著的,那么参数β_j应该显著地不为零,于是在变量显著性检验中设计的原假设为:

$$H_0: \beta_j = 0 \quad H_1: \beta_j \neq 0$$

(1) 提出假设

$H_0: \beta_j = 0$,即变量X_j是不显著的,X_j与因变量Y之间不存在线性关系。

$H_1: \beta_j \neq 0$,即变量X_j是显著的,X_j与因变量Y之间存在线性关系。

$(j = 1, 2, \cdots, k)$

（2）根据样本观测值，计算 t 统计量的值

$$t=\frac{\hat{\beta}_j-\beta_j}{\hat{\sigma}\sqrt{c_{jj}}}$$

在 H_0 成立的条件下：

$$t=\frac{\hat{\beta}_j-\beta_j}{\hat{\sigma}\sqrt{c_{jj}}}=\frac{\hat{\beta}_j-0}{\hat{\sigma}\sqrt{c_{jj}}}=\frac{\hat{\beta}_j}{\hat{\sigma}\sqrt{c_{jj}}}\sim t(n-k-1) \tag{3.4.7}$$

（3）比较判断

给定显著性水平 α，查自由度为 $(n-k-1)$ 的 t 分布表，得临界值 $t_{\alpha/2}(n-k-1)$。若 $|t|\geqslant t_{\alpha/2}(n-k-1)$，就拒绝 $H_0:\beta_j=0$，接受 $H_1:\beta_j\neq 0$，说明在其他解释变量不变的情况下，解释变量 X_j 对因变量 Y 的影响是显著的。若 $|t|<t_{\alpha/2}(n-k-1)$，就接受 H_0，说明在其他解释变量不变的情况下，解释变量 X_j 对因变量 Y 的影响是不显著的。

3.5　多元线性回归模型的预测

3.5.1　参数估计量的置信区间

多元线性回归方程的参数估计量的区间估计是一元线性回归的逻辑推广，两者的逻辑思路是一致的，在多元线性回归变量的显著性检验中已经知道，对于 $\hat{\beta}_j$ 而言：

$$t=\frac{\hat{\beta}_j-\beta_j}{s(\hat{\beta}_j)}=\frac{\hat{\beta}_j-\beta_j}{\hat{\sigma}\sqrt{c_{jj}}}\sim t(n-k-1) \tag{3.5.1}$$

也就是说，如果给定置信水平 $(1-\alpha)$，从 t 分布表中查自由度为 $(n-k-1)$ 的临界值 $t_{\alpha/2}(n-k-1)$，有：

$$P(-t_{\alpha/2}(n-k-1)\leqslant t\leqslant t_{\alpha/2}(n-k-1))=1-\alpha$$

因此，我们有 $100(1-\alpha)\%$ 把握，比如 $\alpha=0.05$，则我们有 95% 的把握，β_j 在区间：

$$[\hat{\beta}_j-t_{\alpha/2}(n-k-1)s(\hat{\beta}_j),\hat{\beta}_j+t_{\alpha/2}(n-k-1)s(\hat{\beta}_j)] \tag{3.5.2}$$

即

$$[\hat{\beta}_j-t_{\alpha/2}(n-k-1)\sqrt{\hat{\sigma}^2c_{jj}},\hat{\beta}_j+t_{\alpha/2}(n-k-1)\sqrt{\hat{\sigma}^2c_{jj}}] \tag{3.5.3}$$

3.5.2　多元线性回归模型的预测

（一）点预测

点预测就是根据给定解释变量的值，预测相应的被解释变量的一个可能值。设多元线性回归模型为：

$$Y_i=\beta_0+\beta_1X_{1i}+\beta_2X_{2i}+\cdots+\beta_kX_{ki}+u_i$$

则对样本以外解释变量的值 $\boldsymbol{X}_0=(1,X_{10},X_{20},\cdots,X_{k0})$，个别值 Y_0 和均值 $E(Y_0)$ 分别为：

$$Y_0=\boldsymbol{X}_0\boldsymbol{\beta}+u_0=\beta_0+\beta_1X_{10}+\beta_2X_{20}+\cdots+\beta_kX_{k0}+u_0 \tag{3.5.4}$$

$$E(Y_0) = \boldsymbol{X}_0\boldsymbol{\beta} = \beta_0 + \beta_1 X_{10} + \beta_2 X_{20} + \cdots + \beta_k X_{k0} \quad (3.5.5)$$

若根据观测样本已经估计出参数向量$\hat{\boldsymbol{\beta}}$,且模型通过检验,并得到样本回归方程:

$$\hat{Y}_i = \hat{\beta}_0 + \hat{\beta}_1 X_{1i} + \hat{\beta}_2 X_{2i} + \cdots + \hat{\beta}_k X_{ki} \quad (3.5.6)$$

则对样本以外解释变量的值$\boldsymbol{X}_0 = (1, X_{10}, X_{20}, \cdots, X_{k0})$,$Y_0$的拟合值为:

$$\hat{Y}_0 = \boldsymbol{X}_0\hat{\boldsymbol{\beta}} = \hat{\beta}_0 + \hat{\beta}_1 X_{1i} + \hat{\beta}_2 X_{2i} + \cdots + \hat{\beta}_k X_{ki} \quad (3.5.7)$$

对上式两边取期望值,得:

$$E(\hat{Y}_0) = E(\hat{\beta}_0 + \hat{\beta}_1 X_{1i} + \hat{\beta}_2 X_{2i} + \cdots + \hat{\beta}_k X_{ki}) = E(Y_0) \quad (3.5.8)$$

说明$\hat{Y}_0$是$E(Y_0)$的无偏估计,从而可以用$\hat{Y}_0$作为$E(Y_0)$的预测值。

(二) 区间预测

(1) $E(Y_0)$的区间预测

在点预测中,预测值是根据样本回归方程计算出来的,它是被解释变量实际值的一个估计量,预测值与实际值是有误差的。这种误差究竟多大呢?点预测无法提供相关信息。此外,既然是用预测值估计实际值,则必定存在一个估计的可信度问题,即这种估计的把握度有多大。点预测也无法提供这方面的信息,而区间预测能够克服这方面的不足。区间预测就是在一定的置信度下,根据给定的解释变量的值,预测相应的被解释变量取值的一个可能范围,即提供被解释变量的一个置信区间。

$E(Y_0)$的区间预测是以$\hat{Y}_0$的概率分布为基础的。为了得到$E(Y_0)$的区间预测,首先需要得到$\hat{Y}_0$的方差,可以证明:$\hat{Y}_0$服从均值为$E(\hat{Y}_0) = E(Y_0) = \boldsymbol{X}_0\boldsymbol{\beta}$,方差为$\sigma^2\boldsymbol{X}_0(\boldsymbol{X}'\boldsymbol{X})^{-1}\boldsymbol{X}_0'$的正态分布,即:

$$\hat{Y}_0 \sim N[\boldsymbol{X}_0\boldsymbol{\beta}, \sigma^2\boldsymbol{X}_0(\boldsymbol{X}'\boldsymbol{X})^{-1}\boldsymbol{X}_0'] \quad (3.5.9)$$

或者:

$$\hat{Y}_0 - E(Y_0) \sim N[0, \sigma^2\boldsymbol{X}_0(\boldsymbol{X}'\boldsymbol{X})^{-1}\boldsymbol{X}_0']$$

用$\hat{\sigma}^2$代替σ^2,构造如下统计量:

$$t = \frac{\hat{Y}_0 - E(Y_0)}{\hat{\sigma}\sqrt{\boldsymbol{X}_0(\boldsymbol{X}'\boldsymbol{X})^{-1}\boldsymbol{X}_0'}} \quad (3.5.10)$$

则该统计量服从自由度为$(n-k-1)$的t分布。

给定显著性水平α,查自由度为$(n-k-1)$的t分布表,可得临界值$t_{\alpha/2}(n-k-1)$,则$E(Y_0)$的置信度为$1-\alpha$的预测区间为:

$$\hat{Y}_0 - t_{\alpha/2}(n-k-1)\hat{\sigma}\sqrt{\boldsymbol{X}_0(\boldsymbol{X}'\boldsymbol{X})^{-1}\boldsymbol{X}_0'} \leqslant E(Y_0)$$
$$\leqslant \hat{Y}_0 + t_{\alpha/2}(n-k-1)\hat{\sigma}\sqrt{\boldsymbol{X}_0(\boldsymbol{X}'\boldsymbol{X})^{-1}\boldsymbol{X}_0'} \quad (3.5.11)$$

(2) Y_0的预测区间

可以证明,$E(Y_0 - \hat{Y}_0) = 0$

$$Var(Y_0 - \hat{Y}_0) = Var(Y_0) + Var(\hat{Y}_0) = \sigma^2 + \sigma^2\boldsymbol{X}_0(\boldsymbol{X}'\boldsymbol{X})^{-1}\boldsymbol{X}_0'$$
$$= \sigma^2[1 + \boldsymbol{X}_0(\boldsymbol{X}'\boldsymbol{X})^{-1}\boldsymbol{X}_0'] \quad (3.5.12)$$

所以$Y_0 - \hat{Y}_0$服从均值为0、方差为$\sigma^2[1 + \boldsymbol{X}_0(\boldsymbol{X}'\boldsymbol{X})^{-1}\boldsymbol{X}_0']$的正态分布,即:

$$Y_0 - \hat{Y}_0 \sim N(0, \sigma^2[1 + \boldsymbol{X}_0(\boldsymbol{X}'\boldsymbol{X})^{-1}\boldsymbol{X}_0']) \quad (3.5.13)$$

用 $\hat{\sigma}^2$ 代替 σ^2，构造如下统计量：

$$t = \frac{Y_0 - \hat{Y}_0}{\hat{\sigma}\sqrt{1 + \boldsymbol{X}_0(\boldsymbol{X}'\boldsymbol{X})^{-1}\boldsymbol{X}_0'}} \tag{3.5.14}$$

则该统计量服从自由度为 $(n-k-1)$ 的 t 分布。

给定显著性水平 α，查自由度为 $(n-k-1)$ 的 t 分布表，可得临界值 $t_{\alpha/2}(n-k-1)$，则 Y_0 的置信度为 $1-\alpha$ 的预测区间为：

$$\hat{Y}_0 - t_{\alpha/2}(n-k-1)\hat{\sigma}\sqrt{1 + \boldsymbol{X}_0(\boldsymbol{X}'\boldsymbol{X})^{-1}\boldsymbol{X}_0'} \leqslant Y_0 \leqslant \hat{Y}_0 + t_{\alpha/2}(n-k-1)\hat{\sigma}\sqrt{1 + \boldsymbol{X}_0(\boldsymbol{X}'\boldsymbol{X})^{-1}\boldsymbol{X}_0'} \tag{3.5.15}$$

3.6 案例分析

3.6.1 研究目的

改革开放以来，随着人们生活条件的逐渐改善，私人汽车拥有量呈现快速增长之势。本例对影响我国私人汽车拥有量的因素进行分析，建立我国私人汽车拥有量的计量经济模型。

3.6.2 模型设定

本例中，我们用 1988—2009 年我国私人汽车拥有量的影响因素的实际数据来估计中国人汽车拥有量的计量经济模型：被解释变量 Y 为私人汽车拥有量（万辆）；解释变量 X_1 为人均国内生产总值（元）；解释变量 X_2 为公路里程（万千米）；解释变量 X_3 为燃料及动力价格。本例以 1988 年为基期的原材料、燃料及动力购进价格指数作为解释变量。如表 3－2 所示：

表 3－2　　我国私人汽车拥有量及影响因素数据资料

年份	私人汽车拥有量（万辆）Y	人均国内生产总值（元）X_1	公路里程（万千米）X_2	原材料、燃料动力构建价格（1988 = 100）X_3
1988	60.42	1 365.51	99.96	—
1989	73.12	1 519.00	101.43	100.00
1990	81.26	1 644.00	102.83	126.40
1991	96.04	1 892.76	104.11	133.48
1992	118.20	2 311.09	105.67	145.62
1993	155.77	2 998.36	108.35	161.64
1994	205.42	4 044.00	111.78	218.38
1995	249.96	5 045.73	115.70	258.13
1996	289.67	5 845.89	118.58	297.62
1997	358.36	6 420.18	122.64	309.23
1998	423.65	6 796.03	127.85	313.25

表 3-2（续）

年份	私人汽车拥有量(万辆) Y	人均国内生产总值(元) $X1$	公路里程(万千米) $X2$	原材料、燃料动力构建价格(1988 = 100) $X3$
1999	533.88	7 158.50	135.17	300.09
2000	625.33	7 857.68	140.27	290.19
2001	770.78	8 621.71	169.80	304.99
2002	968.98	9 398.05	176.52	304.38
2003	1 219.23	10 541.97	180.98	297.38
2004	1 481.66	12 335.58	187.07	311.65
2005	1 848.07	14 185.36	334.52	347.18
2006	2 333.32	16 499.70	345.70	375.99
2007	2 876.22	20 169.46	358.37	398.55
2008	3 501.39	23 707.71	373.02	416.09
2009	4 574.91	25 575.48	386.08	459.78

资料来源:《新中国 55 年统计资料汇编(1949—1999)》,《中国统计年鉴》(2010)。

我们的模型设为:

$$\ln Y_i = \beta_0 + \beta_1 \ln X_{1i} + \beta_2 \ln X_{2i} + \beta_3 \ln X_{3i} + u_i$$

3.6.3 估计参数

使用 Eviews 软件直接给出结果,如表 3-3 所示。

表 3-3　　我国私人汽车拥有量计量模型回归结果

Dependent Variable: LNY
Method: Least Squares
Date: 04/28/11　Time: 16:44
Sample: 1988 2009
Included observations: 22

Variable	Coefficient	Std. Error	t-Statistic	Prob.
C	-5.232 709	0.491 159	-10.653 80	0.000 0
LNX1	1.824 255	0.154 921	11.775 40	0.000 0
LNX2	0.255 120	0.128 088	1.991 759	0.061 8
LNX3	-1.046 344	0.228 554	-4.578 101	0.000 2

R-squared	0.995 933	Mean dependent var	6.186 435
Adjusted R-squared	0.995 255	S.D. dependent var	1.341 680
S.E. of regression	0.092 416	Akaike info criterion	-1.762 074
Sum squared resid	0.153 732	Schwarz criterion	-1.563 703
Log likelihood	23.382 81	F-statistic	1 469.381
Durbin-Watson stat	0.885 752	Prob(F-statistic)	0.000 000

3.6.4 模型检验

(一) 经济意义检验

从回归得出的结果来看,lnX1 的系数为 1.824 3,lnX2 的系数为 0.255 1,lnX3 的系数为 -1.046 3,各变量符号与预期一致,并且其大小在经济理论上解释得通,因此该模型通过经济意义检验。

(二) 拟合优度及模型估计效果检验

从结果看,可决系数 $R^2 = 0.9959$,该模型的解释变量解释了 1988—2009 年间全国私人汽车拥有量变异的99.59%,因此样本拟合效果较好。整个模型的F值为1 469.38,表明整个模型估计效果显著。

(三) 回归系数的显著性检验(t 检验)

从回归结果看,此模型中的变量和参数的 t 值在 5% 的置信水平下均统计值显著,即在 95% 的置信水平下,可认为全国的私人汽车拥有量的增量 $\ln Y$ 与全国的人均国内生产总值的增量 $\ln X_1$,全国的公路里程的增量 $\ln X_2$,原材料、燃料及动力购进价格指数的增量 $\ln X_3$ 之间都存在显著的线性相关关系。

可见,全国私家车拥有量与其人均国内生产总值、公路里程和原材料、燃料及动力购进价格指数存在着一定的函数关系。人均可支配收入和公路里程对私家车的拥有量有一定的促进作用,它们保持每年持续增长,从而使得全国的私人汽车拥有量不断增多;而全国的原材料、燃料及动力购进价格指数对私家车的拥有量起到一定的限制作用,随着其价格的提高,私家车拥有量有减少的趋势。所以,可以以增加人均国内生产总值和公路里程的方式来增加私家汽车的拥有量,从而促进汽车行业的发展,同时带动其他相关行业的发展,增加就业并促进经济的发展。

本章小结

1. 多元线性回归模是一元线性回归模型的一般形式和逻辑推广,一元线性回归模型则是多元线性回归模型的特例。多元线性回归模型变量的选取、数据的收集、参数的估计、检验等所依据的基本原理与一元线性回归模型完全类似。

2. 与一元线性回归模型类似,多元线性回归模型为了进行估计,也需要对其进行一系列经典假定。这些假定有的是针对随机扰动项,有的则是针对解释变量的。当然,在今后的学习中我们会逐渐放宽一系列经典假定,使之更加符合实际情况。另外需要说明的是,这些经典假定是一个总的假定,并不是说进行回归估计的任何阶段这几个假定都是必需的,实际上在回归分析的不同阶段,我们对假定的要求是不同的。

3. 许多经济问题都可以归结为多元线性回归模型。能否将变量列入模型时常决定于该变量能否取得数据。

4. 对计量经济模型的检验理论基础为数理统计学,检验内容包括拟合优度检验、系数的显著性检验、方程的显著性检验等。一般实际分析中,我们会根据多项检验的结合,综合判断、评价模型。

思考和练习

1. 多元线性回归模型的基本假设有哪些?在多元线性回归模型的参数估计量的无偏性、有效性的证明中各用了哪些假设?

2. 在多元模型中,为何要对决定系数进行调整?调整的决定系数 $\bar{R}^2$ 与 F 的关系如何?

3. t 检验、F 检验的关系如何?

4. 为研究某地家庭书刊消费与家庭收入、户主受教育程度之间的关系,建立了家庭书刊年消费支出 Y(元)、家庭月平均收入 X_1(元)、户主受教育年数 X_2(年) 的模型,用抽样得到的 35 个家庭的数据估计得:

$$\hat{Y}_i = 8.2617 + 0.0208X_{1i} + 1.2698X_{2i}$$

$$t = (3.356763)(-4.237629)(2.965781)$$

$$R^2 = 0.96154 \quad 2\bar{R}^2 = 0.936783 \quad F = 98.523926 \quad n = 35$$

(1) 从经济意义上考察模型的合理性。

(2) 在5% 的显著性水平上进行变量显著性检验。

(3) 在5% 的显著性水平上进行方程总体显著性检验。

5. 一个二元线性回归模型的回归结果如表 3 - 4 所示:

表 3 - 4　　回归分析结果

方差来源	平方和	自由度
源于回归 源于残差	27 963 349	
总变差	28 032 015	15

(1) 求样本容量 n、残差平方和 RSS、回归平方和 ESS 的自由度、残差平方和 RSS 的自由度。

(2) 求决定系数 R^2 和调整的决定系数 $\bar{R}^2$。

(3) 根据以上信息,在给定显著性水平下,可否检验两个解释变量对被解释变量的联合影响是否显著?为什么?

(4) 根据以上信息,在给定显著性水平下,可否检验两个解释变量各自对被解释变量的影响是否显著?为什么?

6. 某商品的需求函数为:

$$\ln Y_i = 92.3 + 0.46\ln X_{1i} - 0.18\ln X_{2i}$$

$$(0.126) \quad (0.032)$$

$$(3.651) \quad (-5.625)$$

$$R^2 = 0.983 \quad \bar{R}^2 = 0.976 \quad F = 581$$

其中,Y 为需求量,X_1 为消费者收入,X_2 为该商品价格。

(1) 解释参数的经济意义。

(2) 若价格上涨 10% 将导致需求如何变化?

(3) 在价格上涨 10% 情况下,收入增加多少才能保持需求不变?

(4) 解释模型中各个统计量的含义。

7. 表 3 - 5 给出了 1960—1982 年 7 个经济合作与发展组织国家的能源需求指数 Y、实际 GDP 指数 X_1、能源价格指数 X_2,所有价格指数均以 1973 年为基准(1973 年为 100)。

表 3 - 5　1960—1982 年 7 个经济合作与发展组织国家的能源需求指数及相关数据

年份	能源需求指数	实际 GDP 指数	能源价格指数	年份	能源需求指数	实际 GDP 指数	能源价格指数
1960	54.1	54.1	111.9	1972	97.2	94.3	98.6
1961	55.4	56.4	112.4	1973	100.0	100.0	100.0
1962	58.5	59.4	111.1	1974	97.3	101.4	120.1
1963	61.7	62.1	110.2	1975	93.5	100.5	131.0
1964	63.6	65.9	109.0	1876	99.1	105.3	129.6
1965	66.8	69.5	108.3	1877	100.9	109.9	137.7
1966	70.3	73.2	105.3	1978	103.9	114.4	133.7
1967	73.5	75.7	105.4	1979	106.9	118.3	144.5
1968	78.3	79.9	104.3	1980	101.2	119.6	179.0
1969	83.3	83.8	101.7	1981	98.1	121.1	189.4
1970	88.9	86.2	97.7	1982	95.6	120.6	190.9
1971	91.8	89.8	100.3				

资料来源:Organization for Economic Co - operation and Development.

(1) 建立能源需求的对数函数模型 $\ln Y_i = \beta_0 + \beta_1 \ln X_{1i} + \beta_2 \ln X_{2i} + u_i$,解释各回归系数的意义,用 P 值检验各解释变量是否显著、方程是否显著。

(2) 建立能源需求的线性函数模型 $Y_i = \beta_0 + \beta_1 X_{1i} + \beta_2 X_{2i} + u_i$,解释各回归系数的意义,用 P 值检验各解释变量是否显著、方程是否显著。

(3) 比较所建立的两个模型,如果两个模型的结论不同,你将选择哪个模型?为什么?根据你选定的模型,估计实际 GDP 指数为 98.6、能源价格指数为 121.5 时能源需求指数的数值,构造该估计值的 95% 的置信区间。

第4章 异方差

学习目的与要求

1. 理解异方差的基本概念,并了解异方差出现的原因和理论后果。

2. 掌握常用的诊断异方差及修正异方差的方法。

前面的章节已经学习了基本的计量经济学方法。在进行普通最小二乘法估计的时候,通常我们会有若干经典假定(见第二、三两章)。然而,现实中的经济数据通常并不能完全满足这些假定,这意味着很多时候我们对数据作线性回归处理时,必须考虑数据的特征,检验数据是否满足上述经典假定。一旦数据无法全部满足上述假定,经典的线性回归理论就不再适用。我们必须寻求新的方法来处理。本章将要讨论的就是在随机扰动项条件方差不等的情况下,即呈现条件异方差时的理论方法。

4.1 异方差概述

4.1.1 异方差的概念

第二章提出的基本假定中,要求对所有 $i(i=1,2,\cdots,n)$ 都有:

$$Var(u_i)=\sigma^2 \tag{4.1.1}$$

也就是说 u_i 具有同方差性。同方差性的假定意味着每个 u_i 围绕其零平均值的变差并不随解释变量 X 的变化而变化,即不论解释变量观测值是大还是小,每个 u_i 的方差都保持不变。

设模型为:

$$Y_i=\beta_0+\beta_1X_1+\beta_2X_2+\cdots+\beta_kX_k+u_i$$

如果其他假定不变,但模型中随机误差项 u_i 的方差为:

$$Var(u_i)=\sigma_i^2(i=1,2,\cdots,n) \tag{4.1.2}$$

则称 u_i 具有异方差性(Heteroscedasticity)。

异方差性在许多应用中都存在,但主要出现在截面数据分析中。例如我们调查不同规模公司的利润,会发现大公司的利润变化幅度要比小公司的利润变化幅度大,即大公司利润的方差比小公司利润的方差大。利润方差的大小可能取决于公司的规模、产业特点、研究开发支出多少等因素。在分析家庭支出模式时,我们也会发现高收入家庭通常比低收入家庭对某些商品的支出有更大的方差。一般地,我们可以通过图4-1来比较同方差与异方差。

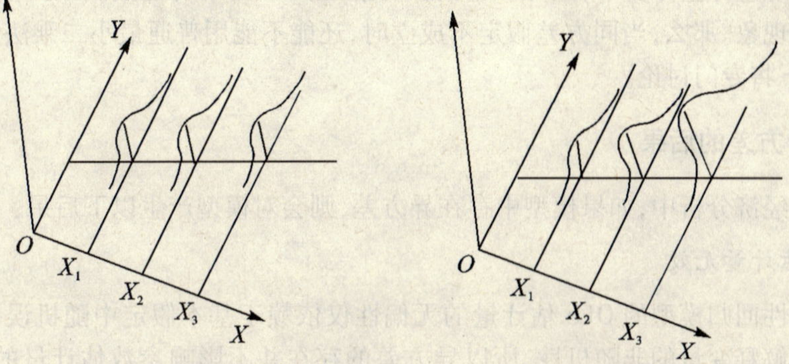

（a）同方差　　　　　　（b）异方差

图4－1　同方差和异方差的情况下，误差项 u_i 的随机分布状况

从图4－1中可以看出，在同方差情况下，与任意选定的 X 相对应的 Y 的总体具有相同的方差，如图4－1(a)；在异方差情况下，不同的 X 所对应的 Y 的总体具有不同的方差，如图4－1(b)。

4.1.2　异方差产生的原因

一般来说，经济数据的同方差现象只是我们设想的一种理想状态，我们所观测到的大部分经济数据中都存在异方差情形。大致来说，产生异方差现象的原因主要有：

（一）模型中遗漏了某些解释变量

例如，用截面数据研究消费函数，根据绝对收入消费原理设消费函数为：

$$Y = \beta_0 + \beta_1 X + u$$

其中，Y 为家庭消费支出，X 为家庭可支配收入。在该模型中，物价水平 P 并没有包括在解释变量中，但它对消费支出是有影响的，该影响因素却被放在随机误差项中。如果物价水平是影响消费的重要部分，则很可能使随机误差的方差变动呈现异方差性。

（二）样本数据的测量误差

一方面，样本数据的测量误差常随时间的推移而逐步积累，从而会引起随机误差项的方差增加。另一方面，随着时间的推移，抽样技术和其他收集资料方法的改进也使得样本的测量误差逐步减少，从而引起随机误差的方差减小。因此，在时间序列资料中，由于在不同时期测量误差的大小不同，从而随机项就不具有同方差性。

（三）随机因素的影响

经济变量本身受很多随机因素（比如政策变动、自然灾害、金融危机等）影响，不具有确定性和重复性。同时，社会经济问题涉及人的思维和行为，也涉及各阶层的物质利益，人的行为具有很多不确定因素。

因此，经济分析中经常会遇到异方差性的问题。而且经验表明，利用横截面数据建立模型时，由于在不同样本点上（解释变量之外）其他因素的影响差异较大，所以比时间序列资料更容易产生异方差性。

在实际经济计量分析中，绝对严格的同方差性几乎是不可能的，异方差性可以说是一种普遍的现象。那么，当同方差假定不成立时，还能不能用普通最小二乘法来估计模型参数呢?以下将专门讨论。

4.1.3 异方差的后果

在计量经济分析中，如果模型中存在异方差，则会对模型产生以下后果：

（一）参数估计量无效

经典线性回归模型的 OLS 估计量的无偏性仅依赖于基本假定中随机误差项的零均值假定以及解释变量的非随机性，所以异方差的存在并不影响参数估计量的无偏性。但在模型参数的所有线性估计量中，OLS 估计量方差最小的重要前提条件之一是随机误差项为同方差；如果随机误差项是异方差的，则不能再保证最小二乘估计的方差最小。以一元线性回归模型 $Y_i = \beta_0 + \beta_1 X_i + u_i$ 为例，异方差的情况可表示为 $\sigma_i^2 = \sigma^2 f(X_i)$，根据公式(2.2.19) 可知：

$$Var(\hat{\beta}_1) = \frac{\sum x_i^2 \sigma^2 f(X_i)}{(\sum x_i^2)^2} = \frac{\sigma^2}{\sum x_i^2} \cdot \frac{\sum x_i^2 f(X_i)}{\sum x_i^2} \tag{4.1.3}$$

这说明出现异方差时，参数的方差将会比无异方差时扩大或缩小。在大多数经济问题中，有 $\frac{\sum x_i^2 f(X_i)}{\sum x_i^2} > 1$，如果还用无异方差时的 $Var(\hat{\beta}_1) = \frac{\sigma^2}{\sum x_i^2}$ 去估计 $\hat{\beta}_1$ 的方差，通常会低估 $\hat{\beta}_1$ 的真实方差，也就会低估其标准误差。

（二）显著性检验失效

参数的显著性检验以及 t 统计量的构造中使用了随机扰动项方差的估计值 $\hat{\sigma}^2$。如果 $\sigma_i^2 = \sigma^2 f(X_i)$ 被低估，则根据公式(2.5.1) 和公式(2.5.2) 计算出的 t 统计量值肯定会比真实的 t 统计量值要高，也就是夸大了 t 统计量的值，致使 t 检验失效，F 检验也同时失效。

（三）模型预测失效

一方面，上述后果使得模型不具有良好的统计性质；另一方面，在预测值的置信区间中也包含随机扰动项的方差 σ^2。所以，当模型出现异方差性时，参数 OLS 估计值的变异程度增大，从而造成预测误差变大，降低预测精度，使预测功能失效。

上述内容表明：异方差是一个潜在的严重问题，因为它破坏了 OLS 估计量的有效性及假设检验过程。因此，在研究具体问题尤其是涉及截面数据时，首先要判断是否存在异方差问题。

4.2 异方差产生的检验

尽管在理论上容易列举异方差的后果，但对具体情况检验异方差问题却绝非易事。这一点容易理解，因为只有当我们有了与所选 X 相对应的 Y 的总体时，才能知道 σ_i^2 的值;即如果我们仅有与给定变量 X 值相对应的单独一个 Y 值,那么根据单独的 Y 值我们无法确定对应于给定 X 值的 Y 的条件分布的方差。

到目前为止,还没有严格的规则来检验异方差。但我们拥有的一些检测工具可以帮助我们检验异方差。下面介绍一些常用的检测工具。

4.2.1 图示检验法

图示法是最直观的一种检验异方差的方法,其基本思想就是通过观察数据的散点图来推断是否存在异方差性。

(一) X—Y 散点图法

这种方法运用 X—Y 的散点图来进行判断,是一种直观、简便的方法。通过观察 X—Y 的散点图看是否存在明显的散点扩大、缩小或复杂型趋势来检验是否存在异方差。例如,用 2009 年我国各省区市居民人均消费支出与人均国内生产总值的数据,绘制出消费支出对收入的散点图,如图 4-2 所示:

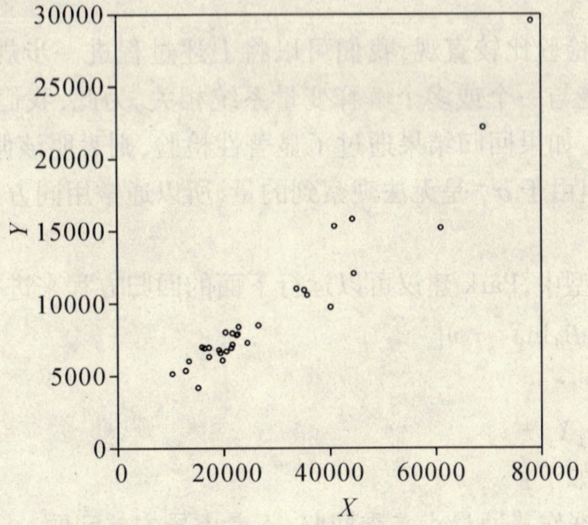

图 4-2 2009 年中国各省区市居民人均消费支出对人均国内生产总值的散点图

(二) 残差图法

该方法的基本思想是把随机误差的方差近似地估计出来,通过观察该估计量的特征来推断是否存在异方差性。这里的关键问题是如何把随机误差的方差表示出来。一般情况下我们首先进行普通最小二乘估计,以求得随机误差项的估计量。例如,一元线性回归模型 $Y_i = \beta_0 + \beta_1 X_i + u_i$,在 OLS 估计基础上得到残差的平方 e_i^2,然后绘制出 e_i^2 对 X_i 的散点图。如果 e_i^2 不随 X_i 的变化而变化,如图 4-3(a) 所示,表明 u_i 不存在异方差;如果 e_i^2 随 X_i 的变化而变化,如图 4-3(b)、(c)、(d) 所示,表明 u_i 存在异方差。

散点图作为一种检验工具,可以给我们提供是否存在异方差的信息。一旦有信息表明可能存在异方差,我们在今后的分析中就应该更为谨慎。

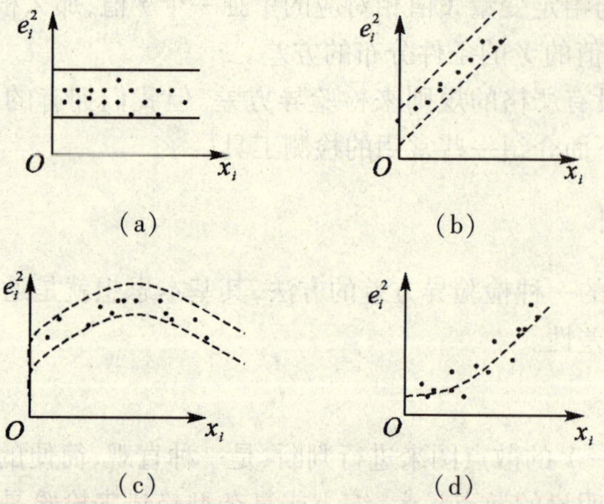

图 4-3　残差平方对自变量的散点图

4.2.2　帕克(Park)检验

上面给出的图形检验比较直观,我们可以将上述过程进一步规范化。如果存在异方差,异方差的方差可能与一个或多个解释变量系统相关。为此,我们可以作 σ_i^2 对一个或多个解释变量的回归。如果回归结果通过了显著性检验,则表明该假设是正确的,从而表明确实存在异方差。但由于 σ_i^2 是无法观察到的量,所以通常用同方差假定下作 OLS 估计得到的残差来代替。

例如在双变量模型中,Park 建议可以运行下面的回归方程来进行检验:

$$\ln e_i^2 = \beta_0 + \beta_1 \ln X_i + v_i \tag{4.2.1}$$

或者:

$$e_i^2 = \beta_0 + \beta_1 X_i + v_i \tag{4.2.2}$$

帕克检验的步骤如下:

(1) 运用原始数据作普通最小二乘回归,不考虑异方差问题。

(2) 从原始回归方程中得到残差,并求其平方,再取对数形式。

(3) 利用原始模型中的一个解释变量作形如式(4.2.1)的回归;如果有多个解释变量,则对每个解释变量都作形如式(4.2.1)的回归,或作对 Y_i 的估计值 $\hat{Y}_i$ 的回归。

(4) 检验零假设 $\beta_1 = 0$,即不存在异方差。如果 $\ln e_i^2$ 和 $\ln X_i$ 之间是统计显著的,拒绝零假设:不存在异方差,这种情况下我们需采取一些补救措施,随后讨论。如果 $\ln e_i^2$ 和 $\ln X_i$ 之间不是统计显著的,则接受零假设:不存在异方差。

4.2.3　格莱泽(Glejser)检验

格莱泽检验实质上与帕克检验很相似。从原始数据中获得的残差 e_i 之后,格莱泽建议作绝对值对 X_i 的回归。格莱泽建议的一些函数形式如下:

$$|e_i| = \beta_0 + \beta_1 X_i + v_i \tag{4.2.3}$$

$$|e_i| = \beta_0 + \beta_1 \sqrt{X_i} + v_i \tag{4.2.4}$$

$$|e_i| = \beta_0 + \beta_1 \frac{1}{X_i} + v_i \tag{4.2.5}$$

$$|e_i| = \beta_0 + \beta_1 \frac{1}{\sqrt{X_i}} + v_i \tag{4.2.6}$$

每种情形下的零假设都是不存在异方差，即 $\beta_1 = 0$。如果零假设被拒绝，则表明可能存在异方差。

对格莱泽检验有一点需特别注意：与帕克检验一样，在格莱泽建议的回归方程中，它的误差项本身可能就存在异方差和序列相关问题。然而对于大样本，上述模型能够很好地检测异方差问题。因此，格莱泽检验可以用做大样本的检测工具。

4.2.4 戈德菲尔德—夸特(Goldfeld - Quandt) 检验

G—Q 检验是以 F 检验为基础，适用于样本容量较大、异方差递增或递减的情况。G—Q 检验的基本思路是先将样本一分为二，对子样本 ① 和子样本 ② 分别作回归，然后利用两个子样本的残差平方和之比构造统计量。由于该统计量服从 F 分布，因此假如存在递增的异方差，则 F 远大于1；反之就会等于1(等方差) 或小于1(递减方差)。使用 G—Q 方法进行异方差性检验的具体步骤如下：

(1) 将 n 对观察值(X_i, Y_i) 按解释变量 X_i 的大小顺序递增排列。

(2) 将其中间的 $c = n/4$ 个观察值除去，余下前后两个子样本，这样每个子样的个数为$(n-c)/2$，各自进行回归，分别计算残差平方和，自由度 $= (n-c)/2 - k$，k是模型中自变量个数。

(3) 提出假设：两个子样方差相等。

$$F = \frac{\sum e_{i2}^2 \Big/ \left(\frac{n-c}{2} - k\right)}{\sum e_{i1}^2 \Big/ \left(\frac{n-c}{2} - k\right)} = \frac{\sum e_{i2}^2}{\sum e_{i1}^2} \sim F\left(\frac{n-c}{2} - k - 1, \frac{n-c}{2} - k - 1\right) \tag{4.2.7}$$

(4) 给定显著性水平 α，确定临界值 $F_\alpha\left(\frac{n-c}{2} - k - 1, \frac{n-c}{2} - k - 1\right)$。若 $F > F_\alpha$，表明存在递增异方差；若 $F \leqslant F_\alpha$，表明不存在异方差。

4.2.5 怀特(White) 的一般异方差检验

怀特(White) 提出了检验异方差的一般性方法，这种方法在实际中很容易应用。假定我们有如下模型：

$$Y_i = \beta_0 + \beta_1 X_{1i} + \beta_2 X_{2i} + u_i \tag{4.2.8}$$

怀特的检验步骤如下：

(1) 首先用普通最小二乘法估计回归方程(4.2.8)，获得残差 e_i。

(2) 然后作如下辅助回归：

$$e_i^2 = \alpha_0 + \alpha_1 X_{1i} + \alpha_2 X_{2i} + \alpha_3 X_{1i}^2 + \alpha_4 X_{2i}^2 + \alpha_5 X_{1i} X_{2i} + \nu_i \tag{4.2.9}$$

此回归即残差的平方 e_i^2 对所有原始变量、变量的平方以及变量的交叉乘积的回归。也可以加入原始变量的更高次幂。ν_i 是辅助方程的残差项。

(3) 求辅助方程(4.2.9) 的 R^2 值。提出假设：

$H_0: \alpha_1 = \alpha_2 = \alpha_3 = \alpha_4 = \alpha_5 = 0$　不存在异方差

$H_1: \alpha_1、\alpha_2、\alpha_3、\alpha_4、\alpha_5$ 不全为0　存在异方差

怀特证明了从方程(4.2.9) 中获得的 R^2 值与样本容量($= n$) 的乘积服从 χ^2 分布，自由度等于方程(4.2.9) 中解释变量的个数(不包括截距项)，即：

$$n \cdot R^2 \sim \chi^2(d.f.) \tag{4.2.10}$$

在模型(4.2.9) 中，自由度为5。

(4) 如果由(4.2.10) 式中得到的 χ^2 值超过了所选显著水平下的 χ^2 临界值，或者说计算 χ^2 值的 P 值很低，则可以拒绝零假设：不存在异方差。如果由(4.2.10) 式计算 χ^2 值的 P 值很大，则不能拒绝零假设。

4.3　异方差的修正

由前面的讨论可知，异方差的存在并不破坏普通最小二乘法的无偏性，但是估计量却不是有效的，即使对大样本也是如此。因为缺乏有效性，所以通常的假设检验值不可靠。因此，如果怀疑存在异方差或者已经检测到异方差的存在，则采取补救措施就很重要。

4.3.1　误差已知时的异方差的修正方法

我们考虑双变量总体回归函数：

$$Y_i = \beta_0 + \beta_1 X_i + u_i \tag{4.3.1}$$

假设每个观察值的误差 σ_i^2 是已知的，对模型作如下变换：

$$\frac{Y_i}{\sigma_i} = \beta_0\left(\frac{1}{\sigma_i}\right) + \beta_1\left(\frac{X_i}{\sigma_i}\right) + \frac{u_i}{\sigma_i} \tag{4.3.2}$$

即将(4.3.1) 式的两边都除以“已知” 的方差的平方根。令：

$$\nu_i = \frac{u_i}{\sigma_i} \tag{4.3.3}$$

我们将 v_i 称做“变换” 后的误差项。如果满足同方差，则变换后的回归方程(4.3.2) 就不存在异方差问题了。假设古典线性回归模型中的其他假设均能满足，则方程(4.3.2) 中各参数的 OLS 估计将是最优线性无偏估计量，我们就可以按常规的方法进行统计分析了。

下面我们证明变换后的误差项 v_i 是同方差的。由(4.3.3) 得到：

$$\nu_i^2 = \frac{u_i^2}{\sigma_i^2} \tag{4.3.4}$$

因此：

$$E(\nu_i^2) = E\left(\frac{u_i^2}{\sigma_i^2}\right) = \left(\frac{1}{\sigma_i^2}\right)E(u_i^2) = \left(\frac{1}{\sigma_i^2}\right)(\sigma_i^2) = 1 \tag{4.3.5}$$

可见变换后的误差项同方差，所以变换后的模型(4.3.2)不存在异方差问题，我们可以用常规的 OLS 方法进行估计。

在异方差的形式已知或通过检验能够确认的前提下，运用上述模型变换的方法可以较好地修正异方差对模型的影响。但在多数情况下我们并不知道异方差的形式，那么怎样才能较好地得到异方差的函数形式呢？目前有一些方法，但内容已经超出本书讨论的范围。

在实际操作中，我们可以将 Y 和 X 的每个观察值都除以“已知”的 σ_i，然后再对变换后的数据进行 OLS 回归，由此获得的 β_0、β_1 的 OLS 估计量就称为加权最小二乘法(Weighted Least Squares，WLS)估计量，Y 和 X 的每个观察值都以其误差的标准差 σ_i 为权数。这种加权过程就称为加权最小二乘法。

4.3.2　误差未知时的异方差的修正方法

尽管从直观上看加权最小二乘法很简单，但我们如何知道或找出真实的误差方差 σ_i^2？从前面的分析中可知，有关误差的信息是极少的，在实际问题中我们无法找出真实的误差方差 σ_i^2。当 σ_i^2 未知时，进行怎样的变换才能应用 WLS 法？一般地，我们可根据误差与解释变量或被解释变量的关系来确定变换的形式。

(一) 误差与 X_i 成比例：平方根变换

在使用常规的 OLS 法估计之后，我们将回归得到的残差对解释变量 X 的散点图，如果观察到的图形与图4-4(a)相似，则表明误差与解释变量线性相关，或与 X 成比例。即：

$$E(u_i^2) = \sigma^2 X_i \tag{4.3.6}$$

这表明误差方差与 X 成比例，或者说与 X 线性相关；常数 σ^2 是比例因子。在式(4.3.6)的假定下，将模型(4.3.1)作如下变换：

$$\begin{aligned}\frac{Y_i}{\sqrt{X_i}} &= \beta_0 \frac{1}{\sqrt{X_i}} + \beta_1 \frac{X_i}{\sqrt{X_i}} + \frac{u_i}{\sqrt{X_i}} \\ &= \beta_0 \frac{1}{\sqrt{X_i}} + \beta_1 \frac{X_i}{\sqrt{X_i}} + \nu_i\end{aligned} \tag{4.3.7}$$

其中 $\nu_i = u_i / \sqrt{X_i}$。也就是说，我们此处进行的变换是将模型(4.3.1)的两边同时除以 X_i 的平方根。方程(4.3.7)演示了平方根变换的过程。

与式(4.3.5)的思路一致，容易证明如果误差与解释变量线性相关，则 $\nu_i = u_i / \sqrt{X_i}$ 是同方差的，因此，我们可以应用 OLS 法来估计方程(4.3.7)。事实上，我们进行变换的过程就是使用 WLS 法的过程。这时取的权数为 $\frac{1}{\sqrt{X_i}}$。应该注意到，为了估计方程(4.3.7)，我们必须使用经过原点的回归进行估计。

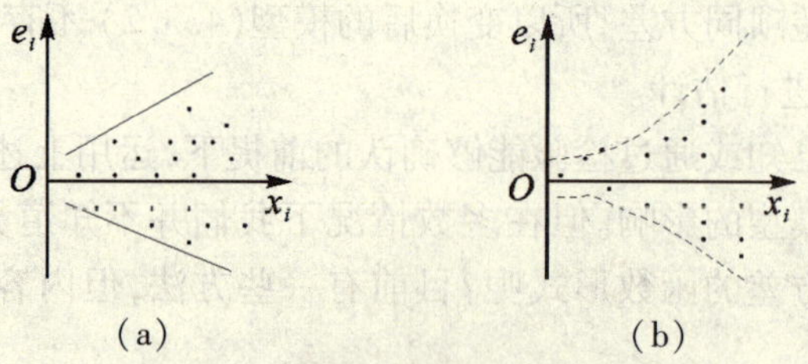

图 4－4　残差与解释变量散点图

（二）误差与 X_i^2 成比例

如果估计得到的残差呈现图 4－4(b) 的形式，则表明误差方差并不是与 X_i 线性相关，而是随着 X_i 的平方按比例增加。可表示为：

$$E(u_i^2) = \sigma^2 X_i^2 \tag{4.3.8}$$

这时我们需将方程的两边同除以 X_i，而不是除以 X_i 的平方根，变换如下：

$$\frac{Y_i}{X_i} = \beta_0 \frac{1}{X_i} + \beta_1 + \nu_i \tag{4.3.9}$$

其中：

$$\nu_i = \frac{u_i}{X_i} \tag{4.3.10}$$

我们可以证明式(4.3.9) 中的误差项是同方差的。所以，我们可以用 OLS 法估计方程(4.3.9)。这样，原方程中的斜率系数变成了(4.3.9) 中的截距项，而原方程中的截距项变成了(4.3.9) 中的斜率系数。当我们估计出方程(4.3.9) 后，将方程两边同乘 X_i，就可得到我们需要的方程。

4.3.3　重新设定模型

除了推测 σ_i^2 以外，有时我们可以重新设定总体回归函数，这样也可以消除异方差。例如我们可以不选择形如(4.3.1) 的线性模型，而选择对数形式来估计模型，这样常常可以消除异方差。我们可以估计：

$$\ln Y_i = \beta_0 + \beta_1 \ln X_i + u_i \tag{4.3.11}$$

在这个模型中，异方差问题可能没有线性模型(4.3.1) 中那么严重，因为对数变换压缩了测定变量的尺度，把未经变换之前两个变量之间 10 倍的差异缩小为 2 倍差异。例如，50 是 5 的 10 倍，但 ln50(= 3.912) 是 ln5(= 1.609) 的两倍。

对数线性模型还有一个显著优点是斜率系数 β_1 度量的是 Y 对 X 的弹性。在研究实际问题时，我们选择线性模型还是对数线性模型要根据经济理论和实际经济问题来决定。如果选择两者中的任何一个并没有太大差别，并且线性模型中异方差问题比较严重的话，不妨试一试双对数模型。

4.4　案例分析

4.4.1　问题的提出和模型设定

本例中,我们建立中国区域居民消费函数的计量经济学模型。消费函数选择凯恩斯的绝对收入假说,假定医疗机构数与人口数之间满足线性约束,则理论模型设定为:

$$Y_i = \beta_0 + \beta_1 X_i + u_i \tag{4.4.1}$$

其中 Y_i 表示各地区人均消费支出,X_i 表示各地区人均国内生产总值($i = 1,2,\cdots,31$)。由 2010 年的《中国统计年鉴》得到如表 4－1 所示的资料:

表 4－1　　2009 年中国各地区人均消费及支出资料

地区	人均国内生产总值 X(元)	人均消费性支出 Y(元)	地区	人均国内生产总值 X(元)	人均消费性支出 Y(元)
北京	69 248.03	22 154	湖北	22 659.27	7 791
天津	61 244.87	15 149	湖南	20 386.65	7 929
河北	24 501.71	7 193	广东	40 965.51	15 291
山西	21 469.32	6 854	广西	15 978.5	6 893
内蒙古	40 214.57	9 668	海南	19 144.4	6 695
辽宁	35 222.25	10 848	重庆	22 840.19	8 308
吉林	26 569.14	8 410	四川	17 289.29	6 863
黑龙江	22 443.81	7 737	贵州	10 301.95	5 044
上海	78 326.13	29 572	云南	13 497.59	5 926
江苏	44 604.92	11 993	西藏	15 217.74	4 060
浙江	44 382.92	15 790	陕西	21 659.07	7 069
安徽	16 413.02	6 829	甘肃	12 853.77	5 284
福建	33 737.33	10 950	青海	19 401.94	6 495
江西	17 271.9	6 229	宁夏	21 646.03	7 858
山东	35 792.58	10 494	新疆	19 813.72	5 990
河南	20 533.85	6 607			

4.4.2　参数估计

使用 Eviews 软件估计样本回归函数如表 4－2 所示:

表 4－2　　　　我国区域消费函数回归估计结果

Dependent Variable: Y
Method: Least Squares
Date: 04/29/11　Time: 10:44
Sample: 1 31
Included observations: 31

Variable	Coefficient	Std. Error	t－Statistic	Prob.
C	731.457 5	598.981 7	1.221 168	0.231 9
X	0.306 332	0.018 189	16.842 02	0.000 0
R－squared	0.907 246	Mean dependent var		9 483.000
Adjusted R－squared	0.904 047	S.D. dependent var		5 355.266
S.E. of regression	1 658.861	Akaike info criterion		17.727 99
Sum squared resid	79 802 778	Schwarz criterion		17.820 51
Log likelihood	－272.783 9	F－statistic		283.653 6
Durbin－Watson stat	1.969 001	Prob(F－statistic)		0.000 000

估计结果为：

$$\hat{Y}_i = 731.457\,5 + 0.306\,3X_i$$
$$(1.221\,2)\quad(16.842\,0)$$
$$R^2 = 0.907\,2 \quad F = 283.653\,6 \tag{4.4.2}$$

括号内为 t 统计量值。

4.4.3　检验模型的异方差

如前面分析的那样，截面数据由于存在个体绝对水平的差异，很容易使模型产生异方差，从而影响模型的估计和运用。为此，必须对该模型是否存在异方差进行检验。

（一）绘制 e_i^2 对 X_i 的散点图

由图 4－5 可以看出，残差平方对解释变量的散点图主要分布在图形中的下三角部分，大致可以看出残差平方随解释变量的变动呈增大的趋势，因此，模型很可能存在异方

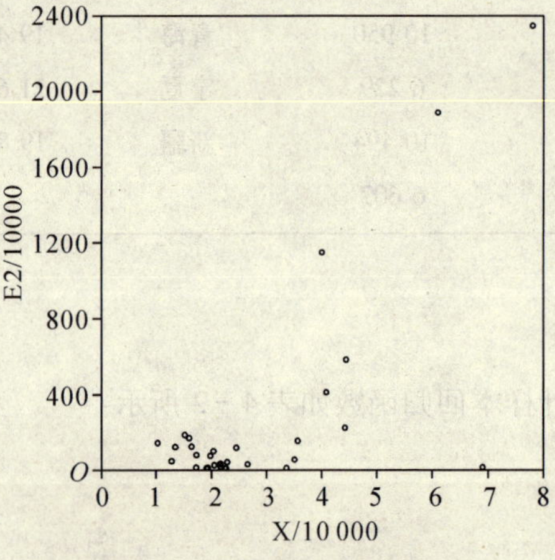

图 4－5　残差平方对 X_i 的散点图

差。但是否确实存在异方差还应通过更进一步的检验。

(二) 戈德菲尔德—夸特(Goldfeld - Quandt) 检验

(1) 对变量取值排序(按递增或递减,本例选递增型排序),这时变量 Y 与 X 将以 X 按递增型排序。

(2) 构造子样本区间,建立回归模型。在本例中,样本容量 $n = 31$,删除中间 1/4 的观测值,即大约 7 个观测值,余下部分平分得两个样本区间:1 ~ 12 和 20 ~ 31,它们的样本个数均是 12 个,即 $n_1 = n_2 = 12$。然后用 OLS 方法分别求得子样本 1 的回归结果(见表 4 -3)和子样本 2 的回归结果(见表 4 -4)。

表 4 -3　　子样本 1 的 OLS 回归结果

Dependent Variable: Y
Method: Least Squares
Date: 05/01/11　Time: 16:33
Sample: 1 12
Included observations: 12

Variable	Coefficient	Std. Error	t - Statistic	Prob.
C	2 688. 252	1 339. 394	2. 007 065	0. 072 5
X	0. 212 471	0. 080 066	2. 653 709	0. 024 2

R - squared	0. 413 220	Mean dependent var	6 186. 417
Adjusted R - squared	0. 354 542	S. D. dependent var	1 022. 908
S. E. of regression	821. 808 1	Akaike info criterion	16. 411 90
Sum squared resid	6 753 685.	Schwarz criterion	16. 492 72
Log likelihood	-96. 471 42	F - statistic	7. 042 169
Durbin - Watson stat	2. 595 716	Prob(F - statistic)	0. 024 159

表 4 -4　　子样本 2 的 OLS 回归结果

Dependent Variable: Y
Method: Least Squares
Date: 05/01/11　Time: 16:35
Sample: 20 31
Included observations: 12

Variable	Coefficient	Std. Error	t - Statistic	Prob.
C	-1 884. 511	2 084. 251	-0. 904 167	0. 387 2
X	0. 355 502	0. 044 020	8. 075 988	0. 000 0

R - squared	0. 867 059	Mean dependent var	13 959. 33
Adjusted R - squared	0. 853 765	S. D. dependent var	6 375. 046
S. E. of regression	2 437. 858	Akaike info criterion	18. 586 64
Sum squared resid	59 431 524	Schwarz criterion	18. 667 46
Log likelihood	-109. 519 8	F - statistic	65. 221 58
Durbin - Watson stat	1. 571 450	Prob(F - statistic)	0. 000 011

(3)求F统计量值。基于表4-3和表4-4中残差平方和的数据，即Sum squared resid的值。根据Goldfeld-Quandt检验，F统计量为：

$$F = \frac{\sum e_{i2}^2}{\sum e_{i1}^2} = \frac{59\ 431\ 524}{6\ 753\ 685} = 8.80 \tag{4.4.3}$$

(4)判断。在$\alpha = 0.05$下，式(4.4.3)中分子、分母的自由度均为10，查F分布表得临界值为$F_{0.05}(10,10) = 2.98$。因为$F = 8.80 > 2.98$，所以拒绝原假设，表明模型确实存在异方差。

(三)怀特(White)检验

由表4-2估计结果，按路径view/residual tests/white heteroskedasticity(no cross terms or cross terms)进入White检验。根据White检验中辅助函数的构造，最后一项为变量的交叉乘积项，因为本例为一元函数，故无交叉乘积项。因此应选“no cross terms”，则辅助函数为：

$$e_i^2 = \alpha_0 + \alpha_1 X_{1i} + \alpha_2 X_{1i}^2 + \nu_i \tag{4.4.4}$$

经估计出现White检验结果，如表4-5所示：

表4-5　White异方差检验

White Heteroskedasticity Test:

F-statistic	19.456 41	Probability	0.000 005
Obs * R-squared	18.027 90	Probability	0.000 122

Test Equation
Dependent Variable: RESID^2
Method: Least Squares
Date: 05/01/11　Time: 17:05
Sample: 1 31
Included observations: 31

Variable	Coefficient	Std. Error	t-Statistic	Prob.
C	1 383 611.	2 997 599.	0.461 573	0.648 0
X	-125.099 5	179.030 0	-0.698 763	0.490 5
X^2	0.004 393	0.002 117	2.075 673	0.047 2

R-squared	0.581 545	Mean dependent var	2 574 283.
Adjusted R-squared	0.551 655	S. D. dependent var	5 487 165.
S. E. of regression	3 674 125.	Akaike info criterion	33.163 29
Sum squared resid	3.78E+14	Schwarz criterion	33.302 07
Log likelihood	-511.031 1	F-statistic	19.456 41
Durbin-Watson stat	2.847 898	Prob(F-statistic)	0.000 005

从表4-5可以看出，$nR^2 = 18.027\ 9$。由White检验可知，在$\alpha = 0.05$下，查分布表χ^2，得临界值$\chi_{0.05}(2) = 5.991\ 5$(在式(4.4.4)中只有两项含有解释变量，故自由度为2)，比较计算的χ^2统计量与临界值，因为$nR^2 = 18.027\ 9 > \chi_{0.05}(2) = 5.991\ 5$，所以拒绝原假设，不拒绝备择假设，表明模型存在异方差。

4.4.4 异方差性的修正

4.4.4.1 加权最小二乘法(WLS)

在运用 WLS 法估计过程中，我们分别选用了权数。权数的生成过程如下：$w_{1i}=\frac{1}{X_i}$，$w_{2i}=\frac{1}{X_i^2}$，$w_{3i}=\frac{1}{\sqrt{X_i}}$。经估计检验发现用权数 w_{2i} 的效果最好。下面仅给出用权数 w_{2i} 的结果，如表 4－6 所示：

表 4－6 我国区域居民消费函数的 WLS 估计结果

Dependent Variable：Y
Method：Least Squares
Date：05/03/11 Time：07:24
Sample：1 31
Included observations：31
Weighting series：W_2

Variable	Coefficient	Std. Error	t－Statistic	Prob.
C	2 630. 840	389. 916 6	6. 747 187	0. 000 0
X	0. 219 150	0. 024 640	8. 894 242	0. 000 0
Weighted Statistics				
R－squared	0. 954 662	Mean dependent var		6 813. 980
Adjusted R－squared	0. 953 099	S. D. dependent var		4 044. 192
S. E. of regression	875. 838 7	Akaike info criterion		16. 450 58
Sum squared resid	22 245 712	Schwarz criterion		16. 543 10
Log likelihood	－252. 984 0	F－statistic		79. 107 55
Durbin－Watson stat	2. 657 401	Prob(F－statistic)		0. 000 000
Unweighted Statistics				
R－squared	0. 821 163	Mean dependent var		9 483. 000
Adjusted R－squared	0. 814 996	S. D. dependent var		5 355. 266
S. E. of regression	2 303. 414	Sum squared resid		1. 54E＋08
Durbin－Watson stat	0. 849 563			

表 4－6 的估计结果如下：

$$\hat{Y}_i = 2\,630.84 + 0.219\,2X_i$$
$$(6.747\,2)\ (8.894\,2)$$
$$R^2 = 0.954\,7 \quad F = 79.11 \tag{4.4.5}$$

通过表 4－7 可以看出，采用加权最小二乘法消除了异方差性后，模型已经不存在异方差性，该模型可以作为我国区域居民消费模型。从式(4.4.5)可以看出，人均国内生产总值每增加 1 元，平均将增加 0.219 2 元的消费水平。

表 4-7　　　　White 异方差性检验

White Heteroskedasticity Test:

F - statistic	0.974 008	Probability	0.389 996
Obs * R - squared	2.016 443	Probability	0.364 867

本章小结

1. 普通最小二乘回归是建立在一系列假定条件之上的,违背了其中的任何一个假定条件都可能得不到无偏、一致、有效的估计量。

2. 如果模型中存在异方差,则最小二乘估计量即使不影响无偏性,也是无效的。

3. 异方差检验的方法既包括非正式的检验手段,如散点图法、残差图法,也包括帕克检验、格莱泽(Glejser)检验、戈德菲尔德—夸特(Goldfeld - Quandt)检验、怀特(White)检验等正式的检验方法。

4. 异方差主要是通过加权最小二乘法来消除的,但使用这种方法的前提条件是准确判断异方差的函数形式。

思考和练习

1. 简述什么是异方差,为什么异方差的出现总是与模型中某个解释变量的变化有关?

2. 归纳教材中所介绍的检验异方差的方法的基本思想。

3. 什么是加权最小二乘法?它的基本思想是什么?

4. 根据某种商品在 26 个城市的销售量(Y) 和销售价格(X) 的横截面数据,对销售量(Y) 关于销售价格(X) 进行线性回归。为了检验回归模型的随机误差项是否存在异方差,将 26 对观测值按销售价格(X) 从大到小排序。根据前面 13 对观测值,对销售量(Y) 关于销售价格(X) 进行线性回归,回归的残差平方和为 $RSS_1 = 1\ 536.8$。根据后面 13 对观测值对销售量(Y) 关于销售价格(X) 进行线性回归,回归的残差平方和为 $RSS_2 = 377.17$。

(1) 试在 5% 的显著性水平下判断回归模型的随机误差项是否存在异方差性。

$(F_{0.05}(11,11) = 2.82,\ F_{0.05}(12,12) = 2.69)$

(2) 如果回归模型的随机误差项存在异方差性,会对线性回归分析造成什么影响?

5. 设消费函数为:

$$Y_i = \beta_1 + \beta_2 X_{2i} + \beta_3 X_{3i} + u_i$$

式中,Y_i 为消费支出,X_{2i} 为个人可支配收入,X_{3i} 为个人的流动资产,u_i 为随机误差项,并且 $E(u_i) = 0, Var(u_i) = \sigma^2 X_{2i}^2$(其中 σ^2 为常数)。试回答以下问题:

(1) 选用适当的变换修正异方差,要求写出变换过程;

(2) 写出修正异方差后的参数估计量的表达式。

第 5 章 自相关

学习目的与要求

1. 理解自相关的基本概念，并了解自相关出现的原因和理论后果。

2. 掌握常用的诊断自相关及修正自相关的方法。

让我们回忆古典线性回归假设中对扰动项 u_i 的要求：总体回归函数的扰动项 u_i 无序列相关或无自相关。但在实际研究中，经济变量前、后期之间很有可能存在关联，使得误差项常常不满足上述假定。本章将探讨随机误差项不满足无自相关的古典假定时的参数估计问题。

5.1 自相关的性质

5.1.1 自相关的概念

自相关就是指总体回归方程的误差项 u_i 之间存在着相关，即：在时间（如在时间序列数据中）或空间（如在截面数据中）按顺序所列观察值序列的各成员间存在着相关。

正如异方差的产生常常与截面数据有关，自相关问题通常与时间序列数据有关。但截面数据中也可能产生自相关问题。

古典线性回归模型中扰动项 u_i 中不存在自相关可表示为：

$$E(u_i u_j) = 0, i \neq j \tag{5.1.1}$$

其含义为两个不同误差项 u_i 和 u_j 的乘积的期望是零，即任一观察值的扰动项不受其他观察值扰动项的影响。例如，在分析消费支出与家庭收入的时序数据时，本期家庭收入的增加只影响本期消费支出，对以后的消费支出没有影响。

如果不同误差项之间存在着依赖关系，即 u_i 存在自相关，则可表示为：

$$E(u_i u_j) \neq 0, i \neq j \tag{5.1.2}$$

这种情况下，本期家庭收入的增加，可能会影响下一期或以后几期的消费支出。

5.1.2 自相关产生的原因

自相关的产生主要有以下几个原因：

（一）惯性

多数经济时间序列都存在惯性。如国民生产总值、就业、货币供给、价格指数、消费、投资等，都呈现周期波动。当经济复苏时，由萧条的底部开始，大多数经济序列向上移动；在向上移动的过程中，序列某一点的值会大于其前期值。这种向上的"动力"一直持续到经济开始衰退。在经济衰退期间，序列某一点的值可能会小于前期值，这种"阻力"则一直持续到经济开始复苏。因此，在涉及时间序列的回归方程中，连续的观察值之间很可能是相关的。

（二）模型设定误差

有时自相关的发生并不是因为连续观察值之间相关，而是由于回归方程没有正确设定。

模型设定不当意味着模型中遗漏了本应包括在模型中的重要变量，或模型选择了错误的函数形式。如果发生了这样的模型设定错误，则从不正确的模型中得到的残差会呈现自相关。检验是否由于模型设定错误而导致的残差自相关的方法为：将略去的变量加入模型，检验残差是否存在自相关。如果加入省略变量后模型的残差不存在自相关，则可以判定序列相关是由于模型设定错误引起的。

（三）蛛网现象

许多农产品的供给都呈现出蛛网现象，即供给对价格的反应滞后一个时期，因为供给决策的实现需要一定的时间。因此，种植谷物的农民本年度的计划受上一年度价格的影响。所以他们的供给函数为：

$$Y_t = \beta_0 + \beta_1 P_{t-1} + u_t \tag{5.1.3}$$

假设在 t 时期末，价格 P_t 低于 P_{t-1}，于是在 $t+1$ 期初，农民决定比 t 时期少生产一些，则 $t+1$ 期的产量会低于 t 期。显然在这种情况下，扰动项并不是随机的。因为农民在第 t 年生产多了，那他们可能会在第 $t+1$ 年少生产一些。这样下去，就会形成蛛网模式。

（四）滞后效应

在消费支出对收入的时间序列回归中，我们常常会发现当前时期的消费支出除了依赖于其他变量外，还依赖于前期的消费支出，即：

$$\text{消费}_t = B + \text{收入}_t + \text{消费}_{t-1} + u_t \tag{5.1.4}$$

出现这种现象是由于心理、技术及制度上的原因，例如消费者不轻易改变他们的消费习惯。如果我们忽略了式(5.1.4)中的滞后项，误差将由于滞后消费对当前消费的影响而反映出一种自相关的形式。

（五）数据加工

在经济分析中，原始数据往往是经过加工得到的。例如，在用到季度数据的时间序列回归时，这些数据通常来自每月数据，且只不过是把3个月的观测值加在一起罢了。这种数据加工方式减弱了每月数据的波动而引进数据的匀滑性。因此，用季度数据描绘的图形要比用月度数据看来匀滑得多。这种匀滑性本身就能使扰动项中出现自相关。其他常用的数据加工方法有内插法或外推法，用这些方法加工得到的数据都会给数据带来原始数据没有的系统性，这种系统性可能会造成误差自相关。

5.2 自相关的后果

当一个线性回归模型的随机误差项存在自相关时，就违背了线性回归方程的古典假定。如果仍然使用普通最小二乘法估计参数，将会产生严重后果，自相关产生的后果与异方差情形类似。

5.2.1 一阶自回归的形式的性质

以一元线性回归模型为例，对于：

$$Y_t = \beta_0 + \beta_1 X_t + u_t \tag{5.2.1}$$

假定随机误差项 u_t 存在一阶自相关：

$$u_t = \rho u_{t-1} + v_t \qquad -1 < \rho < 1 \tag{5.2.2}$$

其中，ρ 称为一阶自相关系数（First - order Coefficient of Autocorrelation），并且 v_t 为满足以下标准 OLS 假定的随机误差项：

$$E(v_t) = 0; Var(v_t) = \sigma_v^2; Cov(v_t, v_{t+s}) = 0 \qquad s \neq 0 \tag{5.2.3}$$

如果将随机误差项 u_t 的各期滞后值 $u_{t-1} = \rho u_{t-2} + v_{t-1}$，$u_{t-2} = \rho u_{t-3} + v_{t-2}$，… 依次代入式(5.2.2)，可得：

$$u_t = v_t + \rho v_{t-1} + \rho^2 v_{t-2} + \cdots \tag{5.2.4}$$

由式(5.2.4)可以看出，随机误差项 u_t 为独立同分布 $v_t, v_{t-1}, v_{t-2}, \cdots$ 的加权和。由于 $v_t, v_{t-1}, v_{t-2}, \cdots$ 之间相互独立，所以：

$$E(u_t) = E(v_t) + \rho E(v_{t-1}) + \rho^2 E(v_{t-2}) + \cdots = 0 \tag{5.2.5}$$

$$Var(u_t) = \sigma_v^2 + \rho^2 \sigma_v^2 + \rho^4 \sigma_v^2 + \cdots = \frac{\sigma_v^2}{1 - \rho^2} = \sigma_u^2 \tag{5.2.6}$$

上式表明，当随机误差项 u_t 服从一阶自回归形式的自相关时，随机误差项 u_t 依然满足零均值、同方差的假定。

由于现期随机误差项 v_t 并不影响回归模型中随机误差项 u_t 的以前各期值 $u_{t-k}(k > 0)$，所以两者不相关，即 $E(u_t v_{t-k}) = 0$，于是：

$$\begin{aligned} Cov(u_t, u_{t-1}) &= E(u_t u_{t-1}) = E[(\rho u_{t-1} + v_t) u_{t-1}] \\ &= E(\rho u_{t-1} u_{t-1} + v_t u_{t-1}) = \rho E(u_{t-1} u_{t-1}) = \rho Var(u_{t-1}) \\ &= \rho \sigma_u^2 = \rho \frac{\sigma_v^2}{1 - \rho^2} \end{aligned} \tag{5.2.7}$$

同理，根据式(5.2.2)可以推出：

$$u_t = \rho^s u_{t-s} + \sum_{i=0}^{s-1} \rho^i v_{t-i} \tag{5.2.8}$$

对任何 $t > s$，有：

$$Cov(u_t, u_{t-s}) = E[u_t u_{t-s}] = \frac{\rho^s \sigma_v^2}{1 - \rho^2} \tag{5.2.9}$$

于是,我们得到自相关系数:

$$Cov[u_t, u_{t-s}] = \frac{Cov[u_t, u_{t-s}]}{\sqrt{Var(u_t)Var(u_{t-s})}} = \rho^s \tag{5.2.10}$$

同时,可以得到随机误差项 $u_1, u_2, \cdots, u_t$ 的方差协方差矩阵:

$$\sigma^2 \boldsymbol{\Omega} = \frac{\sigma_v^2}{1-\rho^2}\begin{bmatrix} 1 & \rho & \rho^2 & \rho^3 & \cdots & \rho^{t-1} \\ \rho & 1 & \rho & \rho^2 & \cdots & \rho^{t-2} \\ \rho^2 & \rho & 1 & \rho & \cdots & \rho^{t-3} \\ \vdots & \vdots & \vdots & \vdots & \vdots & \vdots \\ \rho^{t-1} & \rho^{t-2} & \rho^{t-3} & \cdots & \rho & 1 \end{bmatrix} \tag{5.2.11}$$

在 $\rho \neq 0$ 的情形下,恰恰说明各个随机误差项之间存在自相关。

5.2.2 自相关对参数估计的影响

对一元线性回归模型而言,当随机误差项满足经典假定时,式(5.2.1)中 β_1 的 OLS 估计量为:

$$\hat{\beta}_1 = \frac{\sum x_t y_t}{\sum x_t^2} \tag{5.2.12}$$

其方差为:

$$Var(\hat{\beta}_1) = \frac{\sigma^2}{\sum x_t^2} \tag{5.2.13}$$

但在给定 AR(1) 模式下,它的方差为:

$$Var(\hat{\beta}_1)_{AR(1)} = \frac{\sigma^2}{\sum x_t^2} + \frac{2\sigma^2}{\sum x_t^2}\left[\rho \frac{\sum_{t=1}^{n-1} x_t x_{t+1}}{\sum_{t=1}^{n} x_t^2} + \rho^2 \frac{\sum_{t=1}^{n-2} x_t x_{t+2}}{\sum_{t=1}^{n} x_t^2} + \cdots + \rho^{n-1}\frac{x_1 x_n}{\sum_{t=1}^{n} x_t^2}\right] \tag{5.2.14}$$

对大多数经济时间序列而言,ρ 在多数情形下为正值,显然有:

$$Var(\hat{\beta}_1)_{AR(1)} > Var(\hat{\beta}_1) \tag{5.2.15}$$

也就是说,通常的 $\hat{\beta}_1$ 的方差被低估了。因此如果我们使用 $Var(\hat{\beta}_1)$,就会夸大估计量 $\hat{\beta}_1$ 的精确程度(即低估了其标准误差)。同时,对参数显著性的 t 统计量由于标准误差的低估而会提高 t 统计量的值,从而夸大所估计参数的显著性。一种可能的结果是,本来并不重要的解释变量可能由于错误判断而得以保留。

此外,区间预测与参数估计量的方差有关,由于参数估计量的方差是有偏估计,必然使预测区间估计不准确,从而降低预测精度。

5.3 自相关的诊断

在进行自相关诊断时,我们遇到了与异方差情形一样的难题。我们不知道误差的方

差 σ^2 的真实值，因为真实的误差项 u_t 是无法观察的。如果 u_i 是相关的，我们也不知道它的产生机制，所以我们只能根据残差 e_t 推断 u_t 的特征。自相关的检验有两种方法：图示法和解析法。

5.3.1　图示法

我们首先用 OLS 法估计方程，利用得到的残差 e_t 的图形来判断误差项 u_t 是否存在自相关。如果残差呈现出图 5－1(a ～ d) 的形式，则可以判断误差项 u_t 中存在自相关。其中图 5－1(a)、5－1(b) 表明随机误差项 u_t 存在正自相关，图 5－1(c)、图 5－1(d) 表明随机误差项 u_t 存在负自相关。

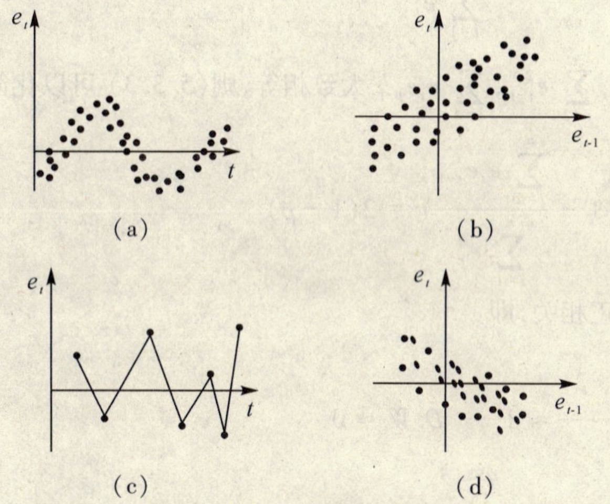

图 5－1　残差项的序列相关

5.3.2　杜宾—沃特森(Durbin－Watson) 检验

DW 检验是杜宾(James Durbin) 和沃特森(Geoffrey S. Watson) 于 1951 年提出的一种检验方法。该检验的前提条件有：

(1) 解释变量 X 非随机；

(2) 随机误差项 u_t 为一阶自回归形式：

$$u_t = \rho u_{t-1} + v_t \tag{5.3.1}$$

(3) 回归模型中不应含有滞后因变量作为解释变量，即不应出现下列形式：

$$Y_t = \beta_0 + \beta_1 X_{1t} + \beta_2 X_{2t} + \cdots + \beta_k X_{kt} + \alpha Y_{t-1} + u_t$$

(4) 回归含有截距项；

(5) 没有缺失数据。

为了检验序列的相关性，构造的原假设是 $H_0:\rho = 0$。为了检验这一假设，构造 D. W 统计量：

$$D.W = \frac{\sum_{t=2}^{n}(e_t - e_{t-1})^2}{\sum_{t=1}^{n} e_t^2} \tag{5.3.2}$$

为什么可以通过D. W值检验自相关的存在呢?从直观上看,如果模型存在正自相关,即对于相邻的样本点,e_t 都较大或较小,此时,$|e_t - e_{t-1}|$较小,D. W 统计量的分子较小,D. W 值较小;如果模型存在负自相关,即对于相邻的样本点,若 e_t 较大则 e_{t-1} 较小,若 e_t 较小则 e_{t-1} 较大,此时,$|e_t - e_{t-1}|$较大,D. W 统计量的分子较大,D. W 值也较大;如果模型不存在自相关,则e_t与e_{t-1}呈随机关系,此时,$|e_t - e_{t-1}|$较为适中,则D. W统计量取一个适中值。从数学上也容易证明,展开 D. W 统计量:

$$D.W = \frac{\sum_{t=2}^{n} e_t^2 + \sum_{t=2}^{n} e_{t-1}^2 - 2\sum_{t=2}^{n} e_t e_{t-1}}{\sum_{t=1}^{n} e_t^2} \tag{5.3.3}$$

当 n 较大时,$\sum_{t=2}^{n} e_t^2$, $\sum_{t=2}^{n} e_{t-1}^2$, $\sum_{t=2}^{n} e_t e_{t-1}$ 大致相等,则(5.3.3) 可以化简为:

$$D.W \approx 2\left(1 - \frac{\sum_{t=2}^{n} e_t e_{t-1}}{\sum_{t=1}^{n} e_t^2}\right) = 2(1 - \hat{\rho}) \tag{5.3.4}$$

如果存在完全一阶正相关,即:

$$\hat{\rho} = \frac{\sum_{t=2}^{n} e_t e_{t-1}}{\sum_{t=1}^{n} e_t^2} \approx 1 \qquad D.W \approx 0 \tag{5.3.5}$$

如果存在完全一阶负相关,即:

$$\hat{\rho} = \frac{\sum_{t=2}^{n} e_t e_{t-1}}{\sum_{t=1}^{n} e_t^2} \approx -1 \qquad D.W \approx 4 \tag{5.3.6}$$

如果完全不相关,即:

$$\hat{\rho} = \frac{\sum_{t=2}^{n} e_t e_{t-1}}{\sum_{t=1}^{n} e_t^2} = 0 \qquad D.W = 2 \tag{5.3.7}$$

所以 D. W 值与 $\hat{\rho}$ 的对应关系如表 5 - 1 所示:

表5 - 1　　D. W 值与 $\hat{\rho}$ 的对应关系

$\hat{\rho}$	D. W 值自相关判断
-1	4
(-1,0)	(2, 4)
0	2
(0,1)	(0, 2)
1	0

计算该统计量的值,根据样本容量 n 和解释变量数目 k 查 D.W 分布表,得到临界值 d_l 和 d_u,然后按照下列准则考察计算得到的 D.W 值,以判断模型的自相关状态(见表 5-2)。

表 5-2　　D.W 检验决策规则

D.W 值范围	自相关判断
$0 < D.W < d_l$	存在正自相关
$d_l < D.W < d_u$	不能确定
$d_u < D.W < 4 - d_u$	无自相关
$4 - d_u < D.W < 4 - d_l$	不能确定
$4 - d_l < D.W < 4$	存在负自相关

表 5-2 可以使用示意图更加直观地表示出来,如图 5-2 所示:

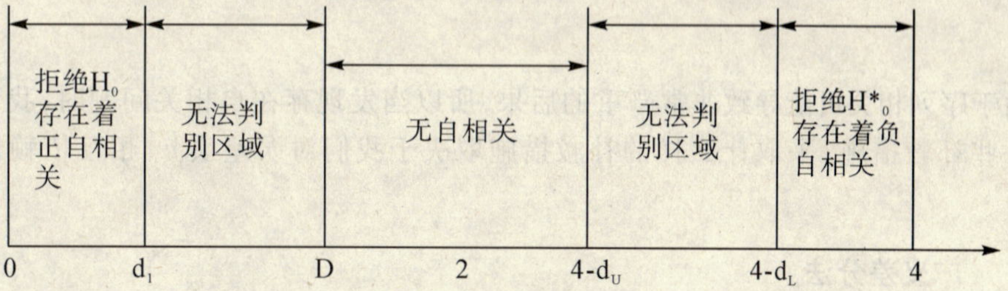

图 5-2　D.W 检验示意图

从判断准则中看到,存在一个不能确定的 D.W 值区域,这是本方法的一大缺陷。D.W 检验虽然只能检验一阶自相关,但在实际计量经济学问题中,一阶自相关是出现最多的一类序列相关。而且经验表明,如果不存在一阶自相关,一般也不存在高阶序列相关。所以在实际应用中,对于序列相关问题一般只进行 D.W 检验。

5.3.3 自回归模型的自相关检验

在回归模型(5.3.8)中,因变量的滞后值也作为解释变量,我们称这种模型为自回归模型:

$$Y_t = \beta_0 + \beta_1 Y_{t-1} + \beta_2 X_t + u_t \tag{5.3.8}$$

D.W 检验不能对自回归模型进行序列相关检验。如果在这样的模型中应用了 D.W 检验,则计算得到的 D.W 值通常会在 2 左右。因此,在这类模型中,D.W 检验有其内在的偏误。为了检验自回归模型的误差序列相关问题,杜宾建立了 h 统计量:

$$h = \hat{\rho}\sqrt{\frac{n}{1 - n[Var(\hat{\beta})]}} \tag{5.3.9}$$

$\hat{\rho}$ 是误差项一阶自回归系数的估计量,$Var(\hat{\beta})$ 是滞后因变量系数的方差估计量,n 是观察值个数。根据式(5.3.4),h 还可以写成:

$$h = \left(1 - \frac{D.W}{2}\right)\sqrt{\frac{n}{1 - n[Var(\hat{\beta})]}} \qquad (5.3.10)$$

杜宾已经证明对于大样本而言,对给定零假设 $\rho = 0$,h 服从标准正态分布,即:

$$h \sim N(0,1) \qquad (5.3.11)$$

对于给定的显著水平,如果 h 超过临界值,则拒绝 $\rho = 0$ 这一假设,原则就接受 $\rho = 0$ 这一假设。

应注意,式(5.3.9) 只有当 $n[Var(\hat{\beta})] < 1$ 时有效。当 $n[Var(\hat{\beta})] \geq 1$ 时,杜宾建议用下述方法检验序列自相关。

首先对模型(5.3.8) 作 OLS 估计,得到残差序列 e_t,然后用 OLS 估计模型:

$$e_t = \alpha + \rho e_{t-1} + \beta Y_{t-1} + \gamma X_t + v_t \qquad (5.3.12)$$

我们用 t 统计量检验零假设 $\rho = 0$。如果我们拒绝零假设,说明残差存在一阶自相关;如果我们不能拒绝零假设,说明残差不存在一阶自相关。

5.4 自相关的补救措施

由于序列相关可能导致非常严重的后果,所以当发现存在自相关问题时,我们必须寻找一些补救措施。采取什么样的补救措施取决于我们对误差项 u_i 相互依赖性质的了解。

5.4.1 广义差分法

我们以一元回归模型为例:

$$Y_t = \beta_0 + \beta_1 X_t + u_t \qquad (5.4.1)$$

假设误差项存在一阶自相关,则 u_t 可以写成:

$$u_t = \rho u_{t-1} + v_t \qquad (5.4.2)$$

其中 v_t 满足古典假定,记做 u_t 服从 $AR(1)$。

假定 ρ 已知,我们将方程(5.4.1) 中的变量滞后一期,写为:

$$Y_{t-1} = \beta_0 + \beta_1 X_{t-1} + u_{t-1} \qquad (5.4.3)$$

方程(5.4.3) 两边同时乘以 ρ 得到:

$$\rho Y_{t-1} = \rho\beta_0 + \rho\beta_1 X_{t-1} + \rho u_{t-1} \qquad (5.4.4)$$

将方程(5.4.1) 与方程 (5.4.4) 相减并利用方程(5.4.2),得到:

$$Y_t - \rho Y_{t-1} = \beta_0(1-\rho) + \beta_1[X_t - \rho X_{t-1}] + v_t \qquad (5.4.5)$$

由于方程(5.4.5) 的误差项 v_t 满足标准 OLS 假定,方程(5.4.5) 就是一种变换形式,使得变换后的模型无序列相关。如果我们将方程(5.4.5) 写成:

$$Y_t^* = \beta_0^* + \beta_1^* X_t^* + v_t \qquad (5.4.6)$$

其中:

$$Y_t^* = Y_t - \rho Y_{t-1}, X_t^* = X_t - \rho X_{t-1}, \beta_0^* = \beta_0(1-\rho), \beta_1^* = \beta_1 \qquad (5.4.7)$$

对变换后的模型(5.4.6) 使用 OLS 法,获得的估计量具有最优线性无偏性质。

我们将方程(5.4.5)或(5.4.6)称为广义差分方程。广义差分方程中 Y^* 对 X^* 的回归,不是用 Y 和 X 原来的形式,而是以差分形式。差分形式是通过将变量的当期值减去前期值的一个比例而得到的。在差分过程中,由于第一个观察值没有前期值而丢失一个观察值。为了避免丢失这个观察值,可以对 Y 和 X 的第一个观察值作如下变换:

$$Y_1^{\ *} = Y_1\sqrt{1-\rho^2}, \quad X_1^{\ *} = X_1\sqrt{1-\rho^2} \tag{5.4.8}$$

这一变换称为 Prais - Winster 变换。但在实践中,如果样本容量很大,则不必进行这个变换,可以直接使用方程(5.4.5),此时只有 $n-1$ 个观察值。

在广义差分方程(5.4.5)中,我们只考虑了一元回归方程,这种广义差分交换可以推广到多个解释变量的情形。目前,我们仅假设了 $AR(1)$ 情形,我们很容易将差分变换推广到高阶,例如 $AR(2)$、$AR(3)$ 等,只是计算更为复杂。

到目前为止,自相关问题似乎圆满解决了。由于我们无法得到误差项 u_t,当然也无法得到 u_t 之间真实的相关函数 ρ。下一节里我们将对 ρ 进行估计。

5.5　自相关系数的估计

自相关系数的估计方法不是唯一的,下面我们介绍其中的几种。

5.5.1　一阶差分方法(假定 $\rho=1$)

在应用经济计量学中,广泛采用 $\rho=1$,即假定误差项之间完全正相关,这种假定对一些经济时间序列来说可能是正确的。这时方程(5.4.5)变为:

$$Y_t - Y_{t-1} = \beta_1[X_t - X_{t-1}] + v_t \tag{5.5.1}$$

或记做

$$\Delta Y_t = \beta_1 \Delta X_t + v_t \tag{5.5.2}$$

Δ 是一阶差分算子。请注意,一阶差分方程(5.5.2)中模型没有截距,为了估计方程(5.5.2),需要用通过原点的模型。这时,我们无法直接估计出截距项。

一阶差分方程(5.5.1)是在 $\rho=1$ 的假定下得到的,如果 $\rho=1$ 这一假定不成立,则使用一阶差分方程就是不合适的。

5.5.2　从 D.W 统计量中估计 ρ

由(5.3.4)有:

$$D.W \approx 2(1-\hat{\rho})$$

则:

$$\hat{\rho} = 1 - \frac{D.W}{2} \tag{5.5.3}$$

大多数回归软件包都可以计算出 D.W 统计量的值,那么我们就可以得到 ρ 的近似值。这种方法很容易使用,但只有在样本量很大时才能得到较理想的 ρ 值。对于小样本情形,可采用 Theil - Nagar 修正 d 统计量:

$$\hat{\rho} = \frac{n^2(1 - d/2) + k^2}{n^2 - k^2} \tag{5.5.4}$$

其中，n = 观测总个数，d = D. W 统计量，k = 待估参数个数(包含截距项)。

5.5.3 Cochrane - Orcutt 迭代法

Cochrane - Orcutt 迭代法的基本思想是通过逐次迭代去寻求更为满意的ρ的估计值，然后再用广义差分法。具体来说，该方法是利用残差 e 去估计未知的ρ。

对于一元线性回归模型 $Y_t = \beta_0 + \beta_1 X_t + u_t$，假定 u_t 为一阶自回归形式，即：

$$u_t = \rho u_{t-1} + v_t \tag{5.5.5}$$

使用 Cochrane - Orcutt 迭代法估计 ρ 的步骤如下：

第一步，使用 OLS 估计模型 $Y_t = \beta_0 + \beta_1 X_t + u_t$，并计算残差 $e_t^{(1)}$：

$$e_t^{(1)} = Y_t - \hat{Y}_t = Y_t - (\hat{\beta}_0 + \hat{\beta}_1 X_t)$$

第二步，利用残差 $e_t^{(1)}$ 作如下回归：

$$e_t^{(1)} = \hat{\rho}^{(1)} e_{t-1}^{(1)} + v_t \tag{5.5.6}$$

第三步，用 OLS 法估计式(5.5.6) 中的$\hat{\rho}^{(1)}$，对模型(5.4.1) 进行广义差分，即：

$$Y_t - \hat{\rho}^{(1)} Y_{t-1} = \beta_0(1 - \hat{\rho}^{(1)}) + \beta_1[X_t - \hat{\rho}^{(1)} X_{t-1}] + v_t \tag{5.5.7}$$

令 $Y_t^* = Y_t - \hat{\rho}^{(1)} Y_{t-1}$，$X_t^* = X_t - \hat{\rho}^{(1)} X_{t-1}$，$\beta_0^* = \beta_0(1 - \hat{\rho}^{(1)})$，$\beta_1^* = \beta_1$，式(5.5.7) 变为：

$$Y_t^* = \beta_0^* + \beta_1^* X_t^* + v_t \tag{5.5.8}$$

对式(5.5.8) 使用 OLS 法，可得样本回归函数为

$$\hat{Y}_t^* = \hat{\beta}_0^* + \hat{\beta}_1^* X_t^* + e_t^{(2)} \tag{5.5.9}$$

第四步，由前一步估计的结果得$\hat{\beta}_0 = \hat{\beta}_0^* / (1 - \hat{\rho}^{(1)})$ 和$\hat{\beta}_1 = \hat{\beta}_1^*$，将$\hat{\beta}_0$，$\hat{\beta}_1$ 代入原回归方程式(5.4.1)，求得新的残差 $e_t^{(3)}$：

$$e_t^{(3)} = Y_t - \hat{Y}_t = Y_t - (\hat{\beta}_0 + \hat{\beta}_1 X_t) \tag{5.5.10}$$

第五步，利用残差 $e_t^{(3)}$ 作回归：

$$e_t^{(3)} = {}^{(2)} e_{t-1}^{(3)} + v_t \tag{5.5.11}$$

用 OLS 法估计的 $\hat{\rho}^{(2)}$ 是对 ρ 的第二轮估计值。

当不能确认 $\hat{\rho}^{(2)}$ 是否为 ρ 的最佳估计值时，继续迭代估计 ρ 的第三轮估计值 $\hat{\rho}^{(3)}$。直到估计的 $\hat{\rho}^{(k)}$ 与 $\hat{\rho}^{(k-1)}$ 相差很小，且满足精度要求时，即可停止迭代。

5.6 案例分析

5.6.1 模型的构建

建立我国商品出口额的计量经济模型，选择我国商品出口额作为因变量，选择国内生产总值(GDP) 作为自变量，数据资料如表 5 - 3 所示。实际建模过程中，对变量均采用对数化处理。一元线性回归模型建立如下：

$$\ln EX = \beta_0 + \beta_1 \ln GDP + u_t \tag{5.6.1}$$

上式中,$\ln EX$ 表示商品出口额的对数值,$\ln GDP$ 表示历年国内生产总值的对数值。使用 Eviews 软件的 OLS 回归估计结果得:

$$\ln EX = -5.863\,9 + 1.380\,2 \ln GDP$$
$$Se = (0.231\,4)\ (0.021\,9)$$
$$t = (-25.34)(63.03)$$
$$R^2 = 0.992\,5 \quad F = 3\,972.26 \quad D.W = 0.623\,6 \tag{5.6.2}$$

该方程可决系数较高,回归系数显著。对样本容量为 32、一个解释变量的模型、5% 的显著性水平,查 D.W 统计表(附表 6)可知,$d_l = 1.373$,$d_u = 1.502$。由于本例中 $0 < D.W = 0.623\,6 < d_l = 1.373$,显然该模型存在正自相关。这一点也可从残差图(图 5-3)中看出。

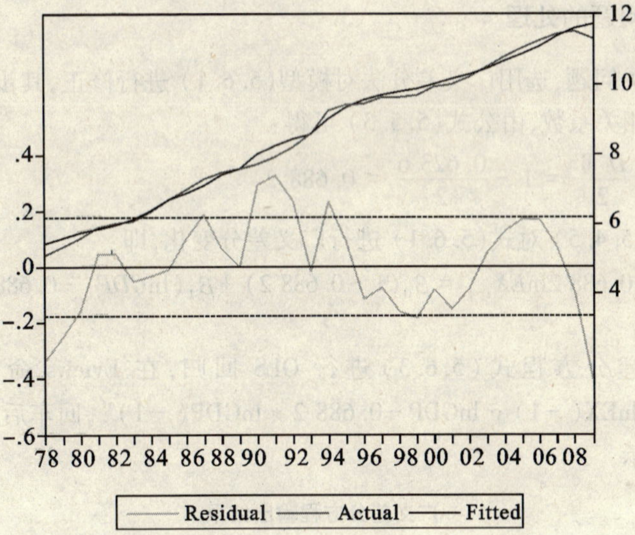

图 5-3 残差图

表 5-3 1978—2009 年我国商品出口总额及 GDP 数据

时间	水平值		对数值		时间	水平值		对数值	
	EX	GDP	LNEX	LNGDP		EX	GDP	LNEX	LNGDP
1978	167.6	3 645.22	5.121 6	8.201 2	1994	10 421.8	48 197.86	9.251 7	10.783 1
1979	211.7	4 062.58	5.355 2	8.309 6	1995	12 451.8	60 793.73	9.429 6	11.015 2
1980	271.2	4 545.62	5.602 9	8.421 9	1996	12 576.4	71 176.59	9.439 6	11.172 9
1981	367.6	4 891.56	5.907 0	8.495 3	1997	15 160.7	78 973.03	9.626 5	11.276 9
1982	413.8	5 323.35	6.025 4	8.579 9	1998	15 231.6	84 402.28	9.631 1	11.343 3
1983	438.3	5 962.65	6.082 9	8.693 3	1999	16 159.8	89 677.05	9.690 3	11.404 0
1984	580.5	7 208.05	6.363 9	8.883 0	2000	20 634.4	99 214.55	9.934 7	11.505 0
1985	808.9	9 016.04	6.695 7	9.106 8	2001	22 024.4	109 655.2	9.999 9	11.605 1
1986	1 082.1	10 275.18	6.986 7	9.237 5	2002	26 947.9	120 332.7	10.201 7	11.698 0

表5-3(续)

时间	水平值		对数值		时间	水平值		对数值	
	EX	GDP	LNEX	LNGDP		EX	GDP	LNEX	LNGDP
1987	1 470.0	12 058.62	7.293 0	9.397 5	2003	36 287.9	135 822.8	10.499 2	11.819 1
1988	1 766.7	15 042.82	7.476 9	9.618 7	2004	49 103.3	159 878.3	10.801 7	11.982 2
1989	1 956.0	16 992.32	7.578 7	9.740 5	2005	62 648.1	184 937.4	11.045 3	12.127 8
1990	2 985.8	18 667.82	8.001 6	9.834 6	2006	77 594.59	216 314.4	11.259 3	12.284 5
1991	3 827.1	21 781.50	8.249 9	9.988 8	2007	93 455.63	265 810.3	11.445 2	12.490 5
1992	4 676.3	26 923.48	8.450 3	10.200 8	2008	100 394.9	314 045.4	11.516 9	12.657 3
1993	5 284.8	35 333.92	8.572 6	10.472 6	2009	82 029.69	340 506.9	11.314 8	12.738 2

资料来源:《新中国50年统计资料汇编》(1949—1999),《中国统计年鉴》(2010).

5.6.2 自相关问题的处理

为解决自相关问题,选用广义差分法对模型(5.6.1)进行修正,其步骤如下:

(1)估计自相关系数,由公式(5.5.3)可得:

$$\hat{\rho} = 1 - \frac{D.W}{2} = 1 - \frac{0.623\ 6}{2} = 0.688\ 2$$

(2)根据式(5.4.5)对式(5.6.1)进行广义差分变化,即:

$$\ln EX_t - 0.688\ 2\ln EX_{t-1} = \beta_0(1 - 0.688\ 2) + \beta_1(\ln GDP_t - 0.688\ 2\ln GDP_{t-1}) + v_t \quad (5.6.3)$$

(3)对广义差分方程式(5.6.3)进行 OLS 回归,在 Eviews 命令栏中输入"ls lnEX-0.688 2 * lnEX(-1) c lnGDP-0.688 2 * lnGDP(-1)",回车后可得方程输出结果,如表5-4所示:

表5-4 广义差分方程输出结果

Dependent Variable: LNEX-0.688 2 * LNEX(-1)
Method: Least Squares
Date: 05/08/11 Time: 09:43
Sample (adjusted): 1979 2009
Included observations: 31 after adjustments

Variable	Coefficient	Std. Error	t-Statistic	Prob.
C	-1.553 305	0.176 310	-8.810 061	0.000 0
LNGDP-0.688 2 * LNGDP(-1)	1.299 603	0.051 608	25.182 20	0.000 0
R-squared	0.956 269	Mean dependent var		2.850 450
Adjusted R-squared	0.954 761	S. D. dependent var		0.587 582
S. E. of regression	0.124 976	Akaike info criterion		-1.259 053
Sum squared resid	0.452 949	Schwarz criterion		-1.166 538
Log likelihood	21.515 32	F-statistic		634.143 3
Durbin-Watson stat	1.652 191	Prob(F-statistic)		0.000 000

由表5-4可得回归方程为：

$$\ln EX_t - 0.6882\ln EX_{t-1} = -1.5533 + 1.2996(\ln GDP_t - 0.6882\ln GDP_{t-1})$$

$$Se = (0.1763)\ (0.0516)$$

$$t = (-8.81)\ (25.18) \tag{5.6.4}$$

$$R^2 = 0.9563 \quad F = 634.14 \quad D.W = 1.6522$$

(4)5% 的显著性水平，查 D.W 统计表可知，$d_l = 1.363$，$d_u = 1.496$。由于本例中 $d_u < D.W = 1.6522 < 4 - d_u = 2.504$，可判定，此时该模型残差已无自相关。

(5) 由于 $\hat{\beta}_0^* = \hat{\beta}_0(1-\hat{\rho})$，$\hat{\beta}_1^* = \hat{\beta}_1$，可得：

$$\hat{\beta}_0 = \frac{\hat{\beta}_0^*}{(1-\hat{\rho})} = \frac{-1.5533}{1-0.6882} = -4.9817,\ \hat{\beta}_1 = \hat{\beta}_1^* = 1.2996 \tag{5.6.5}$$

于是，原模型估计式为：

$$\ln EX = -4.9817 + 1.2996\ln GDP \tag{5.6.6}$$

比较模型(5.6.2)和(5.6.6)可以看出，模型高估了国内生产总值对进口的作用。

注意：当我们使用广义差分法变换校正自相关时，首先应当排除模型设定误差。如果存在模型设定误差时，使用广义差分变换得到的模型虽然可能消除误差自相关，得到的斜率系数可能是无偏有效估计量，但没有明确的经济含义。因为通过广义差分变换，把原来包含在残差项中、应该由其他变量(但没有包含在模型中)解释的部分都过滤到现有的变量上，会使人误解那些变量(已包含在模型中的变量)的作用。但如果我们作模型主要用于预测而不考虑斜率系数的经济含义的话，使用广义差分法时就可以不考虑模型设立误差。

本章小结

在经济计量研究中，随机项自相关现象经常存在。时间序列的惯性、经济活动的滞后效应、模型设定错误都有可能导致自相关。

当模型出现自相关时，普通最小二乘估计量依然是无偏、一致的，但不再是有效的。如果仍然使用 OLS 法估计参数，将可能会低估参数估计值的真实方差。这将会使通常的 t 检验和 F 检验失效，同时也使置信区间不可靠，预测精度降低。

自相关的识别方法包括图形方法和计量方法，最常用的判断自相关是否存在的方法为 D.W 检验，但该方法有严格的前提条件。如果模型存在自相关，可以使用广义差分法有效解决。

思考和练习

1. 如何使用 D.W 统计量来进行自相关检验？该检验方法的前提条件和局限性有哪些？

2. 当回归模型中的随机误差项为 $AR(1)$ 时，为什么用 OLS 法会低估参数估计值的标准误差？

3. 假定下述模型描述某一企业的产量决策：

$$S_t = \beta_0 + \beta_1 P_t + u_t$$

其中S_t表示产量，P_t表示价格，u_t表示随机项。每当由于某种原因促使企业在$t-1$期生产过剩时，决策者就要削减t期的产量。

根据上述信息，如果用OLS估计β_0和β_1，其结果如何？

4. 以某地区22年的年度数据估计了如下工业就业回归方程：

$$Y = -3.89 + 0.51\ln X_1 - 0.25\ln X_2 + 0.62\ln X_3$$
$$(-0.56)(2.3) \qquad (-1.7) \qquad (5.8)$$
$$\bar{R}^2 = 0.996 \quad D.W = 1.147$$

式中：Y为总就业量；X_1为总收入；X_2为平均月工资率；X_3为地方政府的总支出。

(1) 试证明：一阶自相关的D.W检验是无定论的；

(2) 逐步描述如何使用LM检验。

5. 在研究生产中的劳动在增加值中所占的份额问题时，古扎拉蒂采用如下两个模型：

模型A：$Y_t = \beta_0 + \beta_1 t + u_t$

模型B：$Y_t = \alpha_0 + \alpha_1 t + \alpha_2 t^2 + u_t$

其中，Y为劳动的份额，t为劳动时间。根据该研究时期内的16年数据进行参数估计，得到模型结果为：

模型A：
$$\hat{Y}_t = 0.4528 - 0.0041t$$
$$(-3.9608)$$
$$R^2 = 0.5284, \quad D.W = 0.8252$$

模型B：
$$\hat{Y}_t = 0.4786 - 0.0127t + 0.0005t^2$$
$$(-3.2724)(2.7777)$$
$$R^2 = 0.6629, \quad D.W = 1.82$$

其中，括号中的数字是t检验值。

$n=16, k=1, \alpha=5\%$，则查表得$d_L = 1.106, d_U = 1.371$；

$n=16, k=2, \alpha=5\%$，则查表得$d_L = 0.982, d_U = 1.539$。

(1) 模型A中有没有自相关？模型B呢？

(2) 如何解释自相关的存在？

(3) 你怎样区分自相关？

第 6 章　多重共线性

学习目的与要求

1. 掌握多重共线性的概念。
2. 理解多重共线性产生的原因。
3. 理解在多重共线性的情况下 OLS 方法所产生的理论后果。
4. 掌握诊断和处理多重共线性的常用方法。

线性回归模型的经典假定之一就是解释变量之间不存在线性关系，即任何一个解释变量不能写成其他解释变量的线性组合。然而在实际情况中，我们在建立多元线性回归模型时不可避免地会引入两个或两个以上的解释变量，而这些变量之间或多或少存在着相互关联。

在一个回归模型中，如果某一个解释变量与其他解释变量线性相关（即某个解释变量可以写成其他解释变量的线性组合），则称这个回归模型中存在多重共线性。显然，多重共线性违反了古典假设，本章将从多重共线性的性质、理论后果、多重共线性的识别以及多重共线性的补救措施等方面分析多重共线性问题。

6.1 多重共线性的性质

6.1.1　完全多重共线性

对于一般多元线性回归模型而言：

$$Y_i = \beta_0 + \beta_1 X_1 + \beta_2 X_2 + \cdots + \beta_k X_k + u_i \tag{6.1.1}$$

我们说回归模型(6.1.1) 存在多重共线性。根据多重共线性的定义可知，它的某个解释变量可以写成其他一些解释变量的线性组合。不妨设 X_1 可以写成其他某些解释变量的线性组合，则有：

$$X_1 = \alpha_2 X_2 + \alpha_3 X_3 + \cdots + \alpha_k X_k \tag{6.1.2}$$

至少有一个 $\alpha_i \neq 0(i = 2,3,\cdots,k)$，我们称这种情况为完全多重共线性。这时 X_1 与右侧线性组合的相关系数是 1。

6.1.2　高度多重共线性

在实际中很少遇到完全多重共线性的情况，常常是接近完全多重共线性或者高度多重共线性，本书提到的多重共线性都是指高度多重共线性。不妨设 X_1 与其他解释变量高

度共线性,即可以近似写成其他解释变量的线性组合。这时,有:

$$X_1 = \alpha_2 X_2 + \alpha_3 X_3 + \cdots + \alpha_k X_k + v_i \tag{6.1.3}$$

至少有一个 $\alpha_i \neq 0(i = 2,3,\cdots,k)$, v_i 是随机误差项。这时 X_1 与右侧线性组合的相关系数不是1,但接近于1。

作一个数值例子,考虑如下人为数据:

$$\boldsymbol{X_1} = (5 \quad 7 \quad 9 \quad 11 \quad 13 \quad 15)$$

$$\boldsymbol{X_2} = (10 \quad 14 \quad 18 \quad 22 \quad 26 \quad 30)$$

$$\boldsymbol{X_3} = (12 \quad 15 \quad 17 \quad 20 \quad 25 \quad 30)$$

很明显 $\boldsymbol{X_2} = 2\boldsymbol{X_1}$,因此 $\boldsymbol{X_1}$ 与 $\boldsymbol{X_2}$ 之间有完全共线性,并且相关系数是1。X_1 与 X_3 之间没有完全共线性,但有高度共线性,它们之间的相关系数是0.848。

需要指出的是,我们定义的多重共线性仅对解释变量之间的线性关系而言。此外,解释变量之间还可能存在非线性关系。例如:

$$Y_i = \beta_0 + \beta_1 X_i + \beta_2 X_i^2 + \beta_3 X_i^3 + u_i \tag{6.1.4}$$

比如说 Y = 生产总成本,X = 产出。显然变量 X,X^2,X^3 都具有函数关系,但这种关系是非线性的。因此,严格地说,像(6.1.4)这样的模型并不违反无多重共线性假设。然而在具体应用中,通常测算的相关系数将表明 X 与 X^2,X^3 之间存在高度线性相关,这将会使模型(6.1.4)中的参数难以准确估计。

6.1.3 多重共线性产生的原因

多重共线性实质是样本现象,一般认为产生多重共线性主要有以下几个原因:

(1) 数据采集所用的方法。我们只能在一个有限的范围内得到观察值而无法进行重复试验。例如,我们只能得到一组我国国内生产总值与财政支出 X_1、固定资产投资 X_2 的时序数据,而得到的这组数据中,财政支出与固定资产投资高度相关。但从经济运行的一般规律来看,财政支出与固定资产投资是没有必然高度相关关系的。我们希望能像物理试验一样,得到不同财政支出、固定资产投资规模下的国内生产总值,但在宏观经济运行中进行重复试验显然是不可能的。

(2) 模型或从中取样的总体受到约束(经济变量的共同趋势)。例如,在作电力消费对收入和住房面积的回归时,总体中有这样一种约束,即收入较高家庭的住房面积一般比收入较低的家庭住房面积大。

(3) 模型设立的偏误。例如在回归模型中引入多项式项或滞后变量。又比如消费不仅受当期可支配收入的影响,而且也受前期可支配收入的影响。当引入可支配收入的滞后变量后,由于当期可支配收入与前期可支配收入高度相关,高度多重共线性就不可避免。

(4) 过度决定的模型。这种情况出现在模型中的解释变量个数大于观测次数时。例如在医疗研究中,可能只有少数病人,却要在他们身上收集大量解释变量的信息。

由于上述原因,实际应用中解释变量之间总会存在一定程度的线性相关,因此,问题不是多重共线性有无,而是多重共线性的严重程度。

6.2　多重共线性的后果

由上一节可知,多重共线性包括两种情况:完全多重共线性和不完全多重共线性。下面我们分别讨论这两种情形下多重共线性的后果问题。

6.2.1　完全多重共线性的后果

完全多重共线性通常会引起以下后果:

(一) 参数估计值不确定

以两个解释变量的回归模型为例,假定回归模型为:

$$Y_i = \beta_0 + \beta_1 X_1 + \beta_2 X_2 + u_i \tag{6.2.1}$$

参数的 OLS 估计量为:

$$\hat{\beta}_1 = \frac{(\sum x_{1i}y_i)(\sum x_{2i}^2) - (\sum x_{2i}y_i)(\sum x_{1i}x_{2i})}{(\sum x_{1i}^2)(\sum x_{2i}^2) - (\sum x_{1i}x_{2i})^2} \tag{6.2.2}$$

$$\hat{\beta}_2 = \frac{(\sum x_{2i}y_i)(\sum x_{1i}^2) - (\sum x_{1i}y_i)(\sum x_{1i}x_{2i})}{(\sum x_{1i}^2)(\sum x_{2i}^2) - (\sum x_{1i}x_{2i})^2} \tag{6.2.3}$$

$$\hat{\beta}_0 = \bar{Y} - \hat{\beta}_1 \bar{X}_1 - \hat{\beta}_1 \bar{X}_2 \tag{6.2.4}$$

其中 $x_{1i} = X_{1i} - \bar{X}_1$, $x_{2i} = X_{2i} - \bar{X}_2$, $y_i = Y_i - \bar{Y}$。

如果 X_1 和 X_2,存在完全共线性,即 $X_1 = \lambda X_2$,所以有:

$$x_1 = X_1 - \bar{X}_1 = X_1 - \frac{\sum X_1}{n} = \lambda X_2 - \frac{\lambda \sum X_2}{n} = \lambda(X_2 - \bar{X}_2) = \lambda x_2$$

因而,式(6.2.2) 和式(6.2.3) 变为:

$$\hat{\beta}_1 = \frac{(\lambda \sum x_{2i}y_i)(\sum x_{2i}^2) - (\sum x_{2i}y_i)(\lambda \sum x_{2i}^2)}{(\lambda^2 \sum x_{2i}^2)(\sum x_{2i}^2) - (\lambda \sum x_{2i}^2)^2} = \frac{0}{0} \tag{6.2.5}$$

$$\hat{\beta}_2 = \frac{(\sum x_{2i}y_i)(\lambda^2 \sum x_{2i}^2) - (\lambda \sum x_{2i}y_i)(\lambda \sum x_{2i}^2)}{(\lambda^2 \sum x_{2i}^2)(\sum x_{2i}^2) - (\lambda \sum x_{2i}^2)^2} = \frac{0}{0} \tag{6.2.6}$$

式(6.2.5) 和式(6.2.6) 都是不定式,说明此时参数的估计值是不确定的。

(二) 参数估计量的方差无限大

依然以两个解释变量的回归模型 $Y_i = \beta_0 + \beta_1 X_1 + \beta_2 X_2 + u_i$ 为例,由式(3.2.20) 可知线性回归方程的 OLS 估计量的方差协方差矩阵为 $Var - Cov(\hat{\boldsymbol{\beta}}) = \sigma^2(\boldsymbol{X'X})^{-1}$。可以证明,对于只有两个解释变量的模型而言,此时:

$$(\boldsymbol{X'X})^{-1} = \frac{1}{n[(\sum x_1^2)(\sum x_2^2) - (\sum x_1 x_2)^2]}$$

$$\times\begin{bmatrix} \sum X_1^2\sum X_2^2 - (\sum X_1X_2)^2 & \sum X_2\sum X_1X_2 - \sum X_1\sum X_2^2 & \sum X_1\sum X_1X_2 - \sum X_2\sum X_1^2 \\ \sum X_2\sum X_1X_2 - \sum X_1\sum X_2^2 & n\sum x_2^2 & -n\sum x_1x_2 \\ \sum X_1\sum X_1X_2 - \sum X_2\sum X_1^2 & -n\sum x_1x_2 & n\sum x_1^2 \end{bmatrix} \tag{6.2.7}$$

因而：

$$Var(\hat{\beta}_1) = \frac{\sum x_2^2}{(\sum x_1^2)(\sum x_2^2)-(\sum x_1x_2)^2}\sigma^2 \tag{6.2.8}$$

$$Var(\hat{\beta}_2) = \frac{\sum x_1^2}{(\sum x_1^2)(\sum x_2^2)-(\sum x_1x_2)^2}\sigma^2 \tag{6.2.9}$$

在完全共线性条件下，$X_1 = \lambda X_2$，代入式(6.2.8)和式(6.2.9)中得：

$$Var(\hat{\beta}_1) = \frac{\sum x_2^2}{(\sum \lambda^2x_2^2)(\sum x_2^2)-(\sum \lambda x_2x_2)^2}\sigma^2 = \frac{\sum x_2^2}{0}\sigma^2 = \infty \tag{6.2.10}$$

$$Var(\hat{\beta}_2) = \frac{\sum x_1^2}{(\sum \lambda^2x_2^2)(\sum x_2^2)-(\sum \lambda x_2x_2)^2}\sigma^2 = \frac{\sum x_1^2}{0}\sigma^2 = \infty \tag{6.2.11}$$

由此表明，在解释变量之间存在完全多重共线性时，参数估计量的方差将会变成无限大。

6.2.2 不完全多重共线性的后果

不完全多重共线性通常会引起以下后果：

（一）参数估计量的方差将增大

假定 X_1, X_2 之间存在高度多重共线性，以离差形式表示为：

$$x_1 = \lambda x_2 + v \tag{6.2.12}$$

其中 v_i 为随机项，则：

将式(6.2.12)代入式(6.2.2)，得：

$$\hat{\beta}_1 = \frac{\sum(\lambda x_2+v)y\sum x_2^2 - \sum x_2y\sum(\lambda x_2+v)x_2}{\sum(\lambda x_2+v)^2\sum x_2^2 - (\sum(\lambda x_2+v)x_2)^2} = \frac{\sum yv}{\sum x_2^2\sum v^2} \tag{6.2.13}$$

将式(6.2.12)代入式(6.2.3)得：

$$\hat{\beta}_2 = \frac{\sum x_2y\sum(\lambda x_2+v)^2 - \sum(\lambda x_2+v)y\sum(\lambda x_2+v)x_2}{\sum(\lambda x_2+v)^2\sum x_2^2 - [\sum(\lambda x_2+v)x_2]^2}$$

$$= \frac{\sum x_2y\sum v^2 - \lambda\sum yv\sum x_2^2}{\sum v^2\sum x_2^2} = \frac{\sum x_2y}{\sum x_2^2} - \frac{\lambda\sum yv}{\sum v^2} \tag{6.2.14}$$

此时两个参数 $\hat{\beta}_1,\hat{\beta}_2$ 都是存在的。同时，在 X_1,X_2 为不完全共线性时，它们的相关系数的平方使用离差形式可表示为：

$$r_{12}^2=\left(\frac{\sum x_1x_2}{\sqrt{\sum x_1^2}\sqrt{\sum x_2^2}}\right)^2=\frac{\left(\sum x_1x_2\right)^2}{\sum x_1^2\sum x_2^2} \tag{6.2.15}$$

将(6.2.15) 分别代入(6.2.8) 和式(6.2.9)，可得此时参数估计量的方差分别为：

$$Var(\hat{\beta}_1)=\frac{\sigma^2}{\sum x_1^2(1-r_{12}^2)} \tag{6.2.16}$$

$$Var(\hat{\beta}_2)=\frac{\sigma^2}{\sum x_2^2(1-r_{12}^2)} \tag{6.2.17}$$

将式(6.2.15) 代入公式(6.2.7) 可得 $\hat{\beta}_1$、$\hat{\beta}_2$ 的协方差：

$$Cov(\hat{\beta}_1,\hat{\beta}_2)=\frac{-\sum x_1x_2}{\left(\sum x_1^2\right)\left(\sum x_2^2\right)-\left(\sum x_1x_2\right)^2}\sigma^2=\frac{-r_{12}\sigma^2}{(1-r_{12}^2)\sqrt{x_1^2x_2^2}} \tag{6.2.18}$$

显然，当解释变量 X_1 与 X_2 之间的相关系数 r_{12} 的绝对值越大，共线性程度就越高，参数估计量的方差就越大、越不准确，且随着相关系数的增大，方差以更大的幅度增加。方差协方差增大的速度可由方差膨胀因子(Variance Inflation Factor，VIF) 来表示：

$$VIF=\frac{1}{(1-r_{12}^2)} \tag{6.2.19}$$

从式(6.2.19) 可以看出，随着 r_{12}^2 趋于 1，*VIF* 将变至无穷大。而当无共线性时，*VIF* 将是 1。利用 *VIF* 定义，式(6.2.16)、(6.2.17) 分别变为：

$$Var(\hat{\beta}_1)=\frac{\sigma^2}{\sum x_1^2}VIF \tag{6.2.20}$$

$$Var(\hat{\beta}_2)=\frac{\sigma^2}{\sum x_2^2}VIF \tag{6.2.21}$$

(二) 参数置信区间将变大

存在多重共线性时，参数估计量的方差将增大，其标准误差也会增大，从而导致总体参数的置信区间也随之变大。假设总体方差已知，正态总体下 95% 的置信区间如表 6 - 1 所示：

表 6 - 1　　增加共线性时 β_1 的 95% 的置信区间变化情形

r_{12} 的值	β_1 的 95% 的置信区间
0.00	$\hat{\beta}_1\pm1.96\sqrt{\frac{\sigma^2}{\sum x_1^2}}$
0.50	$\hat{\beta}_1\pm1.96\sqrt{(1.33)}\sqrt{\frac{\sigma^2}{\sum x_1^2}}$
0.99	$\hat{\beta}_1\pm1.96\sqrt{(100)}\sqrt{\frac{\sigma^2}{\sum x_1^2}}$
0.999	$\hat{\beta}_1\pm1.96\sqrt{(500)}\sqrt{\frac{\sigma^2}{\sum x_1^2}}$

（三）不显著的 t 检验

严重多重共线性时，参数的置信区间会扩大，从而使得接受一个本应拒绝的假设的概率增大；为此，对回归系数的原假设($\beta_1 = 0$) 的检验中，在严重多重共线性时使用 t 统计量为 $t = \hat{\beta}_1 / se(\hat{\beta}_1)$，参数估计量的方差增长很快，会使 t 统计量变小，而使本应否定"系数为 0" 的原假设被错误地接受。

6.3 多重共线性的检验

如何检验回归模型中解释变量之间存在的多重共线性呢?下面介绍几种常用的多重共线性的检验方法。

6.3.1 简单相关系数检验法

简单相关系数检验法就是利用解释变量之间的线性相关程度去判定是否存在严重多重共线性的一种简便方法。一般而言，如果每两个解释变量的简单相关系数比较高(一般大于 0.8)，则可认为存在比较严重的多重共线性。但要注意，较高的简单相关系数只是多重共线性存在的充分条件而不是必要条件。特别是在多于两个解释变量的回归模型中，有时较低的简单相关系数也可能存在多重共线性，这时需要检查偏相关系数。因此并不能简单地依据相关系数进行多重共线性的准确判断。

6.3.2 方差扩大因子法

对于多元线性回归模型来说，如果分别以每个解释变量为被解释变量，作与其他解释变量的回归，这称为辅助回归。以 X_j 为被解释变量作对其他解释变量辅助线性回归的可决系数用 R_j^2 表示，则解释变量 X_j 参数估计量 $\hat{\beta}_j$ 的方差可以表示成：

$$Var(\hat{\beta}_j) = \frac{\sigma^2}{\sum x_j^2} \cdot \frac{1}{1 - R_j^2} = \frac{1}{\sum x_j^2} \cdot VIF_j \tag{6.3.1}$$

经验表明，如果 $VIF_j \geqslant 10$，则可以认为模型存在较严重的多重共线性。

6.3.3 修正的 Frish 判别法

该方法不仅可以对多重共线性进行判别，同时也是处理多重共线性问题的一种有效方法。其步骤为：

(1) 用被解释变量分别对每个解释变量进行线性回归，根据经济理论和统计检验从中选择一个最合适的回归模型作为基本回归模型，通常选取决定系数 R^2 最大的回归模型。

(2) 在基本回归模型中逐个增加其他解释变量，重新进行线性回归。如果新增加的这个解释变量提高了回归模型的决定系数 R^2，并且回归模型中的其他参数统计上仍然显著，就在模型中保留该解释变量；如果新增加的解释变量没有显著提高回归模型的拟合优度，则不在模型中保留该解释变量；如果新增加的解释变量提高了回归模型的决定系数,并且回归模型中某些参数的数值或符号等受到显著影响,说明模型中存在多重共线性,对该解释变量同与之相关的其他解释变量进行比较,在模型中保留对被解释变量影响较大的,剔除影响较小的。

6.4　多重共线性的解决方法

设定计量经济模型的时候,为了全面反映各方面因素的影响,总是在理论和实践认识的基础上尽量选取被解释变量的所有影响因素。这样在同时考虑多个影响因素的情况下,很可能产生多重共线性问题。为了解决这一矛盾,剔除变量时应该全面、慎重地考虑,根据解释变量的特点采用较为合适的方式。

6.4.1　剔除引起共线性的变量

根据经济理论和实际经验,设定计量经济模型时容易考虑过多的解释变量,其中有些可能是无显著影响的次要变量,还有一些变量的影响可以用模型中的其他变量来代替。所以在估计模型之前,找出引起多重共线性的变量,将它剔除出去,是最有效的克服多重共线性问题的方法。

6.4.2　变换模型的形式

对原模型进行适当的变换,也可以消除或削弱原模型中解释变量之间的相关关系。具体有三种变换方式:一是变换模型的函数形式;二是变换模型的变量形式;三是改变变量的统计指标。

6.4.3　综合使用时序数据与横截面数据

如果能同时获得变量的时序数据和横截面数据,则先利用某类数据估计出模型中的部分参数,再利用另一类数据估计模型的其余参数。

6.4.4　逐步回归分析法

建立计量经济模型的时候,一般是将解释变量全部引入模型,然后再根据统计检验和定性分析,从中逐个剔除次要的或产生多重共线性的变量。选择变量是一个"由多到少"的过程。而逐步回归选取变量时,是一个"由少到多"的过程,即从所有解释变量中间先选择影响最为显著的变量建立模型,然后再将模型之外的变量逐个引入模型。每引入一个变量,就对模型中的所有变量进行一次显著性检验,并从中剔除不显著的变量;逐步引入 — 剔除 — 引入,直到模型之外所有变量均不显著时为止。许多统计分析软件都有逐步回归程序,但计算机软件自动挑选的模型往往统计检验上合理,但经济意义上并不理想。因此,实际应用中一般是依据逐步回归的原理,结合主观分析来筛选变量。

6.5 案例分析

6.5.1 模型构建与估计

为研究我国电力消费情况，选取我国平均每人电力消费量作为因变量(Y)，选取平均每人住宅面积作为自变量 X_1，选取人均可支配收入作为自变量 X_2，相应统计数据如表 6－2 所示。模型构建如下：

$$Y_i = \beta_0 + \beta_1 X_1 + \beta_2 X_2 + u_i \tag{6.5.1}$$

表 6－2　1985—2006 年我国年人均电力消耗量、人均可支配收入及人均居住面积

年份	平均每人电力消费（千瓦／小时）	平均每人住宅面积（平方米）	人均可支配收入（元,1985 年物价）
1985	21.17	13.59	478.56
1986	23.24	14.60	503.82
1987	26.43	15.17	536.01
1988	31.16	15.67	617.92
1989	35.33	16.22	706.91
1990	42.35	16.70	759.34
1991	47.24	17.33	784.58
1992	54.94	17.77	838.14
1993	62.55	19.17	968.03
1994	72.74	18.91	1 221.91
1995	83.46	19.63	1 472.02
1996	87.72	20.28	1 645.58
1997	98.62	20.99	1 721.93
1998	104.23	21.76	1 729.23
1999	108.62	22.54	1 724.31
2000	114.99	23.15	1 750.34
2001	126.53	23.85	1 782.89
2002	138.35	25.05	1 791.03
2003	159.74	25.78	1 831.89
2004	183.98	26.69	1 920.81
2005	221.28	28.15	1 990.23
2006	255.65	29.09	2 041.40

资料来源：《中国统计年鉴》(2010)，《新中国 55 年统计资料汇编》。

使用 Eviews 软件的模型估计结果如表 6 - 3 所示：

表 6 - 3　　电力消费计量模型的 OLS 回归结果

Dependent Variable：Y
Method：Least Squares
Date：05/16/11　Time：21:50
Sample：1985 2006
Included observations：22

Variable	Coefficient	Std. Error	t - Statistic	Prob.
C	-226.119 2	21.681 51	-10.429 13	0.000 0
X_1	17.674 60	1.918 853	9.211 022	0.000 0
X_2	-0.031 772	0.015 476	-2.053 017	0.054 1
R - squared	0.960 781	Mean dependent var		95.469 09
Adjusted R - squared	0.956 653	S. D. dependent var		65.007 87
S. E. of regression	13.534 61	Akaike info criterion		8.174 502
Sum squared resid	3 480.530	Schwarz criterion		8.323 280
Log likelihood	-86.919 52	F - statistic		232.730 8
Durbin - Watson stat	0.591 432	Prob(F - statistic)		0.000 000

从估计结果来看，变量 X_2 的参数估计值为 -0.032，P 值为 0.054 1，可知在 10% 的显著性水平下是显著的。说明随着城乡居民人均收入水平的提高，人均用电量的需求反而会降低，这显然与直观经验严重不符。另一方面，如果单独考虑因变量 Y 对自变量 X_1 和 X_2 的回归（见表 6 - 4），可以看出，无论是 X_1 还是 X_2 都对因变量 Y 具有显著的正向影响。

表 6 - 4　　电力消费的一元线性回归结果

	参数估计量	t 统计量	R^2	$\bar{R}^2$	F 统计量
X_1	13.968 4	19.934 2	0.952 1	0.949 7	397.37
X_2	0.102 3	8.561 9	0.785 7	0.774 9	73.31

但若将变量 X_1 与变量 X_2 同时作为解释变量估计时，却发现变量 X_2 的系数违背常理，这种结果很有可能是由变量 X_1 和 X_2 之间的多重共线性引起的。可以得出，变量 X_1 和变量 X_2 的相关系数为 0.940 8，说明两者高度相关。

6.5.2 模型的修正

这里我们采用变换模型的函数形式，将模型变量统一转化为对数形式，对数线性模型设定如下：

$$\ln Y_i = \beta_0 + \beta_1 \ln X_1 + \beta_2 \ln X_2 + u_i \tag{6.5.2}$$

使用 Eviews 估计结果（见表 6 - 5）可以看出，采用对数线性模型后变量的系数与经验判断一致，而且检验也是显著的，因而可以作为我国电力消费的计量经济模型。最后的模型如下：

$$\ln Y_i = -5.7441 + 2.4532\ln X_1 + 0.3831\ln X_2$$
$$t\text{值}(-28.85)\ (12.495)\qquad (4.49)$$
$$R^2 = 0.9928 \quad F = 1314.36$$

由此说明，在其他因素不变的情况下，当人均住宅面积每增加1%，会引起人均电力消费增长2.453 2%；当人均收入每增加1%，会引起人均电力消费增长0.383 1%。

表6－5　　我国电力消费的对数线性模型估计

Dependent Variable：LNY
Method：Least Squares
Date：05/19/11　Time：16:16
Sample：1985 2006
Included observations：22

Variable	Coefficient	Std. Error	t－Statistic	Prob.
C	－5.744 071	0.199 086	－28.852 19	0.000 0
LNX_1	2.453 172	0.196 321	12.495 69	0.000 0
LNX_2	0.383 133	0.085 382	4.487 291	0.000 3

R－squared	0.992 824	Mean dependent var	4.321 732
Adjusted R－squared	0.992 069	S. D. dependent var	0.733 812
S. E. of regression	0.065 352	Akaike info criterion	－2.491 938
Sum squared resid	0.081 146	Schwarz criterion	－2.343 160
Log likelihood	30.411 32	F－statistic	1 314.363
Durbin－Watson stat	0.802 088	Prob(F－statistic)	0.000 000

本章小结

经典线性回归模型的假定之一是解释变量之间不存在多重共线性。但由于经济变量往往有着共同的变化趋势，比如时间序列样本中各基本变量都有和经济涨落趋同的现象等，这都可能导致解释变量之间存在多重共线性。

线性回归模型中的多重共线性所引起的后果取决于分析者的研究目的和共线性的严重程度。大致来说，其可能引起的后果为：如果是完全共线性，则回归系数无法求得，并且他们的方差会无穷大；如果共线性是高度但不完全的，则回归系数的估计是可能的，但有较大的标准误差，其后果是回归系数不能被准确地估计。

针对多重共线性产生的不同原因，在建立模型进行分析时可以采取不同的克服方法，常用的方法有：直接删除引起共线性的解释变量、逐步回归、变换模型的设定形式、增加样本容量等。

思考和练习

1. 什么是多重共线性？产生多重共线性的经济背景是什么？

2. 多重共线性的危害是什么？为何会造成这些危害？

3. 检验多重共线性的方法思路是什么？有哪些方法克服多重共线性？

4. 在研究生产函数时，得到以下两种结果：

$$\ln\hat{Y}_t = -5.04 + 0.887\ln K_t + 0.893\ln L_t \quad \text{(A)}$$

$$S.E. = (1.40)\ (0.087)\quad (0.137)$$

$$R^2 = 0.878 \qquad n = 21$$

$$\ln\hat{Y}_t = -8.57 + 0.0272t + 0.460\ln K_t + 1.285\ln L_t \quad \text{(B)}$$

$$S.E. = (2.99)\ (0.020)\quad (0.333)\quad (0.324)$$

$$R^2 = 0.889 \qquad n = 21$$

其中，Y = 产量，K = 资本，L = 劳动，t = 时间，n = 样本容量。

请回答：

(1) 验证模型(A)中所有的系数在统计上都是显著的(5%)；

(2) 验证模型(B)中 t 和 $\ln K$ 的系数在统计上不显著(5%)；

(3) 分析可能是什么原因造成了(B)中 $\ln K$ 的系数不显著；

(4) 如果 t 与 $\ln K$ 的相关系数为 0.98，你将如何判断并能得出什么结论？

5. 某地区供水部门利用最近15年的用水年度数据得出如下估计模型：

$$W = -326.9 + 0.305HO + 0.363PO - 0.005RE - 17.87PR - 1.123RA$$

$$(-1.7)\quad (0.9)\quad (1.4)\quad (-0.6)\quad (-1.2)\quad (-0.8)$$

$$\bar{R}^2 = 0.939 \qquad F = 38.9$$

其中，W(Water)代表用水总量(百万立方米)，HO(House)代表住户总数(千户)，PO(Population)代表总人口(千人)，RE(Revenue)代表人均收入(元)，PR(price)代表价格(元/100立方米)，RA(rain)代表降雨量(毫米)。

(1) 根据经济理论和直觉，预计回归系数的符号是什么(不包括常量)，为什么？观察符号与你的直觉相符吗？

(2) 在10%的显著性水平下，请进行变量的t检验与方程的F检验。t检验与F检验结果有相矛盾的现象吗？

(3) 你认为估计值是：① 有偏的；② 无效的；③ 不一致的。

详细阐述理由。

第7章 扩展的单方程计量经济学模型

学习目的与要求

1. 了解扩展的单方程计量经济学模型的基本理论。
2. 掌握非线性模型线性化处理的方法。
3. 理解增长曲线模型的基本性质和特征。

扩展的单方程计量经济学模型理论与方法主要包括将常数扩展为变参数的变参数模型、将线性关系扩展为非线性关系的非线性模型等,它们无论在计量经济理论方面还是在实际应用中都具有重要的意义。

7.1 分布滞后模型

7.1.1 滞后变量及分布滞后模型

在现实经济活动中,讨论某个经济变量的变化对其他经济变量的影响时,一般认为这种影响的出现需要一定时间,而且对其他经济变量带来的影响会在一定时期内持续。例如,人们的储蓄和当期的收入以及过去几期的收入有着很强的相关性;居民现期消费水平不仅受居民当期收入影响,同时也受到居民前几期收入的影响。这样的社会现象还有很多,对这些问题进行讨论就要涉及计量经济学中的分布滞后模型。

通常把过去时期的、对当前被解释变量产生影响的变量称为滞后变量。滞后变量分为滞后解释变量与滞后被解释变量。把滞后变量引入回归模型,这种回归模型就称为滞后变量模型。滞后变量模型可以分为两大类:一类是分布滞后模型,一般称为外生滞后模型,因模型中的滞后值是外生变量的滞后而得名;另一类是内生滞后模型,模型中的滞后项是来源于内生变量,也就是一般意义下的被解释变量,这类问题是时间序列中的AR模型,称为自回归模型。在这里我们只讨论分布滞后模型:

$$Y_t = \alpha + \beta_0 X_t + \beta_1 X_{t-1} + \cdots + \beta_k X_{t-k} + u_t \qquad (7.1.1)$$

$$Y_t = \alpha + \beta_0 X_t + \beta_1 X_{t-1} + \cdots + u_t \qquad (7.1.2)$$

回归系数β_0称为短期影响乘数,它表示解释变量X每变化一个单位对同期被解释变量Y产生的影响;$\beta_1, \beta_2, \cdots$称为延期过渡性影响乘数,它们度量解释变量X的各个前期值每变动一个单位对被解释变量Y的滞后影响;所有乘数的和$\sum \beta_i$称为长期影响乘数。

$$\sum \beta_i = \beta_0 + \beta_1 + \beta_2 + \cdots = \beta < \infty \qquad (7.1.3)$$

按照滞后长度，分布滞后模型可以分为两大类：一类是有限分布滞后模型，就是滞后长度 k 为一个确定的数，如式(7.1.1)；另外一种是没有规定最大滞后长度，我们一般称其为无限分布滞后模型，如式(7.1.2)。

7.1.2　分布滞后模型估计

对于有限分布滞后模型，即使假设它满足经典假定条件，对它应用最小二乘估计也存在困难。时间序列的各期变量之间往往是高度相关的，因而分布滞后模型常常产生多重共线性问题。由于样本容量有限，当滞后变量数目增加时，必然使得自由度减少。对于有限分布滞后模型，最大滞后期也较难确定。而对于无限分布滞后模型，因为其包含无限多个参数，无法用最小二乘法直接对其估计。为了解决用普通最小二乘法对分布滞后模型进行估计所遇到的这些困难，其基本思想就是有目的地减少需要直接估计的模型参数个数，以缓解多重共线性，保证自由度。

(一) 经验加权法

所谓经验加权估计法，是根据实际经济问题的特点及经验判断，对滞后变量赋予一定的权数，利用这些权数构成各滞后变量的线性组合以形成新的变量，再应用最小二乘法进行估计。当然，它所估计的结果取决于我们对经济问题特点的把握以及相关经验的积累，带有很大的主观性。

(1) 递减滞后结构。许多经济现象都是滞后期越长的变量对被解释变量的影响程度越小，我们可以对滞后期较长的变量赋予较小的权重。

(2) 不变滞后结构。根据经验假设，所有滞后变量对被解释变量的影响相同，赋予各期相同的权重。

(3) 倒"V" 型滞后结构。同样假设所有滞后变量对被解释变量的影响是先递增再递减，按照倒"V" 型来赋予各期相应的权重。

三种结构分别如图 7 - 1 的(a)、(b)、(c) 所示。

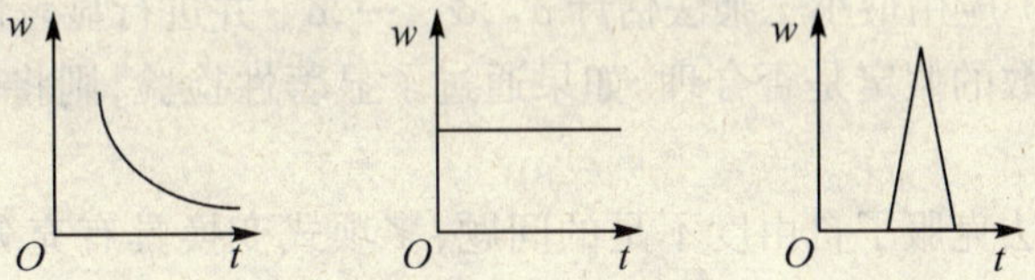

(a)　(b)　(c)

图 7 - 1　三种滞后结构图

经验法的特点是简单易行、不损失自由度、避免多重共线性干扰及参数估计具有一致性。但是设置权重的主观随意性较大，要求分析者对实际问题的特征有比较透彻的了解。通常的做法是：首先依据先验信息多选几组权数分别估计多个模型，然后根据可决系数、F 检验值、t 检验值、估计标准误差以及 D. W 值，从中选出最佳估计方程。

(二) 阿尔蒙多项式法

阿尔蒙多项式滞后模型的基本思想是：如果有限分布滞后模型中的参数 β_i 的分布可以近似用一个关于 i 的低阶多项式表示，就可以利用多项式减少模型中的参数。

多项式的最高阶数m要视函数形式而定。实际应用中，一般m取2、3或4。设阿尔蒙多项式中的最高阶数为m，则可将阿尔蒙多项式法的步骤概括如下：

(1) 将各参数用一个m次多项式近似表示

$$\beta_i = \alpha_0 + \alpha_1 i + \alpha_2 i^2 + \cdots + \alpha_m i^m,\ i = 0,1,2,\cdots,k,m < k \tag{7.1.4}$$

式中，各参数为待定系数；m为多项式次数，可以预先给定。

式(7.1.4)可写为：

$$\beta_0 = \alpha_0$$

$$\beta_1 = \alpha_0 + \alpha_1 + \cdots \alpha_m$$

$$\beta_2 = \alpha_0 + 2\alpha_1 + \cdots + 2^m \alpha_m$$

$$\cdots$$

$$\beta_k = \alpha_0 + k\alpha_1 + k^2\alpha_2 + \cdots + k^m \alpha_m$$

把$\beta_0,\beta_1,\cdots,\beta_k$代入(7.1.1)中有：

$$\begin{aligned} Y_t &= \alpha + \alpha_0 X_t + (\alpha_0 + \alpha_1 + \cdots + \alpha_m) X_{t-1} + (\alpha_0 + 2\alpha_1 + \cdots + 2^m \alpha_m) X_{t-2} \\ &\quad + \cdots + (\alpha_0 + k\alpha_1 + k^2\alpha_2 + \cdots + k^m \alpha_m) X_{t-k} + u_t \\ &= \alpha + \alpha_0 (X_t + X_{t-1} + \cdots + X_{t-k}) + \alpha_1 (X_{t-1} + 2X_{t-2} + \cdots + kX_{t-k}) \\ &\quad + \cdots + \alpha_m (X_{t-1} + 2^m X_{t-2} + \cdots + k^m X_{t-k}) + u_t \end{aligned}$$

令：

$$\begin{cases} W_0 = X_t + X_{t-1} + \cdots + X_{t-k} \\ W_1 = X_{t-1} + 2X_{t-2} + \cdots + kX_{t-k} \\ \qquad \cdots \\ W_m = X_{t-1} + 2^m X_{t-2} + \cdots + k^m X_{t-k} \end{cases}$$

$$Y_t = \alpha + \alpha_0 W_0 + \alpha_1 W_1 + \cdots + \alpha_m W_m + u_t \tag{7.1.5}$$

(2) 参数的估计

对于式(7.1.5)应用最小二乘法估计$\hat{\alpha}_0,\hat{\alpha}_1,\cdots,\hat{\alpha}_m$并进行显著性检验。检验结果也可以说明多项式次数的假定是否合理。如果通过了显著性检验，则将$\hat{\alpha}_0,\hat{\alpha}_1,\cdots,\hat{\alpha}_m$代入到式(7.1.4)求值。

阿尔蒙多项式法克服了自由度不足的问题，多项式变换具有充分的柔顺性，可以克服多重共线性问题。但是仍没有能够解决原模型(7.1.1)滞后阶数k应该取什么值为最好的问题。多项式(7.1.4)中阶数m必须事先确定，而m的实际确定往往带有很大的主观性。

7.2 非线性回归模型

在分析实际经济问题时,经常遇到变量间的非线性情况,如双曲线形式的需求函数和柯布—道格拉斯(Cobb - Douglas)生产函数,有时还会希望得到变量之间的弹性影响关系。本节对非线性问题进行简单的探讨,重点是对可线性化的非回归模型进行讨论,因此仍然属于线性回归模型。非线性模型关于模型函数形式和参数的假设与线性模型相似。一般情况下,在我们假定模型满足一定的非线性函数形式的情况下,关于随机误差项的假设也是满足独立同方差、误差序列不相关、均值为零的随机变量,而且也可以要求服从正态分布。

7.2.1 指数函数模型

对于如下形式的一元非线性函数:

$$Y_t = ae^{bX_t+u_t} \tag{7.2.1}$$

图7-2为 $b>0$ 和 $b<0$ 情形下的指数函数模型。

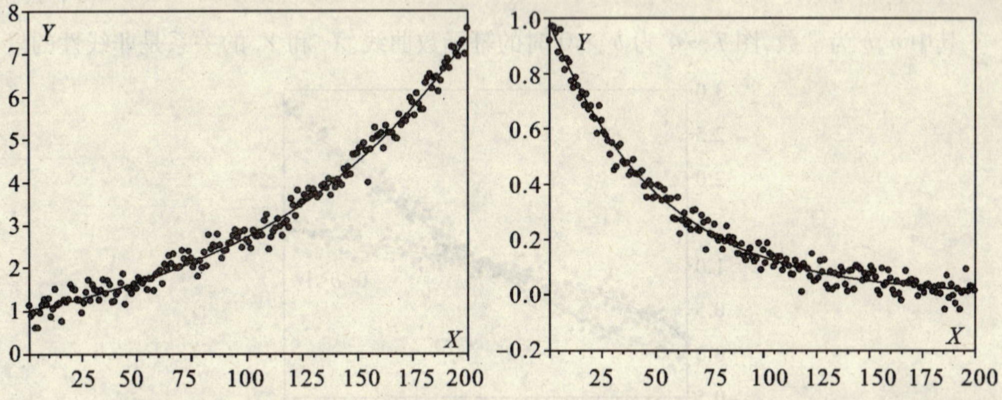

$Y_t = ae^{bX_t+u_t}(b>0)$　　$Y_t = ae^{bX_t+u_t}(b<0)$

图7-2 指数函数模型

对等式两边取对数,模型可变换为:

$$\ln Y_t = \ln a + bX_t + u_t \tag{7.2.2}$$

令 $\ln Y_t = Y_t^*$,$\ln a = a^*$,则有:

$$Y_t^* = a^* + bX_t + u_t \tag{7.2.3}$$

变量 Y_t^* 和 X_t 已变换为线性关系,a^* 和 b 为待估参数,其中 u_t 表示为随机误差项。只要 u_t 满足前面给定的假设条件,就可以利用最小二乘法估计回归参数。

7.2.2 对数函数模型

对数函数形式如下:

$$Y_t = a + b\ln X_t + u_t \tag{7.2.4}$$

图7-3为 $b>0$ 和 $b<0$ 情形下的对数函数模型。

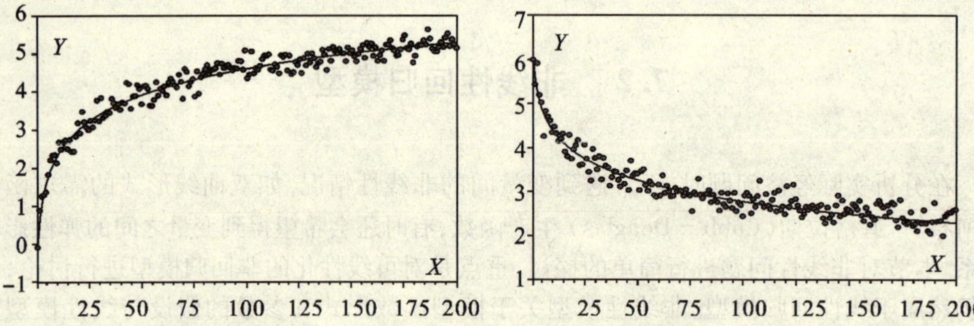

$Y_t = a + b\ln X_t + u_t (b > 0)$　　　　$Y_t = a + b\ln X_t + u_t (b < 0)$

图 7－3　对数函数模型

X_t 和 Y_t 呈非线性的对数函数关系。令 $X_t^* = \ln X_t$，则式(7.2.4) 可改写为：

$$Y_t = a + bX_t^* + u_t \tag{7.2.5}$$

变量 Y_t 和 X_t^*，即 Y_t 和 $\ln X_t$ 已变换为线性关系。

7.2.3　幂函数模型(双对数线性模型)

$$Y_t = aX_t^b e^{u_t} \tag{7.2.6}$$

其中 a, b 为常数，图 7－4 为 $b > 0$ 时的幂函数曲线。X_t 和 Y_t 的关系是非线性的。

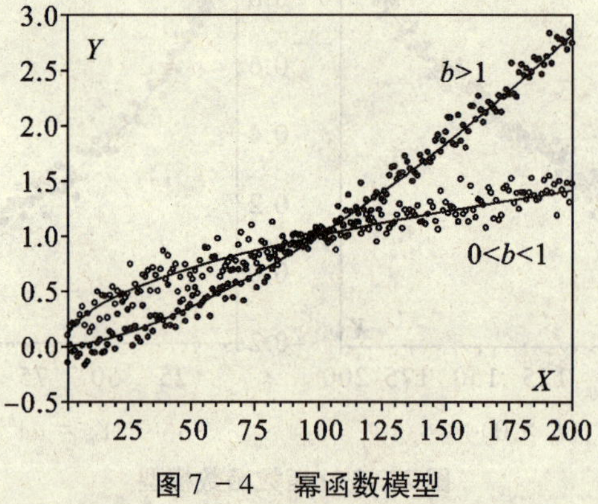

图 7－4　幂函数模型

对式(7.2.6) 两边取对数，模型可变换为：

$$\ln Y_t = \ln a + b\ln X_t + u_t \tag{7.2.7}$$

令 $Y_t^* = \ln Y_t$，$a^* = \ln a$，$X_t^* = \ln X_t$

则式(7.2.6) 可改写为：

$$Y_t^* = a^* + bX_t^* + u_t \tag{7.2.8}$$

上述模型是线性模型，因变量和自变量的对数形式是线性关系，因而也称为双对数线性模型。

大家所熟知的柯布 — 道格拉斯生产函数模型就是幂函数模型，其形式是 $Q_t = \gamma L_t^\alpha C_t^\beta e^{u_t}$。其中 Q_t 表示产量，L_t 表示劳动力投入量，C_t 表示资本投入量，γ, α, β 是待估参数。这种生产函数是由美国经济学家柯布和道格拉斯根据 1899—1922 年美国关于生产方面的数据研究得出的。α 的估计值是 0.75，β 的估计值是 0.25。

7.2.4　双曲线函数模型(倒数变换模型)

双曲线函数模型如下：

$$Y_t = \frac{1}{a + \frac{b}{X_t} + u_t} \tag{7.2.9}$$

$b > 0$ 的双曲线函数如图 7－5 所示：

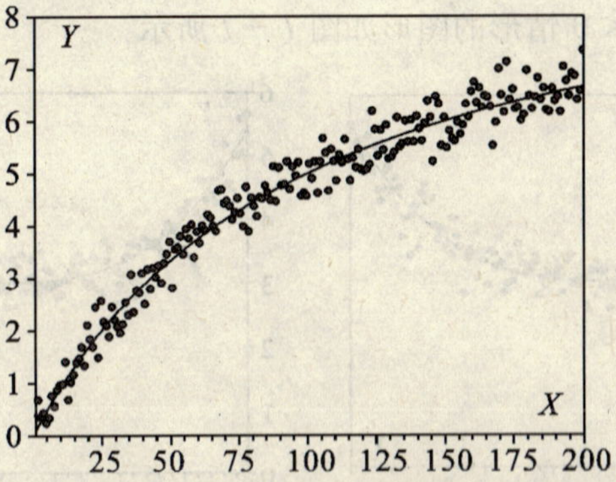

图 7－5　双曲线函数模型

令 $X_t^* = \frac{1}{X_t}, Y_t^* = \frac{1}{Y_t}$

则式(7.2.9)可改写为：

$$Y_t^* = a + bX_t^* + u_t \tag{7.2.10}$$

变换为线性模型可以用最小二乘法求解。

7.2.5　多项式方程模型

(一) 抛物线模型

二次多项式函数的表达形式是：

$$Y_t = b_0 + b_1 X_t + b_2 X_t^2 + u_t \tag{7.2.11}$$

其中 $b_1 > 0, b_2 > 0$ 和 $b_1 < 0, b_2 < 0$ 条件下的函数曲线如图 7－6 所示：

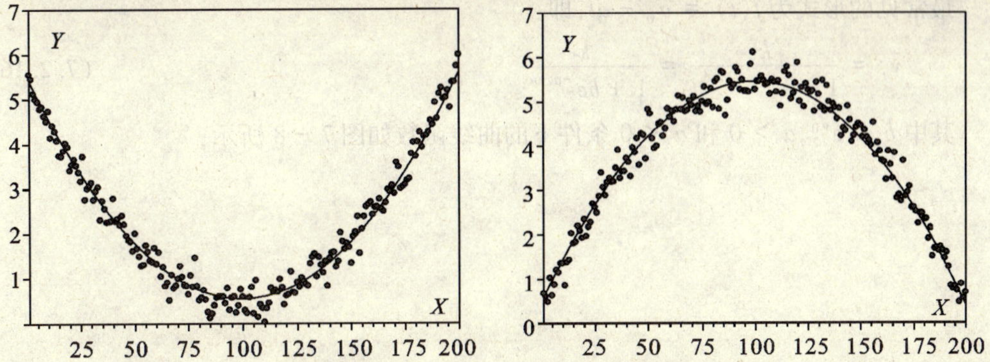

$Y_t = b_0 + b_1 X_t + b_2 X_t^2 + u_t (b_1 > 0, b_2 > 0)$　　$Y_t = b_0 + b_1 X_t + b_2 X_t^2 + u_t (b_1 > 0, b_2 > 0)$

图 7－6　二次曲线模型

令 $X_{1t} = X_t, X_{2t} = X_t^2$，则式(7.2.11)可改写为：

$$Y_t = b_0 + b_1 X_{1t} + b_2 X_{2t} + u_t \tag{7.2.12}$$

经济学中的边际成本函数和平均成本函数模型是二次多项式模型的典型应用。

（二）三次曲线模型

三次多项式的多项式方差表达形式是：

$$Y_t = b_0 + b_1 X_t + b_2 X_t^2 + b_3 X_t^3 + u_t \tag{7.2.13}$$

其中 $b_3 > 0$ 和 $b_3 < 0$ 情形的图形如图 7－7 所示：

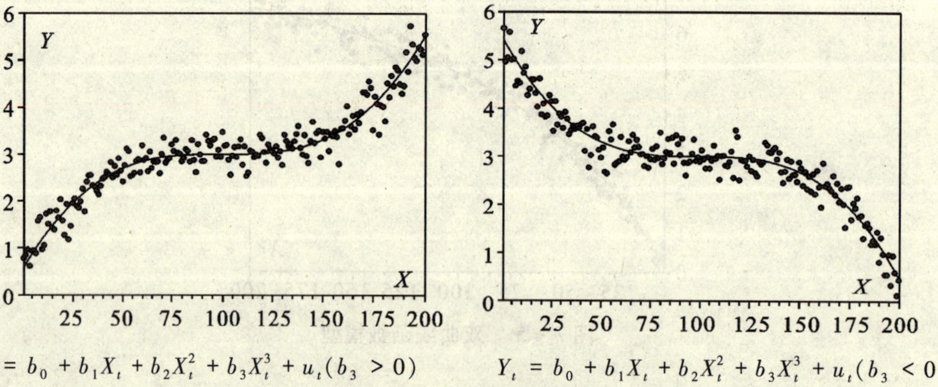

图 7－7 三次曲线模型

令 $X_{1t} = X_t, X_{2t} = X_t^2, X_{3t} = X_t^3$，则式(7.2.13)可改写为：

$$Y_t = b_0 + b_1 X_{1t} + b_2 X_{2t} + b_3 X_{3t} + u_t \tag{7.2.14}$$

经济学中的总成本函数模型是三次多项式模型的典型应用。

7.2.6 生长曲线(Logistic)模型

生长曲线函数定义如下：

$$y_t = \frac{k}{1 + e^{f(t) + u_t}} \tag{7.2.15}$$

一般 $f(t) = a_0 + a_1 t + a_2 t^2 + \cdots + a_k t^k$

最常见的形式为 $f(t) = a_0 - at$，即：

$$y_t = \frac{k}{1 + e^{(a_0 - at) + u_t}} = \frac{k}{1 + be^{-at + u_t}} \tag{7.2.16}$$

其中 $b = e^{a_0}$，$a > 0$ 和 $a < 0$ 条件下的曲线函数如图 7－8 所示：

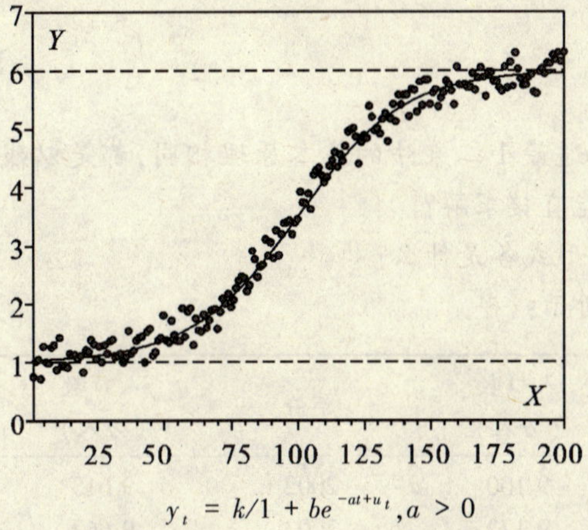

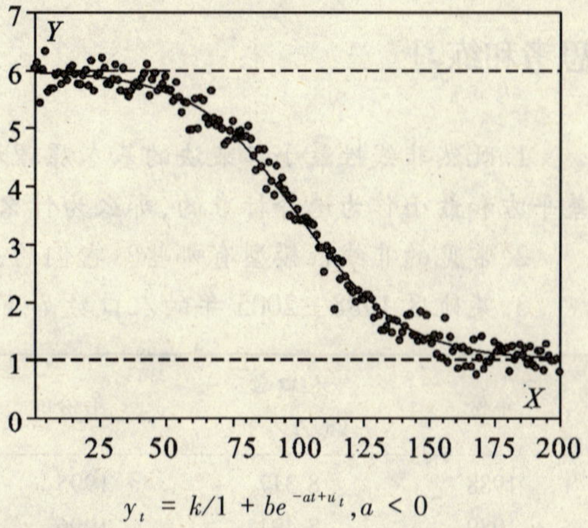

图 7－8　生长曲线模型

生长曲线函数亦称为 Logistic 曲线。由美国人口统计学家玻尔(Raymond Pearl)和利德(Reed)于 1923 年提出,常用于描述有机体生长发育过程。其中 k 和 0 分别表示生长上限和下限。以 $a > 0$ 为例,$\lim_{t \to \infty} y_t = k$,$\lim_{t \to -\infty} y_t = 0$。曲线有拐点,坐标为$(\frac{\ln b}{a}, \frac{k}{2})$,曲线的上下两部分对称于拐点。

下面介绍线性化方法。根据所研究的问题,k 值是可以事先给定的:

$$y_t = \frac{k}{1 + e^{(a_0 - at)}} = \frac{k}{1 + be^{-at}}$$

两边同除 y_t,同乘 $1 + b^{-at}$,得:

$$\frac{k}{y_t} = 1 + be^{-at},即\frac{k}{y_t} - 1 = be^{-at}。$$

对上式两边取对数,$\ln(\frac{k}{y_t} - 1) = \ln b - at$,令 $y_t^* = \ln(\frac{k}{y_t} - 1)$,

则回归模型为:

$$y_t^* = \ln b - at + u_t \tag{7.2.17}$$

这样就可以用最小二乘法估计 $\ln b$ 和 a。

本章小结

前面章节所介绍的内容都是以线性模型为代表,然而现实中的经济变量关系相当复杂,大部分表现为非线性关系,因此要求我们学习非线性规划模型的建模和估计方法。本章主要介绍了分布滞后模型和一部分参数非线性问题通过变量代换或是函数变换转化为线性模型的方法。

思考和练习

1. 既然非线性最小二乘法的基本原理和普通最小二乘法的基本原理相同，都是以残差平方和最小作为选择标准的，那么为什么不能直接求解？

2. 常见的非线性模型有哪些？它们的函数形式各是什么？

3. 某地区1988—2005年的人口数如下表所示：

年份	人口数（万人）	年份	人口数（万人）	年份	人口数（万人）
1988	8 317	1995	9 100	2002	9 613
1989	8 491	1996	9 172	2003	9 667
1990	8 649	1997	9 243	2004	9 717
1991	8 763	1998	9 315	2005	9 768
1992	8 861	1999	9 387	2006	9 820
1993	8 946	2000	9 488	2007	9 869
1994	9 027	2001	9 555	2008	9 918

试建立logistic人口曲线模型。

第 8 章　单方程时间序列计量经济学基础

学习目的与要求

1. 了解时间序列数据的特点，理解时间序列分析的传统方法和现代方法。

2. 掌握时间序列平稳性的概念、检验方法及非平稳时序数据平稳化处理的常用手段。

3. 理解单整、协整的概念并了解协整检验的方法。

4. 了解 AR、MA、ARMA 模型的理论形式，掌握模型的识别、参数估计、模型检验等方法。

8.1　时间序列概述

8.1.1　时间序列的概念

一个变量在一定连续时点或一定连续时期上测量的观测值的集合称为时间序列，有时也称为动态序列，如国内生产总值、固定资产投资、国家财政收支总额及增长速度等时间序列。任何一个时间序列都具有两个基本要素：一是被研究现象所属的时间范围；二是反映该现象一定时间条件下数量特征的数值，即在不同时间上的对应数据。

假定一个单变量时间序列用 $X_t\{t = 1,2,\cdots\}$来表示，t 代表时间。X_t 为对应于时间 t 的数值，它可以是直接的观察值，也可以是经过变换后的数据序列，如 $X_t = \log(Y_t)$，其中 Y_t 是原始的观察序列。t 可以是用年份、季度、月份等表示的某一时期范围，此时 X_t 反映现象在这段时期内的发展变化结果，称之为时期数据；t 也可以表示某一时点，此时 X_t 表示现象在不同时点上达到的规模和水平，称之为时点数据。两者的主要区别在于时期序列具有可加性，而时点序列则一般不可加。

8.1.2　时间序列的分类

按照变量取值是否连续，时间序列可分为连续型时间序列和离散型时间序列。连续型时间序列是指变量取值可以无限分割，如人的心电图、温度计等仪表数据。变量的取值以整数出现，则称为离散型时间序列，如每年的就业人口数、每年国民收入等。因此，时期序列和时点序列数据都是离散型时间序列。由于大多数数据都是在离散的时点上收集的，经济激励分析的对象也主要集中在离散型时间序列，因而对于连续型时间序列数据，在分析时往往先把它们转化为离散型,然后再进行相应分析。具体做法是:对于连续型时间序列,采用合理的时间间隔,取出各点记录的数值,组成一个所谓抽样序列的离散型时间序列。如果观测变量没有瞬时值或难以观测到瞬时值,可以在相等的时间间隔上通过数值汇总,得到离散型时间序列,如日产量等。但在编制离散型时间序列时应注意使时间间隔长短、变量、计量单位和统计口径尽量一致,这样才能有效地描述、解释和预测经济现象。

如果根据现有的时间序列能够准确地预测到现象的未来变化,则称这样的时间序列为确定性时间序列;如果只能部分地预测到现象的未来变化,预测结果总是出现某种随机性,则称这样的时间序列为随机性时间序列。随机性时间序列同确定性时间序列分析的重要区别在于,前者把数学上的随机过程同时间序列紧密地结合起来,注重从不确定性角度去研究时间序列的描述和推断方法。随机性时间序列分析是时间序列分析的主要方面。

8.1.3 时间序列数据的分析方法

数量分析的目的就是对经济现象进行描述、解释和对未来进行预测。时间序列数据分析的主要任务在于建立模型,而建模的主要目的之一就是预测。因此,首先要针对时间序列数据提出一系列假定,并根据这些假定形成一系列时间序列的分析方法。

(一) 确定性时间序列分析与随机性时间序列分析方法

若时间序列是确定性的,且不存在任何趋势和季节性,则用简单平均法、移动平均法、指数平滑法等一系列平滑法即可预测;若时间序列数据存在季节性,则可用季节多元回归、季节回归模型等季节性预测法;若时间序列数据存在趋势性,则可用线性或非线性趋势预测、自回归模型等预测方法;若时间序列数据是含有趋势性、季节性、周期性和随机成分的复合型序列,则首先对影响时间序列的变异因素进行分解,然后再选择合适的模型进行预测。这些传统的预测方法都是通过对时间序列数据本身的移动平均,排除随机干扰的影响,找出时间序列趋势变化的基本方向,并利用趋势进行预测,属于非参数分析方法。

若时间序列是由随机过程生成的,则我们观察到的时间序列只不过是该随机过程的一个实现,分析的目的主要是对这个随机过程的性质和特征进行统计推断,那么,在此假定之下所进行的分析就称为随机性时间序列分析。

确定性时间序列分析研究的是变量间的确定性关系,因而不属于计量经济学的研究范围。随机性时间序列模型一般不研究现象之间的因果关系,而是根据社会经济现象过去发生变化的数据,去估计其未来的变化。如果我们把计量经济学严格界定为研究客观现象之间的因果关系,那么时间序列分析也不属于计量经济学的研究范围。然而随机性时间序列是经济数据的常态,它包含了更多的信息,在经济预测中有着极其重要的作用,因而是新近计量经济学研究的重点。时间序列计量经济学的分析方法一般可以分为传统时间序列分析和现代时间序列分析两大类。

(二) 时间序列分析的传统与现代方法

(1) 时间序列分析的传统方法

此方法具体来说包括趋势回归和统计平滑处理、季节性和周期性分析、自回归分析和滞后模型等。统计平滑处理若涉及复杂时间序列时,应先进行因素分解,然后再选择适当的模型进行平滑处理。

趋势回归是把时间作为解释变量,把经济规律当做时间序列与时间之间的因果关系进行线性或非线性回归。此外也可用两个时间序列变量之间的回归 $Y_t = \alpha + \beta X_t + u_t$ 进行分析,它意味着两时间序列之间趋势相关。常用的函数形式包括线性函数、二次函数、指数函数、对数函数、Logistic 函数等。具体分析方法与经典回归分析的两变量模型类似。

时间序列数据包括经济作用长期效果和滞后效应的信息,也包括经济因素自身动态反馈作用的信息。分布滞后模型和自回归模型就是利用这些信息对经济现象进行中长期分析和预测的基本方法。在此基础上,对经济变量、经济指标之间因果关系的存在性和方向性进行推断的格兰杰因果检验也是传统的计量分析方法。

(2) 时间序列分析的现代方法

传统时间序列分析方法只利用了时间序列数据的表层统计规律,其对时间序列数据信息的利用是不充分的,而且也容易发生偏差。现代时间序列分析更重视对时间序列背后的生成过程和内在机制的分析,分析更加深入,预测更加精准。

按照时间序列的平稳性可将时间序列分为平稳时间序列和非平稳时间序列。平稳时间序列分析的主要方法是时间序列的分解、滤波、协整与经典回归分析。回归与滤波的思想是去掉随机项,保留趋势关系的主要部分;时间序列分解是设法去掉主要趋势,保留随机项;谱分析是将时间序列转化为谱密度函数,再识别其各种特征。对于非平稳时间序列,则首先要通过差分、滤波、协整等技术使其转化为平稳的时间序列,然后再选择合适的模型进行参数估计、模型检验和预测。

8.2　时间序列的平稳性

本节将主要介绍平稳性随机过程的含义及其基本特征,如何判断时间序列随机过程的平稳性以及怎样获得一个平稳的随机过程等内容。

8.2.1　平稳时间序列

在时间序列分析中,平稳时间序列是一类重要的特殊随机序列。时间序列分析的基本用途就是根据过去预测未来,因此必须假定过去的发展是什么样的,将来的发展也应该是什么样的,这就是平稳性假定。

所谓时间序列的平稳性,是指时间序列的统计规律不会随着时间的推移而发生变化。

也就是说,生成变量时间序列数据的随机过程的特征不随时间变化而变化。这样,以平稳时间序列数据作为计量经济模型的观测值,其估计方法、检验过程则可能采用前面几章所介绍的技术方法。

(一) 严平稳

若时间序列$\{X_t, t \in T\}$的概率结构不随时间而变,则称时间序列$\{X_t, t \in T\}$是平稳的。一个平稳的时间序列,从直观上可以看做一条围绕其平均值上下波动的曲线。从理论上讲,有两种意义的平稳性:一是严平稳,另一是弱平稳。如果时间序列$\{X_t, t \in T\}$的联合概率分布随时间的平移而不变,则称该时间序列是严平稳的,即严平稳时间序列需满足以下条件:

$$P\{X_{t_1} \leq b_1, X_{t_2} \leq b_2, \cdots, X_{t_n} \leq b_n\} = P\{X_{t_1+m} \leq b_1, X_{t_2+m} \leq b_2, \cdots, X_{t_n+m} \leq b_n\} \tag{8.2.1}$$

其中,m,n为任意正整数,$t_1 < t_2 < \cdots < t_n, t_i \in T, b_1, b_2, \cdots, b_n$是实数。根据定义可以证明独立同分布序列是严平稳的,这是最简单的严平稳序列。

(二) 弱平稳

由于在实践中上述联合概率分布很难确定,因此我们用随机变量$X_t(t = 1,2,\cdots)$的均值、方差和协方差代替之。如果时间序列$\{X_t, t = 1,2,\cdots\}$满足下列条件:

① 均值 $E(X_t) = \mu \ (t = 1,2,\cdots)$ (8.2.2)

② 方差 $Var(X_t) = E(X_t - \mu)^2 = \sigma^2(t = 1,2,\cdots)$ (8.2.3)

③ 协方差 $Cov(X_t, X_{t+k}) = E(X_t - \mu)(X_{t+k} - \mu) = r_k \quad (t = 1,2,\cdots)$ (8.2.4)

其中,若r_k与t无关,则称时间序列$\{X_t, t = 1,2,\cdots\}$是弱平稳的。

通常情况下,我们所说的平稳性指的就是弱平稳性。一般来说,如果一个时间序列的均值和方差在任何时间保持恒定,并且两个时期t和$t+k$之间的协方差(或自协方差)仅依赖于两时期之间的距离(间隔或滞后)k,而与计算这些协方差的实际时期t无关,则该时间序列是平稳的。

特别地,具有零均值和相同方差的不相关随机过程称为白噪声(white noise)过程或白噪声序列。由于随机过程不相关,故白噪声为纯随机过程。白噪声过程可能不常见,但是,正如我们将要看到的,白噪声过程的加权和却是非白噪声过程的一种很好的表达方式。可以说,白噪声是组成随机过程的“最小单位”,是对随机过程可能达到的最佳认识。如果除了白噪声的随机性质外,随机过程的其他结构都得到描述,则可以认为对该过程有了完全的描述。

平稳性是一个很重要的特性,因为它保证了随机过程基本上没有结构变动,这种结构变动将使预测遇到困难或不可能。

8.2.2 非平稳时间序列

所谓时间序列的非平稳性,是指时间序列的统计规律随着时间的位移而发生变化,即生成时间序列数据的随机过程的特征随时间变化。只要弱平稳的三个条件不全满足,则该时间序列就是非平稳的。时间序列是非平稳的时候,前面所介绍的计量经济模型技术将遇到极大的困难,这是因为其均值函数、方差函数不再是常数,自协方差函数也不仅仅是时间间隔的函数。

在经济领域中，我们所得到的许多时间序列观测值大都不是由平稳过程产生的。例如，国内生产总值（GDP）大多数情况下随时间的位移而持续增长；广义货币供给量 M_2 在正常状态下会随时间的位移而扩大。也就是说，2008 年的 GDP 或 M_2 的观测值的随机性质与 2002 年的 GDP 和 M_2 的随机性质有相当的区别。

下面介绍几种有用的非平稳时间序列模型。

（一）随机游走（random walk）序列

随机游走序列是一个简单的随机过程，该序列由如下随机过程生成：

$$X_t = X_{t-1} + u_t \tag{8.2.5}$$

在这里，u_t 是一个白噪声过程。该序列有相同的均值，即 $E(X_t) = E(X_{t-1})$。为求 X_t 的方差，对 $X_t = X_{t-1} + u_t$ 进行一系列迭代：

$$X_t = X_{t-1} + u_t = X_{t-2} + u_{t-1} + u_t = X_{t-3} + u_{t-2} + u_{t-1} + u_t = \cdots$$

$$= X_0 + u_1 + u_2 + \cdots + u_t = X_0 + \sum_{i=1}^{t} u_i \tag{8.2.6}$$

这里 X_0 为 X_t 的初始值，可假定为任何常数或取初值为零，则：

$$Var(X_t) = Var(X_0 + \sum_{i=1}^{t} u_i) = Var(\sum_{i=1}^{t} u_i) = t\sigma^2 \tag{8.2.7}$$

即 X_t 的方差与时间 t 有关而非常数，它是一非平稳序列。然后，对 X_t 取一阶差分（first difference）

$$\Delta X_t = X_t - X_{t-1} = u_t \tag{8.2.8}$$

由于 u_t 是一个白噪声，则序列 $\{\Delta X_t\}$ 是平稳的。后面我们将会看到，如果一个时间序列是非平稳的，它常常可通过取差分的方法而形成平稳序列。

（二）带漂移项的随机游走（*random walk with drift*）序列

带漂移项的随机游走序列 X_t 由下式确定：

$$X_t = \mu + X_{t-1} + u_t \tag{8.2.9}$$

式中，μ 为一非零常数，u_t 是一个白噪声过程。

μ 之所以被称为"漂移项"，是因为式（8.2.9）的一阶差分如下：

$$\Delta X_t = X_t - X_{t-1} = \mu + u_t \tag{8.2.10}$$

表明时间序列 X_t 向上或向下漂移，取决于 μ 的符号是正还是负。通过对式（8.2.9）直接迭代，可得：

$$X_t = X_0 + \sum_{i=1}^{t} (\mu + u_i) = X_0 + t\mu + \sum_{i=1}^{t} u_i \tag{8.2.11}$$

即 X_t 是许多随机变量的一个积累，具有明显的趋势。X_t 的期望与方差分别为：

$$E(X_t) = E(X_0 + t\mu + \sum_{i=1}^{t} u_i) = X_0 + t\mu \tag{8.2.12}$$

$$Var(X_t) = Var(X_0 + t\mu + \sum_{i=1}^{t} u_i) = tVar(u_i) = t\sigma^2 \tag{8.2.13}$$

它们都是时间 t 的函数，而且随时间发散到无穷大。显然，该序列也是非平稳时间序列。

(三) 带趋势项的随机游走(*random walk with trend*) 序列

带趋势项的随机游走序列 X_t 由下式确定：

$$X_t = \mu + \beta t + X_{t-1} + u_t \tag{8.2.14}$$

显然,式(8.2.5) 和式(8.2.9) 都是该序列的特例。该式经过简单迭代,有：

$$X_t = X_0 + \sum_{i=1}^{t}(\mu + \beta t + u_i) = X_0 + t\mu + \beta t^2 + \sum_{i=1}^{t} u_i \tag{8.2.15}$$

此时,X_t 的期望与方差分别为：

$$E(X_t) = E(X_0 + t\mu + \beta t^2 + \sum_{i=1}^{t} u_i) = X_0 + t\mu + \beta t^2 \tag{8.2.16}$$

$$Var(X_t) = Var(X_0 + t\mu + \beta t^2 + \sum_{i=1}^{t} u_i) = tVar(u_i) = t\sigma^2 \tag{8.2.17}$$

它们都是时间 t 的函数,而且随时间发散到无穷大。显然,该序列也是非平稳时间序列。

事实上,随机游走序列(8.2.5) 是下面我们称之为一阶自回归 $AR(1)$ 过程的特例

$$X_t = \varphi X_{t-1} + u_t \tag{8.2.18}$$

不难验证,$|\varphi| > 1$ 时,该随机过程生成的时间序列是发散的,表现为持续上升($\varphi > 1$) 或持续下降($\varphi < -1$),因此是非平稳的;$\varphi = 1$ 时,这是一个随机游走过程,也是非平稳的。只有当 $-1 < \varphi < 1$ 时,该随机过程才是平稳的。

8.3 自回归移动平均模型

8.3.1 时间序列数据的 AR、MA 和 ARMA 模型

时间序列数据背后的随机过程,也就是生成这些数据的过程。对于平稳性随机过程的描述,我们可建立多种形式的时序模型。这些模型刻画了时间序列变量的路径。

(一) 自回归模型

若时间序列 X_t 为它的前期值和随机项的线性函数,可以表示为：

$$X_t = \varphi_1 X_{t-1} + \varphi_2 X_{t-2} + \cdots + \varphi_p X_{t-p} + u_t \tag{8.3.1}$$

则称该时间序列 X_t 为自回归序列,该模型为 p 阶自回归模型,记为 $AR(p)$。参数 φ_1,φ_2,…,φ_p 为自回归参数,是模型的待估参数,随机项 u_t 为服从 0 均值、方差为 σ_u^2 的正态分布的白噪声序列,且与 X_{t-1},X_{t-2},…,X_{t-p} 不相关。

(二) 移动平均模型

若时间序列 X_t 为它的当前与前期随机干扰的线性组合,可以表示为：

$$X_t = u_t + \theta_1 u_{t-1} + \theta_2 u_{t-2} + \cdots + \theta_q u_{t-q} \tag{8.3.2}$$

则称该时间序列为移动平均序列,该模型为 q 阶移动平均模型,记为 $MA(q)$。参数 θ_1,θ_2,…,θ_q 为移动平均参数,是待估参数。

（三）自回归移动平均模型

若时间序列 X_t 为它的前期值以及当前和前期随机干扰的线性函数，也就是上述两种模型的结合，可以表示为：

$$X_t = \varphi_1 X_{t-1} + \varphi_2 X_{t-2} + \cdots + \varphi_p X_{t-p} + u_t + \theta_1 u_{t-1} + \theta_2 u_{t-2} + \cdots + \theta_q u_{t-q} \tag{8.3.3}$$

则称该时间序列为自回归移动平均序列，该模型为 (p,q) 阶自回归移动平均模型，记为 $ARMA(p,q)$。参数 $\varphi_1,\varphi_2,\cdots,\varphi_p$ 为自回归参数，$\theta_1,\theta_2,\cdots,\theta_q$ 为移动平均参数，是模型的待估参数。

8.3.2　平稳时间序列的自相关函数和偏自相关函数

对于平稳时间序列，平稳性定义对其作了最基本的描述，那就是时序的随机特性不随时间变化，或随着时间的变化时间序列基本上没有结构变化。

时间序列不同时点的随机变量之间存在相关关系，这是我们利用时间序列过去值预测未来值的基础。要对这种相关关系和时序的内部结构有一个较深入的了解，时间序列的自相关函数和偏自相关函数可以提供基本的信息，对不同的随机过程它们呈现出不同的特征形式。下面分别介绍自相关函数和偏自相关函数的概念。在这里，我们只考虑上述的 $AR(p)$，$MA(q)$ 和 $ARMA(p,q)$ 三种过程的自相关函数和偏自相关函数的形式。

（一）平稳过程的自相关函数

随机过程 $\{X_t\}$ 中的每一个元素 $X_t(t=1,2,\cdots)$ 都是随机变量。对于平稳随机过程而言，其期望为常数，这里使用 μ 表示。平稳随机过程的方差也是一个常量，这里使用 σ_X^2 表示。

我们将相隔 k 期的两个随机变量 X_t 和 X_{t+k} 的协方差，即滞后 k 期的自协方差，定义为：

$$\gamma_k = Cov(X_t, X_{t+k}) = E[(X_t-\mu)(X_{t+k}-\mu)] \qquad k=0,1,2,\cdots,K \tag{8.3.4}$$

也可称为时间序列 X_t 的自协方差函数。显然，$\gamma_0 = Var(X_t) = \sigma_X^2$。时间序列 X_t 的自相关函数（ACF）被定义为：

$$\begin{aligned}\rho_k &= \frac{Cov(X_t, X_{t+k})}{\sqrt{Var(X_t)}\sqrt{Var(X_{t+k})}} \\ &= \frac{E[(X_t-\mu)(X_{t+k}-\mu)]}{\sqrt{E[(X_t-\mu)^2]}\sqrt{E[(X_{t+k}-\mu)^2]}} \\ &= \frac{\gamma_k}{\sigma_X^2} = \frac{\gamma_k}{\gamma_0} \qquad -1<\rho<1\end{aligned} \tag{8.3.5}$$

可以看出，当 $k=0$ 时，$\rho_0=1$。可以证明 $\rho_k=\rho_{-k}$，自相关函数是零对称的，所以，实际研究中只需给出自相关函数的正半部分即可。

（1）AR 过程的自相关函数

自相关函数是描述平稳时序的一个非常有用的工具。对不同的随机过程，它呈现出不同的形式。对于 $AR(p)$ 过程：

$$X_t = \varphi_1 X_{t-1} + \varphi_2 X_{t-2} + \cdots + \varphi_p X_{t-p} + u_t \tag{8.3.6}$$

用 X_{t-k} 同乘上式两端，得：

$$X_{t-k}X_t = \varphi_1 X_{t-k}X_{t-1} + \varphi_2 X_{t-k}X_{t-2} + \cdots + \varphi_p X_{t-k}X_{t-p} + X_{t-k}u_t \tag{8.3.7}$$

上式两端分别求期望得：

$$\gamma_k = \varphi_1\gamma_{k-1} + \varphi_2\gamma_{k-2} + \cdots + \varphi_p\gamma_{k-p} \qquad k > 0 \tag{8.3.8}$$

使用 γ_0 分别除(8.3.8)式的两侧得：

$$\rho_k = \varphi_1\rho_{k-1} + \varphi_2\rho_{k-2} + \cdots + \varphi_p\rho_{k-p} \qquad k > 0 \tag{8.3.9}$$

由此可见，$AR(p)$ 序列的自相关函数是拖尾的，即不存在一个 k_0，使任意 $k > k_0$ 时，$\rho_k = 0$。而且可以证明，对于平稳的 $AR(p)$ 过程，自相关函数的形式是单调递减的或呈正弦波形状的。

(2) MA 过程的自相关函数

对于 $MA(q)$ 过程(8.3.2)，其自协方差函数是：

$$\begin{aligned}\gamma_k &= E[X_t X_{t-k}]\\ &= E[(u_t + \theta_1 u_{t-1} + \theta_2 u_{t-2} + \cdots + \theta_q u_{t-q})(u_{t-k} + \theta_1 u_{t-k-1} + \theta_2 u_{t-k-2} + \cdots + \theta_q u_{t-k-q})]\end{aligned} \tag{8.3.10}$$

当 $k = 0$ 时，

$$\gamma_0 = (1 + \theta_1^2 + \theta_2^2 + \cdots + \theta_q^2)\sigma_X^2$$

当 $k = 1,2,\cdots,q$ 时，

$$\gamma_k = (\theta_k + \theta_1\theta_{k+1} + \cdots + \theta_{q-k}\theta_q)\sigma_X^2$$

当 $k > q$ 时，

$$\gamma_k = 0$$

则 $MA(q)$ 过程的自相关函数是：

$$\rho_k = \begin{cases} 1 & , k = 0 \\ \dfrac{\theta_k + \theta_1\theta_{k+1} + \cdots + \theta_{q-k}\theta_k}{1 + \theta_1^2 + \cdots + \theta_q^2} & , 0 \leqslant k \leqslant q \\ 0 & , k > q \end{cases} \tag{8.3.11}$$

由此可见，对于 $MA(q)$ 过程，自相关函数在 $k = q$ 处是截尾的。于是，根据自相关系数是否从某一点开始一直为零，判断时序是否为 $MA(q)$ 过程，并确定 q 值。

(3) $ARMA$ 过程的自相关函数

用 X_{t-k} 乘 $ARMA(p,q)$ 过程(8.3.3)两侧，然后取期望，得：

$$\gamma_k = \varphi_1\gamma_{k-1} + \varphi_2\gamma_{k-2} + \cdots + \varphi_p\gamma_{k-p} + \gamma_{(X,u)k} + \theta_1\gamma_{(X,u)k-1} + \cdots + \theta_q\gamma_{(X,u)k-q} \tag{8.3.12}$$

其中，$\gamma_{(X,u)k} = E(X_{t-k}u_t)$ 是相隔 k 期的 X_{t-k} 与 u_t 的协方差。由式(8.3.3)知 X_{t-k} 只与 $t-k$ 期以前的 u_t 有关，所以：

$$\gamma_{(X,u)k} = E(X_{t-k}u_t) = 0, k > 0$$

当 $k > q$ 时，(8.3.12)式右侧的 $q+1$ 项全部为零。

$$\gamma_{(X,u)k} = \theta_1\gamma_{(X,u)k-1} = \cdots = \theta_q\gamma_{(X,u)k-q} = 0, k > q$$

利用上式结果，当 $k > q$ 时，(8.3.12)变为：

$$\gamma_k = \varphi_1\gamma_{k-1} + \varphi_2\gamma_{k-2} + \cdots + \varphi_p\gamma_{k-p}, k > q \tag{8.3.13}$$

用 γ_0 除(8.3.13)式两侧得：

$$\rho_k = \varphi_1\rho_{k-1} + \varphi_2\rho_{k-2} + \cdots + \varphi_p\rho_{k-p}, k > q \tag{8.3.14}$$

当 $k < q$ 时，由式(8.3.12)知 $\rho_1,\cdots,\rho_q$ 的值既与移动平均参数 $\theta_i(i=1,\cdots,q)$ 有关，也与自回归参数 $\varphi_i(i=1,\cdots,p)$ 有关。当 $q-p<0$ 时，自相关函数 $\rho_k(k=1,2,\cdots)$ 的特征是指数衰减和(或)正弦衰减的；当 $q-p\geqslant 0$ 时，ρ_k 的 $q-p+1$ 个初始值 $\rho_0,\rho_1,\cdots\rho_{q-p}$ 不按上述形式衰减。

(二) 平稳过程的偏自相关函数

偏自相关函数(*PACF*)是描述随机过程结构特征的另一种方法。它是在已知序列值 $X_{t-1},X_{t-2},\cdots,X_{t-k-1}$ 的条件下，X_t 与 X_{t-k} 之间的关系的度量。用 φ_{kj} 表示 k 阶自回归式中第 j 个回归系数，则 k 阶自回归模型表示为：

$$X_t = \varphi_{k1}X_{t-1} + \varphi_{k2}X_{t-2} + \cdots + \varphi_{kk}X_{t-k} + u_t$$

其中，φ_{kk} 是最后一个回归系数。若把 φ_{kk} 看成滞后期为 k 的函数，则称：

$$\varphi_{kk}, k = 1,2\cdots \tag{8.3.15}$$

为偏自相关函数。用 φ_{kj} 表达式(8.3.9)：

$$\rho_j = \varphi_{k1}\rho_{j-1} + \varphi_{k2}\rho_{j-2} + \cdots + \varphi_{kk}\rho_{j-k} \quad j = 1,2,\cdots,K \tag{8.3.16}$$

用矩阵形式表示上式：

$$\begin{pmatrix}\rho_1\\ \rho_2\\ \cdots\\ \rho_k\end{pmatrix} = \begin{pmatrix}1 & \rho_1 & \rho_2 & \cdots & \rho_{k-1}\\ \rho_1 & 1 & \rho_1 & \cdots & \rho_{k-2}\\ \vdots & \vdots & \vdots & \vdots & \vdots\\ \rho_{k-1} & \rho_{k-2} & \rho_{k-3} & \cdots & 1\end{pmatrix}\begin{pmatrix}\varphi_{k1}\\ \varphi_{k2}\\ \cdots\\ \varphi_{kk}\end{pmatrix} \tag{8.3.17}$$

或：

$$\boldsymbol{\rho} = \boldsymbol{p}\boldsymbol{\varphi}$$

则：

$$\boldsymbol{\varphi} = \boldsymbol{p}^{-1}\boldsymbol{\rho}$$

将 $k=1,2,\cdots$ 代入上式连续求解，可求得偏自相关函数：

$$\varphi_{11} = \rho_1,$$

$$\varphi_{22} = \frac{\begin{vmatrix}1 & \rho_1\\ \rho_1 & \rho_2\end{vmatrix}}{\begin{vmatrix}1 & \rho_1\\ \rho_1 & 1\end{vmatrix}} = \frac{\rho_2 - \rho_1^2}{1-\rho_1^2}, \tag{8.3.18}$$

…

对于 $AR(p)$ 过程，当 $k\leqslant p$ 时，$\varphi_{kk}\neq 0$；当 $k>p$ 时，$\varphi_{kk}=0$，即 $AR(p)$ 的偏自相关函数具有截尾性质，且在 p 点截尾，因此可用此特性识别 $AR(p)$ 过程的阶数。

因为任何一个可逆的 $MA(q)$ 过程都可以转换成一个无限阶的、系数按几何递减的 AR 过程，所以 $MA(q)$ 过程的偏自相关函数呈现缓慢衰减特征。

$ARMA(p,q)$ 过程的偏自相关函数也是无限延长的，其表现形式与 $MA(q)$ 过程的偏自相关函数相类似。根据模型中移动平均分量的阶数 q 以及参数 θ_i 的不同，偏自相关函数呈指数衰减和(或)正弦衰减混合形式。

对于一个平稳的时间序列，可根据时序数据对上述的某一个模型的参数估计，得到具体的模型，以描述该时序的变化的路径，并用于预测。但是在估计之前，必须进行模型的识别，包括识别模型的类型和 p,q 值。

由上述可知，不同的随机过程具有不同形式的自相关函数和偏自相关函数。于是可以从时间序列的自相关函数和偏自相关函数的形状分析中，对时序模型作出最粗略的判定。但是，自相关函数和偏自相关函数是纯理论性的，对它所刻画的随机过程，我们通常只有有限个观测值。因此，在实际应用中，需要它们的估计，即样本自相关函数和样本偏自相关函数。

样本自相关函数为：

$$r_k = \frac{\sum_{t=1}^{T-k}(X_t - \bar{X})(X_{t+k} - \bar{X})}{\sum_{t=1}^{T}(X_t - \bar{X})^2} \tag{8.3.19}$$

根据估计的偏自相关函数，代入公式(8.3.18)，便可计算样本偏自相关函数 $\hat{\varphi}_{kk}$。于是，判断自相关函数 ρ_k 和偏自相关函数 θ_{kk} 的形状(例如是拖尾的还是截尾的)，便可以根据样本自相关函数和样本偏自相关函数的形状及对 r_k 和 $\hat{\varphi}_{kk}$ 的显著性检验来进行。

对某个 r_k 的显著性可以用 $\pm 2/\sqrt{T}$ 界限来粗略地检验，T 为样本容量。为了检验所有前 k 个的自相关系数都为 0 的零假设，就采用 Q 统计量：

$$Q = T\sum_{k=1}^{K} r_k^2 \tag{8.3.20}$$

Q 近似服从 $\chi^2(k)$，因此，如果计算出的 Q 值大于显著性水平 α(比如 $\alpha = 5\%$)对应的临界值，则我们便有 $(1-\alpha)$(在这里是 95%)的把握确信实际的自相关系数 $\rho_1,\cdots,\rho_k$ 不全为 0。对于偏自相关系数，可以证明：对于一个大样本来讲，如果 AR 的阶确定为 p，则估计的偏自相关系数 $\hat{\varphi}_{kk}$ 在 $k>p$ 的情况下，近似服从 $N(0,1/T)$。因此，检验 $\hat{\varphi}_{kk}$ 的置信区间便为 $(\hat{\varphi}_{kk} - 2/\sqrt{T}, \hat{\varphi}_{kk} + 2/\sqrt{T})$。

于是，我们可以根据样本自相关函数和样本偏自相关函数对自相关函数和偏自相关函数进行判断，从而识别时序模型形式，即根据自相关函数 ACF 和偏自相关函数 $PACF$ 的估计，识别时序模型。这种识别可根据表 8-1 进行。

表 8-1　ACF 和 $PACF$ 的理论模式

模型种类	ACF 的典型模式	$PACF$ 的典型模式
$AR(p)$	指数衰减或衰减的正弦波或两者	直至滞后 p 都显著然后突然截断为 0
$MA(q)$	直至滞后 q 都显著然后突然截断为 0	指数衰减
$ARMA(p,q)$	指数衰减	指数衰减

一般地，若平稳随机过程为 $AR(p)$ 或 $MA(q)$ 过程，则可以有较准确的识别。对于 $ARMA(p,q)$ 过程，根据自相关函数和偏自相关函数确定准确的 p,q 值不是一件简单的事情；这需要一个反复尝试的过程，在这一过程中 ACF 和 $PACF$ 起到一个指导的作用。另外，我们无从观测理论（或总体）ACF 和 $PACF$，而只能依赖于其估计 —— 样本自相关函数和偏自相关函数。这种估计函数与真实（或总体）函数之间的不完全一致性，也说明了模型的识别不是一蹴而就的，需要一个反复尝试并检验的过程。

8.4　时间序列平稳性的检验

在实际问题中，当我们取得某随机时间序列的样本数据时，首要的问题是判断它的平稳性。常见的时间序列的平稳性检验方法主要有以下四种：利用散点图进行平稳性判断、利用样本自相关函数进行平稳性判断、单位根检验、ADF 检验。

8.4.1　平稳性检验的图示判断

给出一个随机时间序列，首先可通过该序列的时间路径图来粗略地判断它是否是平稳的。一个平稳的时间序列（图 8－1(a)）在图形上往往表现出一种围绕其均值不断波动的过程；而非平稳序列（图 8－1(b)）则往往表现出在不同的时间段具有不同的均值（如持续上升或持续下降）。

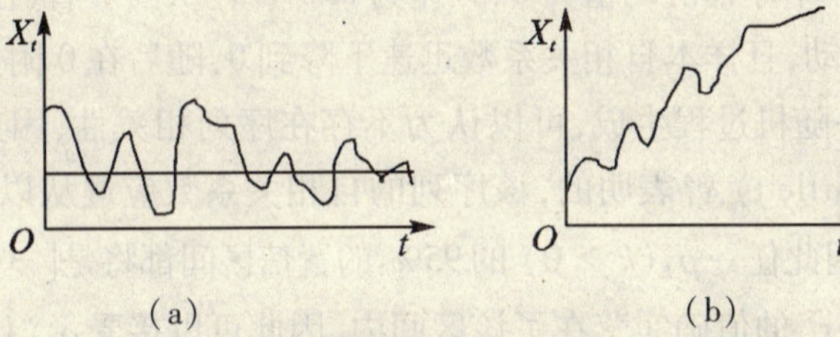

图 8－1　平稳时间序列与非平稳时间序列图

8.4.2　利用样本自相关函数进行检验

由前所述，不同的时间序列具有不同形式的自相关函数，因此我们可以从时间序列的自相关函数的形状分析中判断时间序列的稳定性。通常的做法是检验样本自相关函数及其图形。自相关函数的定义见(8.3.5)，样本自相关函数的定义见(8.3.19)。

易知，随着 k 的增加，样本自相关函数下降且趋于零。但从下降速度来看，平稳序列要比非平稳序列快得多。图 8－2 给出了平稳序列(a) 与非平稳序列(b) 的样本自相关图。

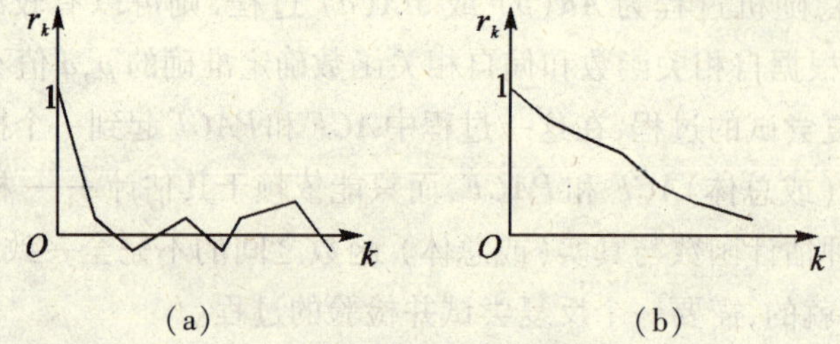

图 8 - 2　平稳时间序列与非平稳时间序列样本相关图

确定样本自相关函数某一数值 r_k 是否足够接近于 0 是非常有用的,因为它可检验对应的自相关函数 ρ_k 的真值是否为 0 的假设。巴特雷特(Bartlett) 曾证明,如果时间序列由白噪声过程生成,则对所有的 $k>0$,样本自相关系数近似地服从以 0 为均值、$1/T$ 为方差的正态分布,其中 T 为样本容量。

也可检验对所有 $k>0$、自相关系数都为 0 的联合假设。这可通过如下 Q_{LB} 统计量进行:

$$Q_{LB} = T(T+2)\sum_{k=1}^{m}\left(\frac{r_k^2}{T-k}\right) \tag{8.4.1}$$

该统计量近似地服从自由度为 m 的 χ^2 分布(m 为滞后期长度)。因此,如果计算的 Q 值大于显著性水平为 α 的临界值,则有 $(1-\alpha)$ 的把握拒绝所有 $\rho_k(k>0)$ 同时为 0 的假设。

表 8 - 2 序列 Random_1 是通过一随机过程(随机函数) 生成的有 19 个样本的随机时间序列。容易验证该样本序列的均值为 0,方差为 0.078 9。从图形看(图 8 - 3),它在其样本均值 0 附近上下波动,且样本自相关系数迅速下降到 0,随后在 0 附近波动且逐渐收敛于 0。由于该序列由一随机过程生成,可以认为不存在序列相关性,因此该序列为一白噪声。根据巴特雷特(Bartlett) 曾表明的,该序列的自相关系数应遵从以 0 为均值,以 1/19 为方差的正态分布,因此任一 $\rho_k(k>0)$ 的 95% 的置信区间都将是 $[-0.4497, 0.4497]$。可以看出当 $k>0$ 时,r_k 的值确实落在了该区间内,因此可以接受 $\rho_k(k>0)$ 为 0 的假设。同样的,从 Q_{LB} 统计量的计算值来看,滞后 17 期的计算值为 26.38,未超过 5% 显著性水平的临界值为 27.58,因此可以接受所有的自相关系数 $\rho_k(k>0)$ 都为 0 的假设。因此,该随机过程是一个平稳过程。

序列 Random_2 是生成的另一随机游走时间序列样本(图 8 - 4),其中第 0 项取值为 0,随机项是由 Random_1 表示的白噪声。图形(如图 8 - 4) 表示出该序列具有相同的均值,但从样本自相关图来看:虽然自相关系数迅速下降到 0,但随着时间的推移,则在 0 附近波动且呈发散趋势。样本自相关系数显示:$r_1 = 0.48$,落在了区间 $[-0.4497, 0.4497]$ 之外,因此在 5% 的显著性水平上拒绝 ρ_1 的真值为 0 的假设。因此,该随机游走序列是非平稳的。

表 8 - 2　　一个纯随机序列与随机游走序列的检验

序号	$Random_1$	自相关系数 $r_k(k=0,1,\cdots17)$	Q_{LB}	$Random_2$	自相关系数 $r_k(k=0,1,\cdots17)$	Q_{LB}
1	-0.031	1.000		-0.031	1.000	
2	0.188	-0.051	0.059	0.157	0.480	5.116
3	0.108	-0.393	3.679	0.264	0.018	5.123
4	-0.455	-0.147	4.216	-0.191	-0.069	5.241
5	-0.426	0.280	6.300	-0.616	0.028	5.261
6	0.387	0.187	7.297	-0.229	-0.016	5.269
7	-0.156	-0.363	11.332	-0.385	-0.219	6.745
8	0.204	-0.148	12.058	-0.181	-0.063	6.876
9	-0.340	0.315	15.646	-0.521	0.126	7.454
10	0.157	0.194	17.153	-0.364	0.024	7.477
11	0.228	-0.139	18.010	-0.136	-0.249	10.229
12	-0.315	-0.297	22.414	-0.451	-0.404	18.389
13	-0.377	0.034	22.481	-0.828	-0.284	22.994
14	-0.056	0.165	24.288	-0.884	-0.088	23.514
15	0.478	-0.105	25.162	-0.406	-0.066	23.866
16	0.244	-0.094	26.036	-0.162	0.037	24.004
17	-0.215	0.039	26.240	-0.377	0.105	25.483
18	0.141	0.027	26.381	-0.236	0.093	27.198
19	0.236			0.000		

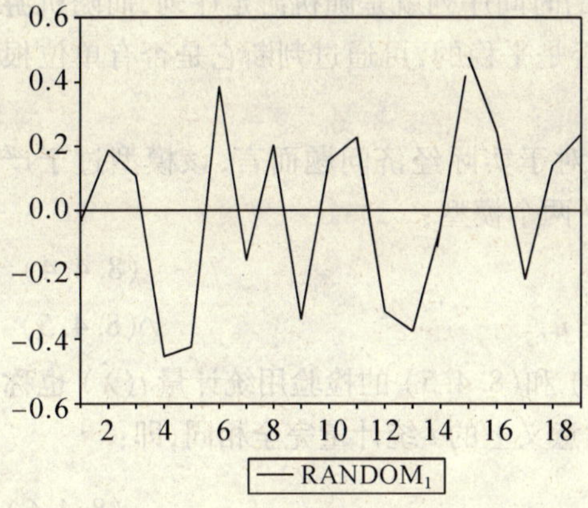

(a)

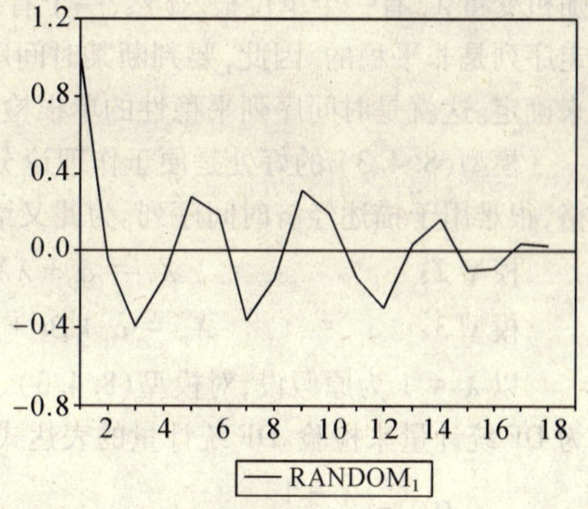

(b)

图 8 - 3　纯随机序列 $Random_1$ 样本图及其样本自相关系数图

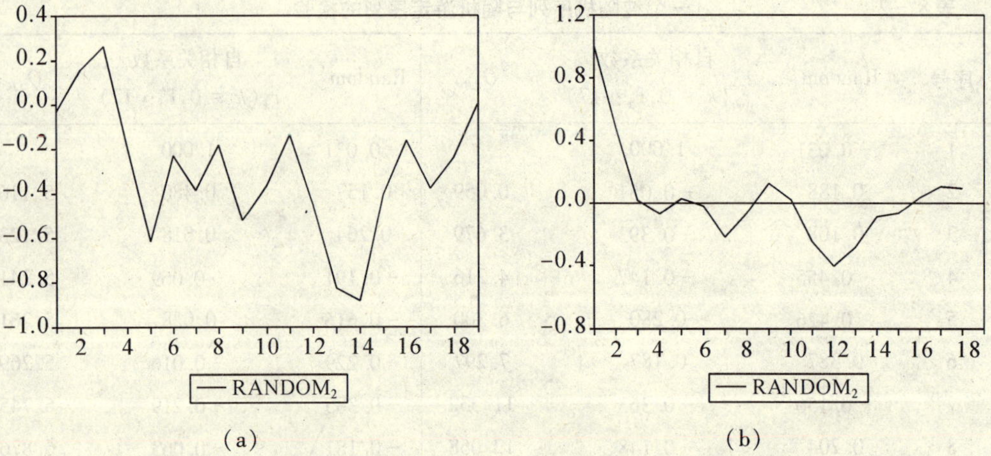

图 8－4　随机游走序列 Random$_2$ 样本图及其样本自相关系数图

8.4.3　平稳性的单位根检验

对时间序列的平稳性，除了通过图形直观判断外，运用统计量进行统计检验则是更为准确与重要的。单位根检验（unit root test）是统计检验中普遍应用的一种检验方法。

（一）DF 检验（Dickey－Fuller Test）

我们已知道，随机游走序列：

$$X_t = X_{t-1} + u_t \tag{8.4.2}$$

该序列是非平稳的，其中 u_t 是白噪声。而该序列可看成随机模型：

模型 1：

$$X_t = \lambda X_{t-1} + u_t \tag{8.4.3}$$

中参数 $\lambda = 1$ 时的情形。也就是说，我们对上式作回归，如果确实发现 $\lambda = 1$，则我们就说随机变量 X_t 有一个单位根。显然，一个有单位根的时间序列就是随机游走序列，而随机游走序列是非平稳的。因此，要判断某时间序列是否是平稳的，可通过判断它是否有单位根来确定。这就是时间序列平稳性的单根检验。

模型(8.4.3)的好处是便于作理论分析。但对于实际经济问题而言，该模型过于严格，很难用于描述经济时间序列。为此又给出如下两个模型：

模型 2：

$$X_t = \alpha + \lambda X_{t-1} + u_t \tag{8.4.4}$$

模型 3：

$$X_t = \alpha + \beta t + \lambda X_{t-1} + u_t \tag{8.4.5}$$

以 $\lambda = 1$ 为原假设，对模型(8.4.3)、(8.4.4)和(8.4.5)的检验用统计量 $t(\hat{\lambda})$ 也称为 DF 统计量来检验。DF 统计量的表达式与通常意义上的 t 统计量完全相同，即：

$$DF = \frac{\hat{\lambda} - 1}{se(\hat{\lambda})} \tag{8.4.6}$$

然而，统计理论证明，DF 统计量的渐进分布是收敛于维纳（Wiener）过程的函数。而维纳过程的函数不能用解析的方法表示，只能通过数值计算的方法表示。在零假设（序列非平稳）下，迪基（Dickey）和富勒（Fuller）于 1976 年提出了这一情形下 t 统计量服从的分布（这时的 t 统计量称为 τ 统计量）的临界值表，即 DF 分布（附表 5）。因此，可通过 OLS

法估计模型(8.4.3) ~ (8.4.5),并计算t统计量的值,再与DF分布表中给定显著性水平下的临界值比较:如果t统计量的值小于临界值,则拒绝零假设 $H_0:\lambda = 1$,认为时间序列不存在单位根,是平稳的。

(二) Augmented Dickey - Fuller 检验

在上述使用(8.4.3) ~ (8.4.5) 式对时间序列进行的平稳性检验中,实际上假定了时间序列是由具有白噪声随机误差项的一阶自回归过程($AR(1)$) 生成的。但在实际检验中,时间序列可能是由更高阶的自回归过程生成的,或者随机误差项并非是白噪声。这样用 OLS 法进行估计均会表现出随机误差项出现自相关(autocorrelation),导致 DF 检验无效。另外,如果时间序列包含有明显的随时间变化的某种趋势(如上升或下降),则也容易导致上述检验中的自相关随机误差项问题。

为了保证 DF 检验中随机误差项的白噪声特性,迪基(Dickey) 和富勒(Fuller) 对 DF 检验进行了扩充,形成了 ADF(Augment Dickey - Fuller) 检验。ADF 检验是通过下面三个模型完成的:

模型 1: $$X_t = \lambda X_{t-1} + \sum_{i=1}^{m} \beta_i \Delta X_{t-i} + \varepsilon_t \tag{8.4.7}$$

模型 2: $$X_t = \alpha + \lambda X_{t-1} + \sum_{i=1}^{m} \beta_i \Delta X_{t-i} + \varepsilon_t \tag{8.4.8}$$

模型 3: $$X_t = \alpha + \beta t + \lambda X_{t-1} + \sum_{i=1}^{m} \beta_i \Delta X_{t-i} + \varepsilon_t \tag{8.4.9}$$

模型3 中的 t 是时间变量,代表了时间序列随时间变化的某种趋势(如果有的话)。可以证明,在上述模型中检验原假设 $H_0:\lambda = 1$ 的t统计量的极限分布同DF检验的极限分布相同,从而可以使用相同的临界值表。这种检验称为 ADF 检验。

模型 1 与另外两个模型的差别在于是否包含有常数项和趋势项。实际检验时从模型 3 开始,然后是模型2、模型1。何时检验拒绝零假设,即原序列不存在单位根,为平稳序列,何时检验停止。否则,就要继续检验,直到检验完模型 1 为止。当三个模型的检验结果都不能拒绝零假设时,则认为时间序列是非平稳的。这里所谓模型适当的形式就是在每个模型中选取适当的滞后差分项,以使模型的残差项是一个白噪声(主要保证不存在自相关)。

需要说明的是,ADF 检验可以使用下述等价表达式进行:

模型 1: $$\Delta X_t = \delta X_{t-1} + \sum_{i=1}^{m} \beta_i \Delta X_{t-i} + \varepsilon_t \tag{8.4.10}$$

模型 2: $$\Delta X_t = \alpha + \delta X_{t-1} + \sum_{i=1}^{m} \beta_i \Delta X_{t-i} + \varepsilon_t \tag{8.4.11}$$

模型 3: $$\Delta X_t = \alpha + \beta t + \delta X_{t-1} + \sum_{i=1}^{m} \beta_i \Delta X_{t-i} + \varepsilon_t \tag{8.4.12}$$

此时,检验原假设 $H_0:\delta = 0$,即存在一单位根。备择假设 $H_1:\delta < 0$。一个简单的检验过程是同时估计出上述三个模型的适当形式,然后通过 ADF 临界值表检验原假设 $H_0:\delta = 0$。只要其中有一个模型的检验结果拒绝了原假设,就认为时间序列是平稳的;当三个模型的检验结果都不能拒绝原假设时,则认为时间序列是非平稳的。

8.5 协整和误差修正模型

当许多传统的计量经济学模型在20世纪70年代的经济动荡面前预测失灵时,误差修正模型却显示了它的稳定性和可靠性。对其原因进行深入分析之后发现,误差修正模型的非稳定的单整变量之间存在一种长期稳定关系。C. J. Granger 把这种长期稳定关系称为"协整关系",于是,一种新的理论 —— 协整理论诞生了。虽然协整理论诞生于误差修正模型之后,但在本节中,为了便于理解,我们首先介绍协整理论,然后引出误差修正模型。

将协整理论与误差修正模型作为单方程计量经济学模型的扩展的理由在于:传统的计量经济学模型是以某种经济理论或对经济行为的认识来确立模型的理论关系形式,而在这里,则是从经济变量的数据中所显示的关系出发,确定模型包含的变量和变量之间的理论关系。这是20世纪80年代以来计量经济学模型建模理论的一个重大发展。

8.5.1 单整(Integration)

(一) 单整

如果一个序列在成为稳定序列之前必须经过d次差分,则该序列被称为d阶单整,记为$I(d)$。换句话说,如果序列x_t是非稳定序列,$\Delta^d x_t$是稳定序列,则序列x_t是$I(d)$。其中:

$$\Delta x_t = x_t - x_{t-1}, \Delta^2 x_t = \Delta(\Delta x_t), \cdots, \Delta^d x_t = \Delta(\Delta^{d-1} x_t) \qquad (8.5.1)$$

如果有两个序列分别为d阶单整和e阶单整,即:

$$X_t \sim I(d), Y_t \sim I(e), e > d \qquad (8.5.2)$$

则二序列的线性组合是e阶单整序列,即:

$$z_t = \alpha X_t + \beta Y_t \sim I[\max(d,e)] \qquad (8.5.3)$$

(二) 单整的检验

对于时间序列X_t,建立下列方程:

$$X_t = \rho X_{t-1} + u_t \quad \text{或者} \quad \Delta X_t = (\rho - 1)X_{t-1} + u_t \qquad (8.5.4)$$

如果ρ不显著为0,则序列X_t至少为一阶单整$I(1)$。从DF分布表中查出给定显著性水平下的临界值,如果t统计量的绝对值大于临界值的绝对值,则拒绝$\rho = 0$假设,序列X_t至少为一阶单整$I(1)$。

通过了一阶单整检验后,再建立如下方程:

$$\Delta^2 X_t = (\rho - 1)\Delta X_{t-1} + u_t \qquad (8.5.5)$$

进行同样过程的检验,如果通过检验,则序列X_t至少为二阶单整$I(2)$。如此反复直到不能通过检验为止。通过该检验,同时也就确定了序列X_t的单整的阶数。

一般在经济数据中,表示流量的序列,例如以不变价格表示的消费额、收入等经常表现为一阶单整;表示存量的序列,例如以不变价格表示的资产总值、储蓄余额等经常表现为二阶单整;用当年价格表示的流量的序列,例如以当年价格表示的消费额、收入等,由于价格指数的作用，也经常表现为二阶单整；而像利率等序列，则经常表现为零阶单整。了解这些，对于选择什么变量进入模型是十分重要的。

8.5.2　协整（Cointegration）

（一）定义及意义

如果序列 $X_{1t}, X_{2t}, \cdots, X_{kt}$ 都是 d 阶单整，且存在一个向量 $\alpha = (\alpha_1, \alpha_2, \cdots, \alpha_k)$，使得 $\boldsymbol{Z}_t = \alpha \boldsymbol{X}'_t \sim I(d-b)$。其中，$b > 0$，$\boldsymbol{X}_t = (X_{1t}, X_{2t}, \cdots, X_{kt})'$，则认为序列 $X_{1t}, X_{2t}, \cdots, X_{kt}$ 是 (d,b) 阶协整，记为 $\boldsymbol{X}_t \sim CI(d,b)$，$\alpha$ 为协整向量。

例如，居民收入时间序列 Y_t 为一阶单整序列，居民消费时间序列 C_t 也为一阶单整序列。如果两者的线性组合 $\alpha_1 Y_t + \alpha_2 C_t$ 构成的新序列为零阶单整序列，则可认为序列 Y_t 与 C_t 是 $(1,1)$ 阶协整。

由此可见，如果两个变量都是单整变量，只有当它们的单整阶相同时，才可能协整，例如上面的居民收入 Y_t 和居民消费 C_t；如果它们的单整阶不相同时，就不可能协整，例如居民消费 C_t 和居民储蓄余额 S_t（作为存量的居民储蓄余额 S_t 一般为二阶单整）。

三个以上的变量，如果具有不同的单整阶数，有可能经过线性组合构成低阶单整变量。例如，如果存在：

$$W_t \sim I(1), V_t \sim I(2), U_t \sim I(2)$$

并且：

$$P_t = aV_t + bU_t \sim I(1)$$
$$Q_t = cW_t + eP_t \sim I(0)$$

那么认为：

$$V_t, U_t \sim CI(2,1)$$
$$W_t, P_t \sim CI(1,1)$$

从协整的定义可以看出协整的经济意义在于：虽然两个变量具有各自的长期波动规律，但是如果它们是协整的，则它们之间存在着一个长期稳定的比例关系。例如居民收入 Y_t 和居民消费 C_t，如果它们各自都是一阶单整，并且它们是 $(1,1)$ 阶协整，则说明它们之间存在着一个长期稳定的比例关系；而这个比例关系就是消费倾向，也就是说消费倾向是不变的。从计量经济学模型的意义上讲，建立如下消费函数模型：

$$C_t = \alpha_0 + \alpha_1 Y_t + u_t$$

变量选择是合理的，随机误差项一定是白噪声（即均值为 0，方差不变的稳定随机序列），模型参数有合理的经济解释。

反过来，如果两个变量具有各自的长期波动规律，但它们不是协整的，则它们之间就不存在一个长期稳定的比例关系。例如居民消费 C_t 和居民储蓄余额 S_t，由于它们单整阶数不同，所以它们不是协整的，说明它们之间不存在一个长期稳定的比例关系。从计量经济学模型的意义上讲，建立如下消费函数模型：

$$C_t = \alpha_0 + \alpha_1 S_t + u_t$$

或者：

$$C_t = \alpha_0 + \alpha_1 Y_t + \alpha_2 S_t + u_t$$

变量选择是不合理的,随机误差项一定不是白噪声,模型参数没有合理的经济解释。

由此,我们已经初步认识检验变量之间的协整关系在建立计量经济学模型中的重要性。从变量之间是否具有协整关系出发选择模型的变量,其数据基础和统计性质是牢固、优良的。根据协整理论,在建立消费函数模型时就不会选择居民储蓄余额作为居民消费的解释变量。但按照传统的计量经济学建模理论,从已经认识的经济理论出发选择模型的变量,那么选择居民储蓄余额和居民收入共同作为居民消费的解释变量是完全合理的。

(二) 协整的检验

1. 两变量的 Engle - Granger 检验

为了检验两变量 Y_t,X_t 是否为协整,恩格尔(Engle)和格兰杰(Granger)于1987年提出了两步检验法。

第一步,用 OLS 方法估计下列方程:

$$Y_t = \alpha X_t + \varepsilon_t$$

得到:

$$\hat{Y}_t = \hat{\alpha} X_t$$

$$\hat{e}_t = Y_t - \hat{Y}_t$$

我们称之为协整回归。

第二步,检验 $\hat{e}_t$ 的单整性。如果 $\hat{e}_t$ 为稳定序列,则认为变量 Y_t,X_t 为(1,1)阶协整;如果 $\hat{e}_t$ 为一阶单整,则认为变量 Y_t,X_t 为(2,1)阶协整。检验 $\hat{e}_t$ 单整性的方法即为DF检验。

2. 多变量协整关系的检验

Engle - Granger 检验通常用于检验两变量之间的协整关系。对于多变量之间的协整关系,Johansen 与 Juselius 于1990年提出了一种用极大或然法进行检验的方法,该方法通常称为 Johansen 检验法。

8.5.3 误差修正模型(ECM)

误差修正模型(Error Correction Model)是一种具有特定形式的计量经济学模型,它的主要形式是由 Davidson、Hendry、Srba 和 Yeo 于1978年提出的,称为 DHSY 模型。为了便于理解,我们通过一个具体的模型来介绍它的结构。

对于(1,1)阶自回归分布滞后模型:

$$Y_t = \beta_0 + \beta_1 Z_t + \beta_2 Y_{t-1} + \beta_3 Z_{t-1} + u_t \tag{8.5.6}$$

移项后得到:

$$\begin{aligned} \Delta Y_t &= \beta_0 + \beta_1 \Delta Z_t + (\beta_2 - 1) Y_{t-1} + \beta_3 Z_{t-1} + \beta_1 Z_{t-1} + u_t \\ &= \beta_0 + \beta_1 \Delta Z_t + (\beta_2 - 1)\left(Y - \frac{\beta_1 + \beta_3}{1 - \beta_2} Z\right)_{t-1} + u_t \end{aligned} \tag{8.5.7}$$

方程(8.5.7)即为误差修正模型,其中 $Y - \frac{\beta_1 + \beta_3}{1 - \beta_2} Z$ 为误差修正项。

显然，方程(8.5.7)实际上是一个短期模型，它反映了 Y_t 的短期波动 ΔY_t 是如何被决定的。如果变量 Y 和 Z 之间存在长期均衡关系，则存在 $Y = aZ$。例如在式(8.5.6)中，若 $Z = \bar{Z}$，那么 Y 的均衡值与 $\bar{Z}$ 有下列均衡关系：

$$\bar{Y} = \frac{\beta_1 + \beta_3}{1 - \beta_2}\bar{Z} \tag{8.5.8}$$

方程(8.5.7)中的误差修正项与它相一致，所以它反映长期均衡对短期波动的影响；方程(8.5.7)中的差分项反映变量短期波动的影响。于是，被解释变量的波动被分成两部分：一部分为短期波动，一部分为长期均衡。

模型(8.5.7)可以写成：

$$\Delta Y_t = \beta_0 + \beta_1 \Delta Z_t + \gamma ecm + u_t \tag{8.5.9}$$

其中 ecm 表示误差修正项。由式(8.5.6)可知，一般情况下 $|\beta_2| < 1$，所以有 $\gamma = \beta_2 - 1 < 0$。我们可以据此分析 ecm 的修正作用：若 $(t-1)$ 时，Y 大于其长期均衡解 $\frac{\beta_1 + \beta_3}{1 - \beta_2}Z$，则 ecm 为正，$\gamma \times ecm$ 为负，使得 ΔY_t 减少；若 $(t-1)$ 时，Y 小于其长期均衡解 $\frac{\beta_1 + \beta_3}{1 - \beta_2}Z$，则 ecm 为负，$\gamma \times ecm$ 为正，使得 ΔY_t 增大。这体现了长期均衡误差对 Y_t 的控制。

8.6 向量自回归(VAR)模型

在许多情况下，处于某系统中的一个变量往往不能用单一时序模型来描述，因为系统中各变量之间也可能是相互影响的，这就是所谓的联立性。考察联立性可以更好地描述变量的变化。我们在下一章讨论的联立方程组模型，也是因注意到了系统中各变量之间这种联立性质而设定的。但是本节将讨论的 VAR 模型与联立方程组模型不同的是，它仍是 B－J 方法论的推广。像单变量时序模型一样，它不需要经济理论来确定自己的结构，而只需要确定哪些变量是相互作用的，因此，我们把它作为试图构造的某个经济系统模型的一部分。

8.6.1 向量自回归模型(VAR)的概念

“自回归”一词的使用是因为方程的右端出现有因变量的滞后值，而“向量”一词的使用是因为我们在同两个(或多个)变量中的一个向量打交道。

假设 Y_t 是一个 $N \times 1$ 阶时间序列向量，$Y_t = (Y_{1t} Y_{2t} \cdots Y_{Nt})'$。则 k 阶 VAR 模型可写为：

$$\begin{aligned} Y_t &= \sum_{i=1}^{k} \prod\nolimits_i Y_{t-i} + U_t \\ &= \prod\nolimits_1 Y_{t-1} + \prod\nolimits_2 Y_{t-2} + \cdots + \prod\nolimits_k Y_{t-k} + U_t, U_t \sim IID(0, \Omega) \end{aligned} \tag{8.6.1}$$

其中，$\prod_1, \cdots, \prod_k$ 都是 $N \times N$ 阶参数矩阵，U_t 是 $N \times 1$ 阶随机误差列向量。Ω 是 $N \times N$ 方差协方差矩阵。对于二变量 $Y_t = (Y_t X_t)'$ 情形，VAR(2)模型可表示为：

$$\begin{pmatrix} Y_t \\ X_t \end{pmatrix} = \begin{pmatrix} \pi_{111} & \pi_{112} \\ \pi_{121} & \pi_{122} \end{pmatrix}\begin{pmatrix} Y_{t-1} \\ X_{t-1} \end{pmatrix} + \begin{pmatrix} \pi_{211} & \pi_{212} \\ \pi_{221} & \pi_{222} \end{pmatrix}\begin{pmatrix} Y_{t-2} \\ X_{t-2} \end{pmatrix} + \begin{pmatrix} u_{1t} \\ u_{2t} \end{pmatrix} \tag{8.6.2}$$

或

$$\begin{cases} Y_t = \pi_{111}Y_{t-1} + \pi_{112}X_{t-1} + \pi_{211}Y_{t-2} + \pi_{212}X_{t-2} + u_{1t} \\ X_t = \pi_{121}Y_{t-1} + \pi_{122}X_{t-1} + \pi_{221}Y_{t-2} + \pi_{222}X_{t-2} + u_{2t} \end{cases} \tag{8.6.3}$$

VAR 模型主要运用于宏观经济领域。许多人根据经验认为这种无约束的 VAR 模型在预测方面会比联立方程组模型做得更好。实际上,如果在 VAR 模型右侧还包含有联立方程模型中的外生变量,它就是对应于结构型模型的过度拟合的简化型了。在这里,所谓过度拟合是指 VAR 模型中可能含有变量的过多的滞后项。但是 VAR 模型与联立方程组模型相比有一个明显的优点:它可以对外生变量和内生变量不必加以区别而同等对待。除了可能得到更好的预测效果外,VAR 模型还可以用于 Granger 因果关系检验。下面,首先简单介绍这种模型的估计和设定,然后说明 Granger 因果关系检验。

8.6.2 向量自回归(VAR)模型的估计与设定

与单一时序模型相同,本节讨论的 VAR 模型也是仅限于分析平稳的随机向量模型(8.6.1)右边没有内生变量,且每个方程右边的变量又都是相同的情况。所以使用 OLS 可以得到一致且有效的估计量。

在进行估计之前,必须确定一个适当的滞后阶数 k。一方面,我们想使滞后数 k 较大,以便能完整反映系统的动态特征。但是另一方面,滞后数越大,需要估计的参数就会越多,模型的自由度也就会越少。所以选择 k 时要综合考虑,既要有足够数目的滞后项,又要有足够数目的自由度。对于单变量,我们可以根据偏自相关函数来选择一个 AR 模型的适当阶数。而对多变量来说,偏自相关是一些矩阵,给 k 值的确定带来了一定的难度。修正的 $\bar{R}^2$ 和 AIC 准则都是在对模型因增添新的滞后项而损失自由度进行修正后衡量模型拟合程度的指标。在实际的 VAR 模型的应用中,往往根据 AIC 准则或 $\bar{R}^2$ 进行滞后阶数的选择,将使 AIC 值达到最小或 $\bar{R}^2$ 达到最大的 k 值选定为滞后阶数。

在实际的建模中,特别是当 VAR 模型中含有较多的变量时,由于可用样本容量太小而 VAR 模型中的参数太多,往往不得不选择小于理想的 k 值作为滞后阶数。这的确是 VAR 模型的一个缺陷。

8.6.3 Granger 因果关系检验

所谓因果关系是指变量之间的依赖性,作为结果的变量是由作为原因的变量所决定的,原因变量的变化引起结果变量的变化。我们已经知道因果关系不同于相关关系,从一个回归关系式中,我们无法确定变量之间是否具有因果关系。虽然有时我们说回归方程中解释变量是被解释变量的因,但是这一因果关系实际上是先验设定的,或者是在回归之前就已确定了的。比如,我们之所以在回归方程中以降雨量为解释变量,以农作物产量为被解释变量而不是相反,并不是出于统计上的原因。因为即使使用降雨量对农作物产量进行回归,也可能得到显著的回归关系。真正原因是普通常识提示我们,不能把关系倒过来,因为用改变农作物产量来控制降雨量是不可能的。在许多情况下变量之间的因果关系并不总像农作物产量和降雨量之间那么一目了然，往往没有充分的知识使我们认清变量之间的因果关系。而有时弄清变量之间的因果关系往往是我们所关心的。即使某一经济理论宣称了一种因果关系，也需要给予经验上的支持。Granger 从预测的角度给出了因果关系一种定义，并将这种定义下的因果关系称为 Granger 因果关系。其表述如下：

如果一个变量 X 无助于预测另一个变量 Y，则说 X 不是 Y 的 Granger 原因；相反，若 X 是 Y 的 Granger 原因，则必须满足两个条件：第一，X 应该有助于预测 Y，即在 Y 关于 Y 的过去值的回归中，添加 X 的过去值作为独立变量应当显著地增加回归的解释能力。第二，Y 不应当有助于预测 X。其原因是：如果 X 有助于预测 Y，Y 也有助于预测 X，则很可能存在一个或几个其他变量；它们既是引起 X 变化的原因，也是引起 Y 变化的原因。

通常，这种 Granger 原因是可以检验的。检验 X 是否为引起 Y 变化的 Granger 原因的过程如下：

首先，检验原假设：X 不是引起 Y 变化的 Granger 原因。估计下列两个回归模型：

无约束回归模型(u)：

$$Y_t = \sum_{i=1}^{p} \alpha_i Y_{t-i} + \sum_{i=1}^{q} \beta_i X_{t-i} + u_t \tag{8.6.4}$$

有约束回归模型(r)：

$$Y_t = \sum_{i=1}^{p} \alpha_i Y_{t-i} + u_t \tag{8.6.5}$$

用它们的回归残差平方和 RSS_u 和 RSS_r 构造 F 统计量：

$$F = \frac{(RSS_r - RSS_u)}{RSS_u/(n-p-q-1)} \sim F(q, n-p-q-1) \tag{8.6.6}$$

检验 $\beta_1, \beta_2, \cdots, \beta_q$ 是否显著不为零，其中 n 为样本容量。如果显著不为零，则拒绝原假设 H_0：X 不是引起 Y 变化的 Granger 原因。

其次，将 Y，X 的位置交换，按同样的方法检验原假设 H_0：Y 不是 X 的 Granger 原因。

最后，要得到 X 是 Y 的 Granger 原因的结论，必须同时拒绝原假设"X 不是引起 Y 变化的 Granger 原因"和接受原假设"Y 不是 X 的 Granger 原因"。

8.7　案例分析

8.7.1　检验中国支出法 GDP 时间序列的平稳性

表 8－3 是 1978—2009 年间中国支出法 GDP 时间序列。其图形(图 8－5)表现出了一个持续上升的过程，即在不同的时间段上，其均值是不同的，因此可初步判断该序列是非平稳的。而且它们的样本自相关系数也在缓慢下降，表明了它们的非平稳性。从滞后 16 期的 Q_{LB} 统计量看，计算值为 32.608，超过了显著性水平为 5% 时的临界值 26.296 2(图 8－6)。因此，进一步否定了该时间序列的自相关系数在滞后一期之后的值全部为零的假设。这样，我们得出的结论是 1978—2009 年间中国 GDP 时间序列是非平稳序列。

表 8 - 3　　　　1978—2009 年中国 GDP 数据　　　　单位:亿元

年份	GDP	年份	GDP	年份	GDP	年份	GDP
1978	3 605.6	1986	10 508.5	1994	50 217.4	2002	120 475.6
1979	4 092.6	1987	12 277.4	1995	63 216.9	2003	136 634.8
1980	4 592.9	1988	15 388.6	1996	74 163.6	2004	160 800.1
1981	5 008.8	1989	17 311.3	1997	81 658.5	2005	187 131.2
1982	5 590	1990	19 347.8	1998	86 531.6	2006	222 240
1983	6 216.2	1991	22 577.4	1999	91 125	2007	265 833.9
1984	7 362.7	1992	27 565.2	2000	98 749	2008	314 901.3
1985	9 076.7	1993	36 938.1	2001	109 028	2009	345 023.6

资料来源:《中国统计年鉴》(2010).

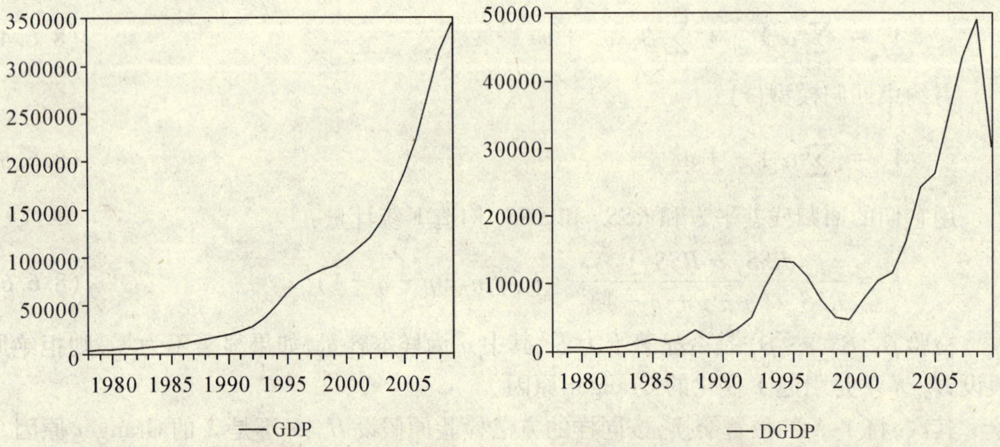

图 8 - 5　中国 GDP 时间序列(1978—2009)及其一阶差分图(1979—2009)

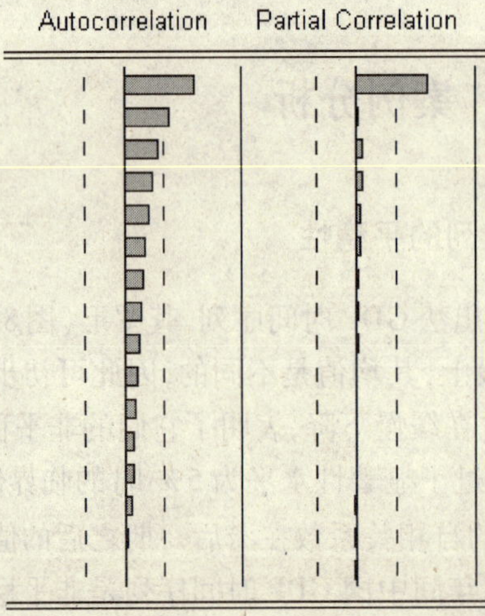

	AC	PAC	Q-Stat	Prob
1	0.628	0.628	13.858	0.000
2	0.405	0.017	19.807	0.000
3	0.294	0.054	23.043	0.000
4	0.238	0.049	25.245	0.000
5	0.204	0.037	26.924	0.000
6	0.179	0.028	28.260	0.000
7	0.156	0.019	29.322	0.000
8	0.138	0.017	30.189	0.000
9	0.124	0.015	30.913	0.000
10	0.109	0.008	31.498	0.000
11	0.093	0.003	31.948	0.001
12	0.077	-0.002	32.270	0.001
13	0.060	-0.007	32.475	0.002
14	0.041	-0.012	32.579	0.003
15	0.021	-0.018	32.608	0.005
16	0.000	-0.023	32.608	0.008

图 8 - 6　中国 GDP 序列的自相关及偏自相关函数

另一方面，我们从单位根理论进行检验。

经过尝试，模型 3 取了二阶滞后：

$$\Delta GDP_t = -2\,606.92 + 399.18T - 0.006\,1\ GDP_{t-1} + 1.804\,9\Delta GDP_{t-1} - 1.250\,9\Delta GDP_{t-2} \tag{8.7.1}$$

(−1.05)　(1.69)　(−0.12)　　(5.23)　　(−3.12)

通过拉格朗日乘数统计量对随机误差项的自相关性进行检验，$LM(1) = 0.32$，$LM(2) = 0.77$，可见不存在自相关性，因此该模型的设定是正确的。

从 GDP_{t-1} 的参数值看，其t统计量的绝对值小于临界值，不能拒绝存在单位根的零假设。同时，由于时间 T 的 t 统计量也小于 ADF 分布表中的临界值，因此不能拒绝不存在趋势项的零假设。需进一步检验模型 2 。

经试验，模型 2 中滞后项取二阶：

$$\Delta GDP_t = 1\,172.19 + 0.059\,1\ GDP_{t-1} + 1.712\,8\Delta GDP_{t-1} - 1.371\,7\Delta GDP_{t-2} \tag{8.7.2}$$

(1.06)　(1.68)　　(4.85)　　(−3.36)

$LM(1) = 0.32$　　$LM(2) = 0.70$

由于模型残差不存在自相关性，因此该模型的设定是正确的。从 GDP_{t-1} 的参数值看，其 t 统计量为正值，大于临界值，不能拒绝存在单位根的零假设。同时，由于常数项的 t 统计量也小于 ADF 分布表中的临界值，因此不能拒绝不存在常数项的零假设。需进一步检验模型 1。

经试验，模型 1 中滞后项取二阶：

$$\Delta GDP_t = 0.072\,3\ GDP_{t-1} + 1.671\,9\Delta GDP_{t-1} - 1.373\,2\Delta GDP_{t-2} \tag{8.7.3}$$

(2.19)　　(4.75)　　(−3.35)

$LM(1) = 0.01$　　$LM(2) = 0.01$

由于模型残差不存在自相关性，因此模型的设定是正确的。从 GDP_{t-1} 的参数值看，其 t 统计量为正值，大于临界值，不能拒绝存在单位根的零假设。至此，可断定中国支出法 GDP 时间序列是非平稳的。

8.7.2　建立人均居民消费与人均国内生产总值的误差修正模型

相关数据资料如表 8 - 4 所示。

表 8 - 4　　1978—2009 年中国居民人均消费水平和人均 GDP

年份	人均 GDP (*pgdp*)	人均消费水平 (*pcon*)	年份	人均 GDP (*pgdp*)	人均消费水平 (*pcon*)
1978	381.23	232.61	1994	4 044.00	2 439.90
1979	419.25	270.01	1995	5 045.73	3 034.01
1980	463.25	304.74	1996	5 845.89	3 588.52
1981	492.16	335.91	1997	6 420.18	3 894.05
1982	527.78	365.44	1998	6 796.03	4 134.96
1983	582.68	400.59	1999	7 158.50	4 423.14

表 8－4（续）

年份	人均 GDP (*pgdp*)	人均消费水平 (*pcon*)	年份	人均 GDP (*pgdp*)	人均消费水平 (*pcon*)
1984	695.20	464.40	2000	7 857.68	4 853.60
1985	857.82	565.54	2001	8 621.71	5 244.49
1986	963.19	634.54	2002	9 398.05	5 590.88
1987	1 112.38	714.05	2003	10 541.97	6 011.55
1988	1 365.51	886.23	2004	12 335.58	6 735.44
1989	1 519.00	990.58	2005	14 185.36	7 575.28
1990	1 644.00	1 057.48	2006	16 499.70	8 568.55
1991	1 892.76	1 216.68	2007	20 169.46	9 953.16
1992	2 311.09	1 468.22	2008	23 707.71	11 471.71
1993	2 998.36	1 847.83	2009	25 575.48	12 401.43

资料来源：《中国统计年鉴》(2010).

（一）协整检验

图 8－7 表明，1978—2009 年中国居民人均 GDP 与人均消费水平的自然对数 lp*gdp* 和 lp*con* 具有大致相同的增长和变化趋势，说明两者可能存在协整关系。下面利用 EG 两步法进行检验。

首先，分别对序列 lp*gdp* 和 lp*con* 进行单整检验。采用 ADF 检验方法，检验结果见表 8－5 至表 8－8。可以发现，原序列 lp*gdp* 和 lp*con* 都是非平稳的，而一阶差分序列均已平稳，可以判定 lp*gdp* 和 lp*con* 为一阶单整序列，满足协整检验前提。

其次用变量 lp*con* 对 lp*gdp* 进行普通最小二乘回归，模型设定如下：

$$\mathrm{lp}con_t = \beta_0 + \beta_1 \mathrm{lp}gdp_t + u_t \tag{8.7.4}$$

估计结果如表 8－9 所示。此时我们得到该回归模型的残差序列 e。

最后对残差序列 e 作单位根检验，ADF 检验结果见表 8－10 所示。可以认为，估计残差序列 e 为平稳序列，表明序列 lp*con* 对 lp*gdp* 具有协整关系。

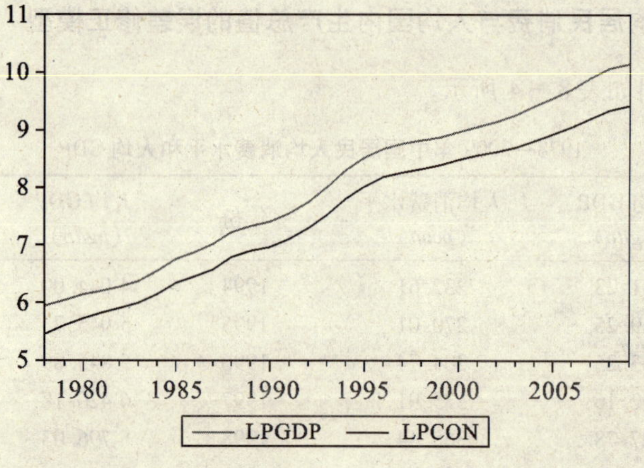

图 8－7　1978—2009 年中国居民人均 GDP 和人均消费水平曲线图

表 8 - 5　　lp*gdp* 单位根检验结果

ADF test statistic	- 0. 977	Test critical values:	1% level	- 3. 736
			5% level	- 2. 994
Prob. *	0. 761 6		10% level	- 2. 628

表 8 - 6　　lp*gdp* 一阶差分单位根检验结果

ADF test statistic	- 3. 335	Test critical values:	1% level	- 3. 679
			5% level	- 2. 968
Prob. *	0. 022 3		10% level	- 2. 623

表 8 - 7　　lp*con* 单位根检验结果

ADF test statistic	- 0. 764	Test critical values:	1% level	- 3. 670
			5% level	- 2. 963
Prob. *	0. 814 9		10% level	- 2. 621

表 8 - 8　　lp*con* 一阶差分单位根检验结果

ADF test statistic	- 2. 867	Test critical values:	1% level	- 3. 700
			5% level	- 2. 976
Prob. *	0. 062 6		10% level	- 2. 627

表 8 - 9　　人均消费对人均 GDP 线性回归结果

Dependent Variable: LPCON
Method: Least Squares
Date: 08/04/11 Time: 22:16
Sample: 1978 2009
Included observations: 32

Variable	Coefficient	Std. Error	t - Statistic	Prob.
C	0. 007 042	0. 056 751	0. 124 090	0. 902 1
LPGDP	0. 937 077	0. 006 982	134. 205 3	0. 000 0
R - squared	0. 998 337	Mean dependent var		7. 522 001
Adjusted R - squared	0. 998 282	S. D. dependent var		1. 258 709
S. E. of regression	0. 052 177	Akaike info criterion		- 3. 007 907
Sum squared resid	0. 081 672	Schwarz criterion		- 2. 916 298
Log likelihood	50. 126 50	F - statistic		18 011. 05
Durbin - Watson stat	0. 176 079	Prob(F - statistic)		0. 000 000

表 8 - 10　　残差单位根检验结果

ADF test statistic	- 1.770	Test critical values:	1% level	- 2.647
			5% level	- 1.953
Prob. *	0.073 0		10% level	- 1.610

(二)误差修正模型

我国居民人均消费性支出(lp*con*)与人均 *GDP*(lp*gdp*)之间存在协整关系,表明两者之间有长期均衡关系。但从短期来看,可能会出现失衡,通过建立误差修正模型把两者之间的短期行为与长期变化联系起来。误差修正模型结构如下:

$$\Delta lpcon_t = \alpha + \beta\Delta lpgdp_t + \gamma e_{t-1} + \varepsilon_t$$

该模型是以我国居民人均消费性支出(lp*con*)的一阶差分 △lp*con* 作为被解释变量,人均 GDP(lp*gdp*)的一阶差分 △lp*gdp* 和方程(8.7.4)估计的残差序列滞后一阶作为解释变量进行回归,结果见表 8 - 11。

最终得到的误差修正模型的估计结果为:

$$\Delta lpcon_t = 0.0164 + 0.8277\Delta lpgdp_t - 0.1587 e_{t-1}$$

$$t = (1.87) \quad (14.00) \quad (-2.13)$$

$$R^2 = 0.8791 \quad DW = 0.79$$

上述估计结果表明,居民人均消费性支出的变化不仅取决于人均 GDP 的变化,而且还取决于上一期人均消费性支出对均衡水平的偏离。误差项估计的系数为 -0.158 7 体现了对偏离的修正。上一期偏离越远,本期修正的量就越大,即系统存在误差修正机制。

表 8 - 11　　ECM 估计结果

Dependent Variable: DLPCON
Method: Least Squares
Date: 08/05/11　Time: 07:30
Sample (adjusted): 1979 2009
Included observations: 31 after adjustments

Variable	Coefficient	Std. Error	t - Statistic	Prob.
C	0.016 431	0.008 805	1.866 165	0.072 5
DLPGDP	0.827 741	0.059 118	14.001 48	0.000 0
E(-1)	-0.158 690	0.074 381	-2.133 469	0.041 8
R - squared	0.879 140	Mean dependent var		0.128 265
Adjusted R - squared	0.870 507	S. D. dependent var		0.055 749
S. E. of regression	0.020 061	Akaike info criterion		-4.888 269
Sum squared resid	0.011 269	Schwarz criterion		-4.749 496
Log likelihood	78.768 17	F - statistic		101.836 6
Durbin - Watson stat	0.777 876	Prob(F - statistic)		0.000 000

注释:变量 DLPCON 和 DLPGDP 分别为变量 LPCON 和 LPGDP 的一阶差分;变量 E(-1)为残差的滞后项。

本章小结

经济数据是计量分析的基础,而其中的绝大多数以时间序列的形式给出,因其包含了极其丰富的信息,故而成为计量经济分析的重要对象。本章对时间序列分析进行了简单的介绍,主要内容有:时间序列数据的特点、常用的时序数据分析方法、时序数据的平稳性及其检验、常用的时间序列模型 AR、MA、ARMA 及其识别、参数估计和模型检验等。

思考和练习

1. 对 u_t 应用标准正态随机数生成下列每个过程的 100 个实现值(可利用 Eviews 实现)

[1]　$Y_t - 0.8Y_{t-1} = u_t$

[2]　$Y_t + 0.5Y_{t-1} = u_t - 0.5u_{t-1}$

[3]　$Y_t - 0.5Y_{t-1} = u_t - 0.5u_{t-1}$

[4]　$Y_t + 0.8Y_{t-1} = u_t + 0.4u_{t-1}$

[5]　$Y_t + 0.4Y_{t-1} = u_t + 0.8u_{t-1}$

[6]　$Y_t - Y_{t-1} = u_t - 0.4u_{t-1}$

[7]　$Y_t - 1.2Y_{t-1} + 0.5Y_{t-2} = u_t$

[8]　$Y_t = u_t - 0.5u_{t-1}$

[9]　$Y_t = u_t + 0.5u_{t-1} + 0.4u_{t-1}$

[10]　$Y_t = u_t - 1.2u_{t-1} + 0.5u_{t-2}$

对每个过程,利用 Eviews5.0 计算样本自相关函数值,并绘制成图形。混合这些图形,识别每个对应过程。

2. 利用上题的数据,估计 *MA*(1) 过程(8) 的参数。

3. 利用第 1 题生成的数据,估计 *AR* 过程(1) 和(7) 的参数。

4. 从《中国统计年鉴》中取得 1978—2009 年全国全社会固定资产投资额的时间序列数据,检验其是否平稳,并确定其单整阶数。

5. 下表是 1978—2009 年中国财政收入 *Y* 和税收 *X* 的数据(单位:亿元),判断 ln*Y* 和 ln*X* 的平稳性。如果是同阶单整的,检验它们之间是否存在协整关系;如果为协整,则建立相应的协整模型。

年度	财政收入 *Y*	税收 *X*	年度	财政收入 *Y*	税收 *X*
1978	1 132.26	519.28	1998	9 875.95	9 262.8
1980	1 159.93	571.7	1999	11 444.08	10 682.58
1985	2 004.82	2 040.79	2000	13 395.23	12 581.51
1989	2 664.9	2 727.4	2001	16 386.04	15 301.38
1990	2 937.1	2 821.86	2002	18 903.64	17 636.45

（续）

年度	财政收入 Y	税收 X	年度	财政收入 Y	税收 X
1991	3 149.48	2 990.17	2003	21 715.25	20 017.31
1992	3 483.37	3 296.91	2004	26 396.47	24 165.68
1993	4 348.95	4 255.3	2005	31 649.29	28 778.54
1994	5 218.1	5 126.88	2006	38 760.20	34 804.35
1995	6 242.2	6 038.04	2007	51 321.78	45 621.97
1996	7 407.99	6 909.82	2008	61 330.35	54 223.79
1997	8 651.14	8 234.04	2009	68 518.30	59 521.59

第 9 章　联立方程计量经济学模型

学习目的与要求

1. 了解联立方程模型变量及方程的分类。
2. 理解联立方程结构式模型和简化式模型的相互转化方式。
3. 掌握联立方程模型识别的定义和判定的规则。
4. 熟练利用间接最小二乘法估计联立方程模型的参数。
5. 了解联立方程模型的联立性检验。

经济系统中存在着这么一类现象,如某种商品的价格影响着对该商品的需求和供给,同时需求和供给的关系又影响着该商品的价格。在这类现象中,各经济变量之间不再是单向的影响关系,而是一种相互的、双向的影响关系。本章将探讨描述这类现象的一种计量经济模型——联立方程模型。首先我们会介绍这种不同于以往的计量经济模型中的一些基本概念。接着告诉大家如何去识别模型中的每一个方程,即模型中的每一个方程是否都能被确定的问题。最后,我们探讨了几种常用的估计联立方程模型的方法。

9.1　联立方程计量经济学模型的概念

9.1.1　经济研究中的联立方程计量经济学问题

在本教材前面的章节中,我们仅讨论单一方程计量经济模型,也就是用单一因变量 Y 和一个或多个解释变量 X 所构成的单一方程来描述经济现象。在单一方程模型中,重点放在估计和预测以 X 变量的固定值为条件的 Y 的均值。这也就意味着,经济变量之间的关系是一种从诸 X 到 Y 的单向的因果关系。但由于经济现象是错综复杂的,有时它们之间的关系绝不简单到只是单一方程模型所描述的那种单向的因果关系,而是相互依赖、相互交错的因果关系。Y 决定于诸 X 而有些 X 反过来又决定于 Y,即它们之间的关系是一种双向的因果关系。这时仍利用单一方程模型描述经济现象是不适宜的,需要采用由若干个单一方程组成的模型才能描述经济现象。这样的模型称为联立方程模型。

【例 9 - 1】凯恩斯收入决定模型。

考虑简单的凯恩斯收入决定模型:

消费函数:　$C_t = \beta_0 + \beta_1 Y_t + u_t \quad 0 < \beta_1 < 1$　　(9.1.1)

收入恒等式:　$Y_t = C_t + I_t (= S_t)$　　(9.1.2)

其中：C—— 消费支出；

Y—— 收入；

I—— 投资（假定为外生）；

S—— 储蓄；

t—— 时间；

u—— 随机干扰项；

β_0 和 β_1—— 参数。

参数 β_1 称为边际消费倾向（每增加 1 美元收入带来的消费支出的增加）。由经济理论预测 β_1 位于 0 和 1 之间。方程（9.1.1）是（随机）消费函数，而（9.1.2）是个收入恒等式，这意味着总收入等于总消费加总投资，而总投资等于总储蓄。

将式（9.1.1）代入式（9.1.2）中并整理得：

$$Y_t = \frac{\beta_0}{1-\beta_1} + \frac{I_t}{1-\beta_1} + \frac{u_t}{1-\beta_1} \tag{9.1.3}$$

式中右端第一项和第二项表明总收入依赖于消费的常数分量和投资水平。投资每增加 1 个单位，则收入将增加 $\frac{1}{1-\beta_1}$ 单位。$\frac{1}{1-\beta_1}$ 就是著名的乘数。右端第三项则表明收入还依赖于消费函数中的扰动项 u_t 的大小，即 Y 包含一个随机分量 $\frac{u_t}{1-\beta_1}$。因而 Y 是随机变量，它与式（9.1.1）中的扰动项 μ_t 同期相关。由于 Y 是式（9.1.1）中的解释变量，因而使得高斯 — 马尔可夫（*Guass - Markov*）定理的第四条假设不成立，从而若用 OLS 法估计消费函数得到的 OLS 估计量将不仅有偏，而且还不一致。

从上面的例子可以看出，所谓联立方程模型（Simultaneous Equation Models），就是用若干个单一线性方程模型合在一起来描述某一经济系统的联立方程组。联立方程模型中各变量的相互作用会带来估计方面的问题，特别是随机解释变量的问题，因而需要研究如何解决联立方程模型的参数估计问题。这个问题将在后面的章节中讨论。在此之前，首先介绍一些有关联立方程模型的概念和术语。

9.1.2 变量及方程分类

（一）变量分类

在联立方程模型中，某些变量可能是一个方程中的解释变量，同时又是另一个方程中的被解释变量。为了明确，需要从模型的角度对变量进行分类。联立方程模型的变量可以分为内生变量、外生变量和先决变量。

（1）内生变量

所谓内生变量（Endogenous Variables）是由模型系统内决定的变量，它的取值是由系统范围内决定的。例如前述凯恩斯收入决定模型中，收入 Y_t 和消费支出 C_t 都是由模型系统内决定的，是模型的内生变量。内生变量受模型中其他变量的影响，也可能会影响模型中的其他变量。也就是说，内生变量在某个方程中是被解释变量，而在另一个方程中可能就是解释变量了。从前述例子中我们还可以看出，内生变量受随机因素的影响，即它是随机变量。因而如果内生变量在某个方程中充当解释变量，那么这个方程就面临随机解释变量问题；再用 OLS 方法去估计模型中的参数，就会得到有偏和不一致的估计量。假设 Y_t 是内生变量，则有：

$$E(Y_t u_t) \neq 0 \tag{9.1.4}$$

(2) 外生变量

所谓外生变量(Exogenous Variables)，是指那些不是由模型系统范围内决定的变量，也就是说它的取值是由系统外部决定的。例如前述凯恩斯收入决定模型中，投资式就是由系统外部决定的，它是一个外生变量。外生变量在模型中作为解释变量，与模型系统内的随机误差项之间是独立的，它对模型系统产生影响，但不受模型系统的影响。假设 X_t 是外生变量，则有：

$$E(X_t u_t) = 0 \tag{9.1.5}$$

(3) 先决变量

所谓先决变量(Predetermined Variables)，即外生变量和滞后内生变量的统称，也可称为前定变量、预定变量。这里滞后内生变量指的是内生变量的滞后值。滞后内生变量的取值虽然由模型系统内所决定，但它不受现期模型系统内的随机项影响，两者之间是独立的。在线性系统中，有：

$$E(Y_{t-1} u_t) = 0 \tag{9.1.6}$$

其中，u_t 是相互独立的，即 $E(u_t u_{t+s}) = 0, s \neq 0$。在联立方程模型中，先决变量都是解释变量，影响现期模型系统中的其他变量，但不受它们的影响。内生变量作为被解释变量，同时在其他有些方程中又作为解释变量。

(二) 方程分类

联立方程模型的方程式可划分为行为方程式、技术方程式、制度方程式和恒等式。

(1) 行为方程式

行为方程式是描述政府、企业、居民经济行为的函数关系式。例如前述凯恩斯收入决定模型中的消费函数(9.1.1)即是一个行为方程式，它描述的是消费者的消费行为。再比如说，某种商品的供需平衡模型中，需求方程反映了消费者的经济行为，供给方程反映了生产者的经济行为。行为方程式是建立在特定经济理论基础上的，由于经济规律本身并非是严格的确定性关系，所以行为方程式应该是随机方程式，包含有随机扰动项。

(2) 技术方程式

技术方程式是基于生产技术上的关系而建立的函数关系式，类似于投入多少原料、资金，使之产出多少产品这种技术性关系，亦称为工艺关系。例如，生产函数是劳动力、资金、技术等因素的投入与产品生产量之间的工艺技术关系。这种技术性的关系既有确定性的，也有随机性的，因此技术方程式既有确定性的，也有随机性的。

(3) 制度方程式

制度方程式是由法律、制度、政策等制度性规定的经济变量之间的函数关系式。例如税收方程式。制度方程式一般也有随机项，更多的是一种随机方程式，并且含有未知参数。

(4) 恒等式

恒等式有两种:一种是定义方程式,它是由经济理论和假设所确定的诸经济变量之间的定义关系所构成的方程式。例如,销售收入等于单价乘以销售量、国民收入等于消费加上储蓄。另一种是平衡方程式,表示经济变量之间的平衡关系。例如,某种商品的供需平衡模型中,该商品的供给量等于需求量。恒等式一般都是非随机的确定性方程式,系数也都是已知的。

9.1.3 结构式及结构式参数

联立方程模型的结构式,是指描述经济变量之间直接影响关系的模型,也称为结构式模型(Structural Models)。结构式模型是在对经济变量的影响关系进行经济理论分析的基础上建立的,反映了内生变量直接受先决变量、其他内生变量和随机项影响的因果关系。一般来说,结构式模型包含两类方程:一类是包含随机项和参数的随机方程,另一类是不含随机项和参数的恒等式。结构式模型中的每一个方程都被称为结构式方程(Structural Equations)。结构式方程中变量的系数称为结构式参数(Structural Parameters)。结构式参数表示结构式方程中的解释变量对被解释变量的直接影响的大小。

例如,前述凯恩斯收入决定模型是根据经济理论分析建立的,反映了消费、投资、国民收入各经济变量之间直接相互影响的关系,是联立方程模型中的结构式模型。模型中的消费函数和收入恒等式都被称为结构式方程。β_0 和 β_1 被称为结构式参数,β_1 表示收入 Y_t 对消费支出 C_t 的直接影响,即在其他条件不变的情况下,每变动 1 单位的收入 Y_t 所引起的消费支出 C_t 的变动量。

如果结构式方程把内生变量表示为其他内生变量、先决变量(包括外生变量和滞后内生变量)和随机项的形式,则这种形式被称为结构式方程的正规形式。并且如果模型中结构式方程的个数等于内生变量的个数,那么在数学上才是完备的,则这种模型叫做完备模型。

【例 9-2】需求与供给模型。

众所周知,一个商品的价格 P 和它的出售量 Q 是由该商品需求和供给曲线的交点来决定的。为简单起见,假定供求曲线是线性的,那么加上随机干扰项 u_1 和 u_2,我们就可写出经验需求与供给函数:

需求函数:$Q_t^d = \alpha_0 + \alpha_1 P_t + u_{1t} \qquad \alpha_1 < 0$ (9.1.7)

供给函数:$Q_t^s = \beta_0 + \beta_1 P_t + u_{2t} \qquad \beta_1 > 0$ (9.1.8)

均衡条件:$Q_t^d = Q_t^s$

其中:Q^d—— 需求量,

Q^s—— 供给量,

t—— 时间。

而诸 α 和诸 β 是参数。先验的预期 α_1 为负(向下倾斜的需求曲线),而 β_1 为正(向上倾斜的供给曲线)。不难看出,商品的价格 P 和它的销售量 Q 是联合因变量。该商品的需求与供给模型是根据经济理论建立起来的,反映了价格、销售量各经济变量之间直接相互影响的关系，是联立方程模型中的结构式模型。模型中的需求函数和供给函数都被称为结构式方程。α_1 和 β_1 被称为结构式参数；α_1 表示价格 P_t 对需求量 Q_t^d 的直接影响，即在其他条件不变的情况下，每变动1单位的价格 P_t 所引起的需求量 Q_t^d 的变动量；β_1 表示价格 P_t 对供给量 Q_t^s 的直接影响，即在其他条件不变的情况下，每变动1单位的价格 P_t 所引起的供给量 Q_t^s 的变动量。

9.1.4 简化式及简化式参数

对于我们【例9－1】中简单的凯恩斯收入决定模型(9.1.1)式和(9.1.2)式：

消费函数：$C_t = \beta_0 + \beta_1 Y_t + u_t \quad 0 < \beta_1 < 1$

收入恒等式：$Y_t = C_t + I_t (= S_t)$

其中：C——消费支出；

Y——收入；

I——投资(假定为外生)；

S——储蓄；

t——时间；

u——随机干扰项；

β_0 和 β_1——参数。

如果将内生变量收入 Y_t 和消费支出 C_t 表示为先决变量投资 I_t 和随机项 u_t 的函数，则原结构式模型可转化为：

$$C_t = \frac{\beta_0}{1-\beta_1} + \frac{\beta_1}{1-\beta_1} I_t + \frac{u_t}{1-\beta_1} \tag{9.1.9}$$

$$Y_t = \frac{\beta_0}{1-\beta_1} + \frac{I_t}{1-\beta_1} + \frac{u_t}{1-\beta_1} \tag{9.1.10}$$

方程(9.1.9)和(9.1.10)所构成的模型被称为原凯恩斯收入决定结构式模型的简化式，又称为简化式模型(或简化型、约化型、约简型等)，是指将结构式模型中的全部内生变量表示成先决变量和随机项的函数形式。其中方程(9.1.9)和方程(9.1.10)叫做简化式方程。严格地说，简化式方程是用先决变量和扰动项表示内生变量的方程，它描述了内生变量是怎样被真正决定的。

上述简化式方程可写成如下一般形式：

$$C_t = \pi_0 + \pi_1 I_t + v_{1t} \tag{9.1.11}$$

$$Y_t = \pi_2 + \pi_3 I_t + v_{2t} \tag{9.1.12}$$

其中：

$$\pi_0 = \frac{\beta_0}{1-\beta_1}, \pi_1 = \frac{\beta_1}{1-\beta_1}, v_{1t} = \frac{u_t}{1-\beta_1}$$

$$\pi_2 = \frac{\beta_0}{1-\beta_1}, \pi_3 = \frac{1}{1-\beta_1}, v_{2t} = \frac{u_t}{1-\beta_1}$$

简化式模型中，参数 π 称为简化式参数，它是结构式参数的非线性组合。v_{1t}，v_{2t} 称为简化式方程的扰动项，是结构式方程扰动项的函数。简化式参数也叫影响乘数或长期乘数，它度量了先决变量的值每变化1个单位时对内生变量的影响程度。原来的结构式模型中，先决变量相应的结构式参数只表示先决变量对内生变量的直接影响；而现在的简化式模型中，先决变量相应的简化式参数则表示先决变量对内生变量的总影响，包括直接影响和间接影响。例如式(9.1.12)中，外生变量 I_t 的简化式参数 π_3 可表示为：

$$\pi_3 = \frac{1}{1-\beta_1} = 1 + \frac{\beta_1}{1-\beta_1} \tag{9.1.13}$$

其中，1是结构式方程(9.1.2)中外生变量 I_t 的系数，它表示外生变量 I_t 对内生变量 Y_t 的直接影响。即在其他条件不变的情况下，I_t 每变化1单位所引起的 Y_t 的变化量。而 $\frac{\beta_1}{1-\beta_1}$ 表示外生变量 I_t 对内生变量 Y_t 的间接影响。因而可将总影响 π_3 表示为：

$$\pi_3(\text{总影响}) = \frac{1}{1-\beta_1} = 1(\text{直接影响}) + \frac{\beta_1}{1-\beta_1}(\text{间接影响}) \tag{9.1.14}$$

由此可见，在简化式方程中，内生变量被表示成先决变量和随机项的函数。由于先决变量是非随机的，是提前既定的，它与随机项相互独立，所以对于简化式方程，可以使用OLS方法来估计其参数。

9.2 模型的识别

9.2.1 识别概念

识别问题是一个与联立方程有关的数学问题，让我们通过前述【例9－2】需求与供给模型的例子来说明识别的概念。

经验需求与供给函数为：

需求函数： $Q_t^d = \alpha_0 + \alpha_1 P_t + u_{1t} \qquad \alpha_1 < 0$ (9.2.1)

供给函数： $Q_t^s = \beta_0 + \beta_1 P_t + u_{2t} \qquad \beta_1 > 0$ (9.2.2)

均衡条件：$Q_t^d = Q_t^s$

其中：Q^d——需求量；

Q^s——供给量；

t——时间。

而诸 α 和诸 β 是参数。

可令 Q 代表市场结清量，从而有：

需求函数：$Q_t = \alpha_0 + \alpha_1 P_t + u_{1t} \qquad \alpha_1 < 0$

供给函数：$Q_t = \beta_0 + \beta_1 P_t + u_{2t} \qquad \beta_1 > 0$

此模型由相同的两个变量间的两种关系式组成，是一个联立方程模型。

可以看出，模型中两个方程具有完全相同的统计形式：

Q_t = 截距 + 斜率 × P_t + 扰动因子

这就提出了下面的问题：给定 P 和 Q 的时间序列数据，没有更多的诸如消费者收入、前期流行、气候等信息，如何能知道我们是在估计需求曲线，还是在估计供给曲线呢？换句话说,如果我们想做的是拟合需求曲线,怎样保证我们估计的是需求函数,而不是其他函数?在上例中,我们无法知道所要估计的是哪一组参数,因为没有足够的信息来识别被估计的方程。这就是识别问题。

由上可知,在我们对联立方程模型估计之前,必须解决模型的识别问题。

识别问题有两种角度不同但彼此等价的定义。一是从"参数关系体系"的角度考虑问题:所谓识别问题是指能否从所估计的简化式参数中求出一个结构式方程的参数的估计值。如果能,就说明该结构式方程是可识别的;如果不能,就说明该结构式方程是不可识别的或不足以识别的。二是从"统计形式唯一性"的角度考虑问题:所谓"统计形式唯一性",就是结构式模型中的某个方程能够同所有方程的某种线性组合相区别。对于模型中的结构式方程,如果它在模型中具有唯一的统计形式,则这个结构式方程叫做可识别的(Identified),否则叫做不可识别的(Unidentified)。

我们先从第一个角度"参数关系体系"来探讨识别问题。一个方程是可识别的又可分为两种情况:恰好识别(也称为正确识别)和过度识别。如果通过简化式模型的参数估计值和参数关系式可以得到一个结构式方程的参数估计值的唯一解,则称该结构式方程恰好识别。如果通过简化式模型的参数估计值和参数关系式可以得到一个结构式方程的参数估计值的多个解,则称该结构式方程过度识别。

如果结构式模型中除恒等式之外的所有结构式方程皆可识别,则称这个模型是可识别的模型。模型可识别同样可分为两种情况:如果模型中的每一个方程都是恰好识别的,则称该模型是恰好识别的。如果可识别的模型中存在有过度识别的方程,则称该模型是过度识别的。

如果通过简化式模型的参数估计值和参数关系式得不到一个结构式方程参数估计值,则称该结构式方程不可识别。如果结构式模型中存在有某个结构式方程是不可识别的,则称该结构式模型不可识别。

下面我们通过几个例子来说明方程的识别和模型的识别问题。

(一) 不可识别

【例 9-3】考虑前述供给与需求模型:

需求函数:$Q_t^d = \alpha_0 + \alpha_1 P_t + u_{1t} \qquad \alpha_1 < 0$　　(9.2.3)

供给函数:$Q_t^s = \beta_0 + \beta_1 P_t + u_{2t} \qquad \beta_1 > 0$　　(9.2.4)

均衡条件:$Q_t^d = Q_t^s$

其中:Q^d—— 需求量;

Q^s—— 供给量;

t—— 时间。

在这个模型中,价格 P 和数量 Q 都是内生的,没有外生变量。将结构式模型化为简化式模型:

$$P_t = \pi_0 + v_{1t} \tag{9.2.5}$$

$$Q_t = \pi_1 + v_{2t} \tag{9.2.6}$$

其中:

$$\pi_0 = \frac{\beta_0 - \alpha_0}{\alpha_1 - \beta_1}, \pi_1 = \frac{\alpha_1\beta_0 - \alpha_0\beta_1}{\alpha_1 - \beta_1} \tag{9.2.7}$$

$$v_{1t} = \frac{\mu_{2t} - \mu_{1t}}{\alpha_1 - \beta_1}, v_{2t} = \frac{\alpha_1\mu_{2t} - \beta_1\mu_{1t}}{\alpha_1 - \beta_1} \tag{9.2.8}$$

对式(9.2.5)和式(9.2.6)分别采用OLS方法进行回归，可以求出简化式参数π_0和π_1的估计值；但由简化式参数π_0和π_1求结构式参数$\alpha_0, \alpha_1, \beta_0$和$\beta_1$时存在这样一个问题：联系两类参数的参数关系式仅有两个方程，由两个方程求四个未知数，显然是不可能的。方程个数不够，所以不能由简化式参数求出结构式参数，进而两个结构式方程都是不可识别的，从而原结构式模型也是不可识别的。

（二）恰好识别

【例9－4】从需求的经济理论得知，收入常常是对大多数商品和服务需求的一个重要决定因素，因此在【例9－3】所示的模型中引入外生变量消费者的收入I，将给我们提供关于消费者行为的某些其他信息。对大多数商品来说，可以预料收入对消费有正的影响。如果其他变量定义如前，那么考虑下述需求与供给模型：

需求函数：$Q_t^d = \alpha_0 + \alpha_1 P_t + \alpha_2 I_t + u_{1t} \quad \alpha_1 < 0, \alpha_2 > 0$ (9.2.9)

供给函数：$Q_t^s = \beta_0 + \beta_1 P_t + u_{2t} \quad \beta_1 > 0$ (9.2.10)

均衡条件：$Q_t^d = Q_t^s$

该模型的简化式为：

$$P_t = \pi_0 + \pi_1 I_t + v_{1t} \tag{9.2.11}$$

$$Q_t = \pi_2 + \pi_3 I_t + v_{2t} \tag{9.2.12}$$

其中：

$$\pi_0 = \frac{\beta_0 - \alpha_0}{\alpha_1 - \beta_1} \quad \pi_1 = \frac{-\alpha_2}{\alpha_1 - \beta_1} \quad \pi_2 = \frac{\alpha_1\beta_0 - \alpha_0\beta_1}{\alpha_1 - \beta_1} \quad \pi_3 = \frac{-\alpha_2\beta_1}{\alpha_1 - \beta_1} \tag{9.2.13}$$

$$v_{1t} = \frac{\mu_{2t} - \mu_{1t}}{\alpha_1 - \beta_1} \quad v_{2t} = \frac{\alpha_1\mu_{2t} - \beta_1\mu_{1t}}{\alpha_1 - \beta_1} \tag{9.2.14}$$

对式(9.2.11)和式(9.2.12)分别采用OLS方法进行回归，可以求出简化式参数π_0，π_1, π_2和π_3的估计值，但由简化式参数π_0, π_1, π_2和π_3求结构式参数$\alpha_0, \alpha_1, \alpha_2, \beta_0$和$\beta_1$时同样存在一个问题：联系两类参数的参数关系式仅有四个方程，由四个方程求五个未知数，显然有些困难。但仔细观察式(9.2.13)可以发现：

由$\pi_1 = \frac{-\alpha_2}{\alpha_1 - \beta_1} \quad \pi_3 = \frac{-\alpha_2\beta_1}{\alpha_1 - \beta_1}$，得到：

$$\beta_1 = \frac{\pi_3}{\pi_1} \tag{9.2.15}$$

并且，又由：

$$\pi_2 = \frac{\alpha_1\beta_0 - \alpha_0\beta_1}{\alpha_1 - \beta_1} = \frac{\alpha_1\beta_0 - \beta_0\beta_1 + \beta_0\beta_1 - \alpha_0\beta_1}{\alpha_1 - \beta_1}$$

$$= \frac{(\alpha_1 - \beta_1)\beta_0 + (\beta_0 - \alpha_0)\beta_1}{\alpha_1 - \beta_1}$$

$$= \beta_0 + \frac{\beta_0 - \alpha_0}{\alpha_1 - \beta_1}\beta_1$$

$$= \beta_0 + \pi_0 \frac{\pi_3}{\pi_1}$$

得到：

$$\beta_0 = \pi_2 - \pi_0 \frac{\pi_3}{\pi_1}$$

可见，由简化式参数和参数关系式，可以解出结构式方程(9.2.10)中的结构式参数 β_0 和 β_1，所以方程(9.2.10)是可以识别的；并且由于解的唯一性，该方程是恰好识别的。但方程(9.2.9)中的结构式参数 $\alpha_0, \alpha_1, \alpha_2$ 无法解出，所以方程(9.2.9)是不可识别的，进而【例 9-4】所示的需求与供给模型是不可识别的。

在【例 9-4】中，我们隐约可以猜想，在需求函数中添加了一个变量，使得我们能识别供给函数。那么，如果我们再在供给函数中添加一个变量，将有什么样的结果呢？

【例 9-5】我们知道，一个商品的供给量常常还依赖于它前一期的价格。特别是许多农产品，前一期的价格如果高的话，那么本期的供给量通常也会多一些。考虑在【例 9-4】所示的需求与供给模型中引入一个前定变量，即商品的前期价格，则得到如下供求模型：

需求函数：$Q_t^d = \alpha_0 + \alpha_1 P_t + \alpha_2 I_t + u_{1t} \qquad \alpha_1 < 0, \alpha_2 > 0$ (9.2.16)

供给函数：$Q_t^s = \beta_0 + \beta_1 P_t + \beta_2 P_{t-1} + u_{2t} \qquad \beta_1 > 0, \beta_2 > 0$ (9.2.17)

均衡条件：$Q_t^d = Q_t^s$

该模型的简化式为：

$$P_t = \pi_0 + \pi_1 I_t + \pi_2 P_{t-1} + v_{1t} \tag{9.2.18}$$

$$Q_t = \pi_3 + \pi_4 I_t + \pi_5 P_{t-1} + v_{2t} \tag{9.2.19}$$

其中：

$$\pi_0 = \frac{\beta_0 - \alpha_0}{\alpha_1 - \beta_1} \quad \pi_1 = \frac{-\alpha_2}{\alpha_1 - \beta_1} \quad \pi_2 = \frac{-\beta_2}{\alpha_1 - \beta_1}$$

$$\pi_3 = \frac{\alpha_1 \beta_0 - \alpha_0 \beta_1}{\alpha_1 - \beta_1} \quad \pi_4 = \frac{-\alpha_2 \beta_1}{\alpha_1 - \beta_1} \quad \pi_5 = \frac{\alpha_1 \beta_2}{\alpha_1 - \beta_1} \tag{9.2.20}$$

$$v_{1t} = \frac{u_{2t} - u_{1t}}{\alpha_1 - \beta_1} \qquad v_{2t} = \frac{\alpha_1 u_{2t} - \beta_1 u_{1t}}{\alpha_1 - \beta_1} \tag{9.2.21}$$

对式(9.2.18)和式(9.2.19)分别采用 OLS 方法进行回归，可以求出简化式参数 π_0，$\pi_1, \pi_2, \pi_3, \pi_4$ 和 π_5 的估计值，再由参数关系式(9.2.20)，由简化式参数求出结构式参数 $\alpha_0, \alpha_1, \alpha_2, \beta_0, \beta_1$ 和 β_2。参数关系式中共有六个方程，由六个方程求六个未知数，似乎没有什么问题，于是我们解得：

$$\alpha_0 = \beta_0 - \pi_0(\alpha_1 - \beta_1) = \pi_3 - \frac{\pi_0 \pi_5}{\pi_2}$$

$$\alpha_1 = \frac{\pi_5}{\pi_2}$$

$$\alpha_2 = -\pi_1(\alpha_1 - \beta_1) = \pi_4 - \frac{\pi_1 \pi_5}{\pi_2}$$

$$\beta_0 = \pi_3 - \pi_0 \beta_1 = \pi_3 - \frac{\pi_0 \pi_4}{\pi_1}$$

$$\beta_1 = \frac{\pi_4}{\pi_1}$$

$$\beta_2 = \pi_2(\alpha_1 - \beta_1) = \pi_5 - \frac{\pi_2 \pi_4}{\pi_1}$$

可见,由简化式参数和参数关系式,可以解出结构式方程(9.2.16)和(9.2.17)中的结构式参数 $\alpha_0,\alpha_1,\alpha_2,\beta_0,\beta_1$ 和 β_2,所以方程(9.2.16)和(9.2.17)是可以识别的;并且由于解的唯一性,该方程是恰好识别的,进而【例9-5】所示的需求与供给模型也是恰好识别的。

(三)过度识别

【例9-6】我们知道,对于某些商品和服务来说,消费者拥有的财富同其收入一样也是需求的重要决定因素。因此我们可以把财富变量 R 引入到需求函数当中——当然它是外生的,并且对于大多数的商品和服务来说,财富会对消费产生正的影响。那么我们考虑如下需求与供给模型:

需求函数:$Q_t^d = \alpha_0 + \alpha_1 P_t + \alpha_2 I_t + \alpha_3 R_t + u_{1t} \qquad \alpha_1 < 0, \alpha_2 > 0, \alpha_3 > 0$ (9.2.22)

供给函数:$Q_t^s = \beta_0 + \beta_1 P_t + \beta_2 P_{t-1} + u_{2t} \qquad \beta_1 > 0, \beta_2 > 0$ (9.2.23)

均衡条件:$Q_t^d = Q_t^s$

该模型的简化式为:

$$P_t = \pi_0 + \pi_1 I_t + \pi_2 R_t + \pi_3 P_{t-1} + v_{1t} \tag{9.2.24}$$

$$Q_t = \pi_4 + \pi_5 I_t + \pi_6 R_t + \pi_7 P_{t-1} + v_{2t} \tag{9.2.25}$$

其中:

$$\pi_0 = \frac{\beta_0 - \alpha_0}{\alpha_1 - \beta_1} \quad \pi_1 = \frac{-\alpha_2}{\alpha_1 - \beta_1} \quad \pi_2 = \frac{-\alpha_3}{\alpha_1 - \beta_1} \quad \pi_3 = \frac{-\beta_2}{\alpha_1 - \beta_1}$$

$$\pi_4 = \frac{\alpha_1\beta_0 - \alpha_0\beta_1}{\alpha_1 - \beta_1} \quad \pi_5 = \frac{-\alpha_2\beta_1}{\alpha_1 - \beta_1} \quad \pi_6 = \frac{-\alpha_3\beta_1}{\alpha_1 - \beta_1} \quad \pi_7 = \frac{\alpha_1\beta_2}{\alpha_1 - \beta_1} \tag{9.2.26}$$

$$v_{1t} = \frac{u_{2t} - u_{1t}}{\alpha_1 - \beta_1} \qquad v_{2t} = \frac{\alpha_1 u_{2t} - \beta_1 u_{1t}}{\alpha_1 - \beta_1} \tag{9.2.27}$$

对式(9.2.24)和式(9.2.25)分别采用OLS方法进行回归,可以求出简化式参数 π_0,$\pi_1,\pi_2,\pi_3,\pi_4,\pi_5,\pi_6$ 和 π_7 的估计值。而对于参数关系式(9.2.26),由简化式参数求出结构式参数 $\alpha_0,\alpha_1,\alpha_2,\alpha_3,\beta_0,\beta_1$ 和 β_2。参数关系式中共有八个方程,由八个方程求七个未知数,方程的个数似乎略多了一些,我们根据参数关系式(9.2.26)可得:

$$\pi_1 = \frac{-\alpha_2}{\alpha_1 - \beta_1} \qquad \pi_5 = \frac{-\alpha_2\beta_1}{\alpha_1 - \beta_1}$$

从而进一步得到：

$$\beta_1 = \frac{\pi_5}{\pi_1} \tag{9.2.28}$$

$$\pi_2 = \frac{-\alpha_3}{\alpha_1 - \beta_1} \qquad \pi_6 = \frac{-\alpha_3\beta_1}{\alpha_1 - \beta_1}$$

从而进一步得到：

$$\beta_1 = \frac{\pi_6}{\pi_2} \tag{9.2.29}$$

一般来说，两个 β_1 的值不相等，即 β_1 不唯一，从而供给函数也有两个估计值，所以供给函数是过度识别的。

(四) 可识别的等价定义

如前所述，对识别问题的认识有两种角度。前面我们的讨论都是从“参数关系体系”角度出发的，下面我们从“统计形式唯一性” 角度来考虑识别问题：如果结构式模型中的某个方程能够同所有方程的某种线性组合相区别，即它在模型中具有唯一的统计形式，与其他方程相比，它含有不完全相同的内生变量或先决变量，那么这个结构式方程就是可识别的，否则就是不可识别的。

例如，本节【例 9 - 3】所示的需求与供给模型：

需求函数：$Q_t^d = \alpha_0 + \alpha_1 P_t + u_{1t} \qquad \alpha_1 < 0$

供给函数：$Q_t^s = \beta_0 + \beta_1 P_t + u_{2t} \qquad \beta_1 > 0$

均衡条件：$Q_t^d = Q_t^s$

对于任意的 $0 < \lambda < 1$，有：

$$\begin{aligned}\lambda Q_t^d + (1-\lambda)Q_t^s &= \lambda(\alpha_0 + \alpha_1 P_t + u_{1t}) + (1-\lambda)(\beta_0 + \beta_1 P_t + u_{2t}) \\ &= [\lambda\alpha_0 + (1-\lambda)\beta_0] + [\lambda\alpha_1 + (1-\lambda)\beta_1]P_t + \lambda u_{1t} + \\ &\quad (1-\lambda)u_{2t}\end{aligned}$$

可见，该方程与需求函数、供给函数都具有完全相同的统计形式，即有完全相同的内生变量和先决变量，所以需求和供给这两个结构式方程都不可识别。如果只给定 P 和 Q 的时间序列数据而无其他任何信息就对参数进行估计，那我们将无法知道我们是在估计需求曲线还是在估计供给曲线，这是因为我们没有足够的信息来识别被估计的方程。【例 9 - 4】在【例 9 - 3】所示的模型中引入外生变量消费者的收入 I，给我们提供关于消费者行为的某些其他信息，从而得到模型：

需求函数：$Q_t^d = \alpha_0 + \alpha_1 P_t + \alpha_2 I_t + u_{1t} \qquad \alpha_1 < 0, \alpha_2 > 0$

供给函数：$Q_t^s = \beta_0 + \beta_1 P_t + u_{2t} \qquad \beta_1 > 0$

均衡条件：$Q_t^d = Q_t^s$

对于任意的 $0 < \lambda < 1$，有：

$$\lambda Q_t^d + (1-\lambda)Q_t^s = \lambda(\alpha_0 + \alpha_1 P_t + \alpha_2 I_t + u_{1t}) + (1-\lambda)(\beta_0 + \beta_1 P_t + u_{2t})$$
$$= [\lambda\alpha_0 + (1-\lambda)\beta_0] + [\lambda\alpha_1 + (1-\lambda)\beta_1]P_t + \lambda\alpha_2 I_t + \lambda u_{1t} + (1-\lambda)u_{2t}$$

由此可见，该方程与供给函数具有不同的统计形式，即有着不同的内生变量和先决变量，所以供给方程是可识别的。而需求函数依然是不可识别的，它与两方程的线性组合有着相同的统计形式。从中我们发现，正是由于在需求函数中添加了一个变量，才使得我们能够识别供给函数。也就是说，一个方程的可识别性常常依赖于它是否排除了包含在模型里其他方程中的一个或多个变量。为了更好地理解这一点，我们再来看一个例子：前述【例 9 - 6】中式(9.2.22)和(9.2.23)。

需求函数：$Q_t^d = \alpha_0 + \alpha_1 P_t + \alpha_2 I_t + \alpha_3 R_t + u_{1t} \qquad \alpha_1 < 0, \alpha_2 > 0, \alpha_3 > 0$

供给函数：$Q_t^s = \beta_0 + \beta_1 P_t + \beta_2 P_{t-1} + u_{2t} \qquad \beta_1 > 0, \beta_2 > 0$

均衡条件：$Q_t^d = Q_t^s$

对于任意的 $0 < \lambda < 1$，有：

$$\lambda Q_t^d + (1-\lambda)Q_t^s = \lambda(\alpha_0 + \alpha_1 P_t + \alpha_2 I_t + \alpha_3 R_t + u_{1t}) + (1-\lambda)(\beta_0 + \beta_1 P_t + \beta_2 P_{t-1} + u_{2t})$$
$$= [\lambda\alpha_0 + (1-\lambda)\beta_0] + [\lambda\alpha_1 + (1-\lambda)\beta_1]P_t + \lambda\alpha_2 I_t + \lambda\alpha_3 R_t + \lambda\beta_2 P_{t-1} + \lambda u_{1t} + (1-\lambda)u_{2t}$$

该方程与需求函数、供给函数都具有不同的统计形式，即有着不同的内生变量和先决变量，所以需求函数、供给函数都是可识别的，并且供给函数排除了包含在模型里其他方程中的多个变量：收入 I 和财富 R。这是因为，为了识别供给函数，我们有了“太多”或“过于充分”的信息。原本仅把收入变量或仅把财富变量从供给函数中排除掉便足以识别供给函数，现在供给函数不仅排除了收入变量，而且还排除了财富变量。也就是说，我们对供给函数施加了“过多”的约束，要求它排除多于识别它所必需的变量个数。

可以证明，从两个角度对识别问题的探讨是等价的。而对于不可识别的结构式方程，其参数的任何估计方法都是无效的。下面我们讨论联立方程模型的识别规则。

9.2.2 识别方法

在实践中，经济模型会比我们前面所举的联立方程模型的例子要复杂得多。虽然原则上我们可以借助结构式参数与简化式参数两者之间的关系来判定联立方程组中某个结构式方程的可识别性，但对于一些复杂的经济模型特别是方程数目很多时，由结构式参数求解简化式参数的过程将会非常地耗时、费力。好在我们有更多的识别方法：识别的阶条件(Order Condition)和秩条件(Rank Condition)是两种更好的识别模型的规则。

为了了解阶条件和秩条件，我们首先引入以下符号：

M—— 模型中内生变量的个数；

m—— 给定方程中内生变量的个数；

K—— 模型中先决变量的个数；

k—— 给定方程中先决变量的个数。

（一）可识别的阶条件

在讨论模型识别问题时，我们总是假定模型在数学上是完备的，即模型中的内生变量数和方程数相等。由证明可知，模型中任一方程可识别的必要但非充分条件是：在一个含有 M 个联立方程的模型中，为了使一个方程能被识别，它必须排除至少 $M-1$ 个在模型中出现的变量（内生变量或先决变量）。如果它恰好排除了 $M-1$ 个变量，则该方程是恰好识别的；如果它排除了多于 $M-1$ 个变量，则它是过度识别的。即：

$$(M+K)-(m+k) \geqslant M-1 \tag{9.2.30}$$

进一步化简上式可得：

$$K-k \geqslant m-1 \tag{9.2.31}$$

可见，模型中任一方程可识别的阶条件又可表述为：

在一个含有 M 个联立方程的模型中，为了使一个方程能被识别，该方程所排除的先决变量的个数必须不少于它所含有的内生变量的个数减 1。同时，如果 $K-k=m-1$，则方程是恰好识别的；如果 $K-k>m-1$，则方程是过度识别的。

需要说明的是，可识别的阶条件是必要但非充分条件，即模型中任何可识别方程必定满足 $K-k \geqslant m-1$，但满足该条件的方程则未必是可识别方程。在实际应用中，人们往往用它来判别一个方程是否可识别，就像用一阶导数是否等于零来判别极值是否存在一样。经验表明，在绝大多数情况下，这种用法不会有多大问题；但应当明白，毕竟还存在着满足该条件而方程不可识别的情况。

为了说明阶条件，让我们回到前面的例子。这里我们直接将市场结清机制融入模型中。

前述【例 9－3】中式(9.2.3)和式(9.2.4)：

需求函数：$Q_t=\alpha_0+\alpha_1 P_t+u_{1t}\qquad \alpha_1<0$

供给函数：$Q_t=\beta_0+\beta_1 P_t+u_{2t}\qquad \beta_1>0$

模型中 $K=0$，对于需求函数来说，$k=0, m=2, 0-0<2-1$，可识别的阶条件不满足，所以需求函数不可识别；对于供给函数来说，$k=0, m=2, 0-0<2-1$，可识别的阶条件不满足，所以供给函数也不可识别。

前述【例 9－4】中式(9.2.9)和(9.2.10)：

需求函数：$Q_t=\alpha_0+\alpha_1 P_t+\alpha_2 I_t+u_{1t}\qquad \alpha_1<0, \alpha_2>0$

供给函数：$Q_t=\beta_0+\beta_1 P_t+u_{2t}\qquad \beta_1>0$

模型中 $K=1$，对于需求函数来说，$k=1, m=2, 1-1<2-1$，可识别的阶条件不满足，所以需求函数不可识别；对于供给函数来说，$k=0, m=2, 1-0=2-1$，可识别的阶条件满足，所以供给函数如果可识别，便是恰好识别的。

前述【例 9－6】中式(9.2.22)和式(9.2.23)：

需求函数：$Q_t=\alpha_0+\alpha_1 P_t+\alpha_2 I_t+\alpha_3 R_t+u_{1t}\qquad \alpha_1<0, \alpha_2>0, \alpha_3>0$

供给函数：$Q_t=\beta_0+\beta_1 P_t+\beta_2 P_{t-1}+u_{2t}\qquad \beta_1>0, \beta_2>0$

模型中 $K=3$，对于需求函数来说，$k=2, m=2, 3-2=2-1$，可识别的阶条件满足，所以需求函数如果可识别，便是恰好识别的；对于供给函数来说，$k=1, m=2, 3-1>$

2－1，可识别的阶条件满足，所以供给函数如果可识别，便是过度识别的。

（二）可识别的秩条件

判断模型中一个方程是否可识别的另一种方法是可识别的秩条件。它是一个充分必要条件，即：在一个由含有 M 个内生变量的 M 个方程所组成的模型中，一个方程是可识别的。当且仅当我们能从模型（其他方程）所含而该方程所不含的诸变量（内生或外生）的系数矩阵中构造出至少一个 $(M-1)\times(M-1)$ 阶的非零行列式来时，模型（其他方程）所含而该方程所不含的诸变量（内生或外生）的系数矩阵的秩等于 $M-1$。

让我们来看【例 9－6】中的式(9.2.22)和(9.2.23)：

需求函数：$Q_t=\alpha_0+\alpha_1 P_t+\alpha_2 I_t+\alpha_3 R_t+u_{1t}\quad \alpha_1<0,\alpha_2>0,\alpha_3>0$

供给函数：$Q_t=\beta_0+\beta_1 P_t+\beta_2 P_{t-1}+u_{2t}\quad \beta_1>0,\ \beta_2>0$

首先，将原模型改写成如下形式：

需求函数：$Q_t-\alpha_1 P_t-\alpha_0\cdot 1-\alpha_2 I_t-\alpha_3 R_t-0\cdot P_{t-1}=u_{1t}$

供给函数：$Q_t-\beta_1 P_t-\beta_0\cdot 1-0\cdot I_t-0\cdot R_t-\beta_2 P_{t-1}=u_{2t}$

结构参数矩阵为：

$$\begin{matrix} & Q_t & P_t & 1 & I_t & R_t & P_{t-1} \end{matrix}$$
$$(AB)=\begin{pmatrix} 1 & -\alpha_1 & -\alpha & -\alpha_2 & -\alpha_3 & 0 \\ 1 & -\beta_1 & -\beta_0 & 0 & 0 & -\beta_2 \end{pmatrix}$$

然后，假定我们要识别需求函数方程。划去要识别方程系数所在的行，即第一行；再划去要识别方程非零系数所在的列，即第一、二、三、四、五列，得到识别矩阵：

$$(A_0B_0)=[-\beta_2]$$

接着，求出识别矩阵的秩，判断它与 $M-1$ 的关系。

$$rank(A_0B_0)=1=M-1=2-1=1$$

秩条件成立，所以需求函数方程可识别。

最后，利用阶条件，判别是恰好识别还是过度识别。模型中 $K=3$，对于需求函数来说，$k=2,m=2,3-2=2-1$，可识别的阶条件满足，并且需求函数如果可识别，便是恰好识别的。所以需求函数方程是恰好识别的。

重复以上步骤还可对供给函数方程进行识别判断。要识别供给函数方程，则要先划去要识别方程系数所在的行，即第二行；再划去要识别方程非零系数所在的列，即第一、二、三、六列。得到识别矩阵：

$$(A_0B_0)=[-\alpha_2\ -\alpha_3]$$

接着，求出识别矩阵的秩，判断它与 $M-1$ 的关系。

$$rank(A_0B_0)=1=M-1=2-1=1$$

秩条件成立，所以供给函数方程可识别。

最后，利用阶条件，判别是恰好识别还是过度识别：模型中 $K=3$，对于供给函数来说，$k=1,m=2,3-1>2-1$，可识别的阶条件满足，并且供给函数方程如果可识别，便是过度识别的。所以供给函数方程是过度识别的。

从上述讨论看出，秩条件告诉我们所考虑的方程是否可识别，而阶条件告诉我们它是恰好识别的还是过度识别的。

综上所述,对联立方程模型中的一个方程进行是否可识别的判断,可按以下步骤进行:

写出结构式模型对应的结构参数矩阵(常数项可引入虚拟变量“常数1”)(AB);

划去结构参数矩阵中当前被考虑的方程所在的一行;

再划去当前被考虑的方程中非零系数所在的列;

对余下的子矩阵计算其秩 $rank(A_0B_0)$,并判断 $rank(A_0B_0)$ 是否等于 $M-1$。

结合可识别的阶条件与秩条件,我们给出判断联立方程模型中的一个结构方程是否可识别的一般原则:

如果 $K-k>m-1$,且 $rank(A_0B_0)=M-1$,则方程是过度可识别的;

如果 $K-k=m-1$,且 $rank(A_0B_0)=M-1$,则方程是恰好可识别的;

如果 $K-k\geqslant m-1$,且 $rank(A_0B_0)\neq M-1$,则方程是不可识别的;

如果 $K-k\leqslant m-1$,则方程是不可识别的。

即首先检验阶条件,如果阶条件不成立,则所考虑的结构式方程一定是不可识别的。如果阶条件成立,再检验秩条件:如果秩条件也成立,则该方程是可识别的;如果秩条件不成立,则该方程是不可识别的。当秩条件也成立时:若阶条件取等号,则该结构式方程是恰好识别的;若阶条件取大于号,则该结构式方程是过度识别的。

9.3 模型的估计

在本章的第一节中,我们曾讨论过联立方程模型的一个特点是内生变量往往作为解释变量出现在方程中,并且通常与它作为解释变量的那个方程的扰动项相关。因而使得高斯—马尔可夫定理的第四条假设不成立。若用OLS法估计结构式参数,得到的OLS估计量将不仅有偏,而且不一致。这样,我们就不能直接用OLS法求联立方程模型的结构式参数了。联立方程模型的估计方法可以分为两类:单方程估计法和系统估计法。

单方程估计法,又称有限信息法(Limited Information Methods),指在估计模型时,可以对每一个方程单独进行估计而不考虑其余方程对该方程的约束。单方程估计法在实践当中用得比较多,常用的有普通最小二乘法(OLS)、间接最小二乘法(ILS)、工具变量法(IV)、二阶段最小二乘法(2SLS)和有限信息最大似然法(LIML)。

系统估计法,又称完全信息法(Full Information Methods),指在估计模型时,对联立模型中的所有方程同时进行估计,从而同时确定所有参数的估计值。常用的系统估计法有三阶段最小二乘法(3SLS)和完全信息最大似然法(FIML)。虽然为了保持联立方程模型的品质,最理想的应该是使用系统估计法,但在实践当中由于以下原因,系统估计法并不常被使用:第一,计算上的负担太大。例如,比较小的(20个方程)克莱因—戈德伯格(Klein - Goldberger)模型就有151个非零系数,学者们用时间序列数据仅估计出其中的51个系数。第二,像FIML这样的系统方法常常导致参数的高度非线性解,以致难于确定。第三,如果方程组中的一或多个方程有设定误差,则误差将传递给其他的方程,因为方程组法对设定误差非常敏感。

我们将在本章剩下的篇幅中就几种常用的单方程估计方法进行讨论,诸如间接最小二乘法(ILS)和二阶最小二乘法(2SLS)。

9.3.1 普通最小二乘估计及其问题(OLS)

前面我们反复提到普通最小二乘法不适合于估计联立方程模型中的单一方程,原因就在于在联立方程模型中,内生变量往往作为解释变量出现,并且通常与它作为解释变量的那个方程的扰动项相关,从而使得高斯—马尔可夫定理的第四条假设不成立,进而运用 OLS 方法得到的估计量不仅有偏,而且不具有一致性。我们利用(9.1.1)和(9.1.2)数学式,即凯恩斯收入决定模型来说明这一点。

考虑简单的凯恩斯收入决定模型:

消费函数:$C_t = \beta_0 + \beta_1 Y_t + u_t \quad 0 < \beta_1 < 1$

收入恒等式:$Y_t = C_t + I_t (= S_t)$

其中:C—— 消费支出;

Y—— 收入;

I—— 投资(假定为外生);

S—— 储蓄;

t—— 时间;

u—— 随机干扰项;

$E(u_t) = 0, E(u_t^2) = \sigma^2, E(u_t u_{t+j}) = 0$(当 $j \neq 0$),$Cov(I_t, u_t) = 0$。

将式(9.1.1)代入方程(9.1.2)中并整理,得:

$$Y_t = \frac{\beta_0}{1-\beta_1} + \frac{I_t}{1-\beta_1} + \frac{u_t}{1-\beta_1} \tag{9.3.1}$$

由于 $E(u_t) = 0$,所以:

$$E(Y_t) = \frac{\beta_0}{1-\beta_1} + \frac{I_1}{1-\beta_1} \tag{9.3.2}$$

从而:

$$Y_t - E(Y_t) = \frac{u_t}{1-\beta_1} \tag{9.3.3}$$

又因为,$E(u_t) = 0$,所以:

$$u_t - E(u_t) = u_t \tag{9.3.4}$$

故:

$$\begin{aligned} Cov(Y_t, u_t) &= E[Y_t - E(Y_t)][u_t - E(u_t)] \\ &= \frac{E(u_t^2)}{1-\beta_1} \\ &= \frac{\sigma^2}{1-\beta_1} \end{aligned} \tag{9.3.5}$$

由于 $\sigma^2 > 0, 0 < \beta_1 < 1$,所以 $Cov(Y_t, \mu_t) > 0$。

由此,我们可以得出 Y_t 和 u_t 相关的结论,这就违反了高斯—马尔可夫定理的第四条假设:干扰项与解释变量相独立或至少不相关。从而,运用 OLS 方法估计消费函数 $C_t = \beta_0 + \beta_1 Y_t + u_t$ 得到 β_0, β_1 的估计量将不仅有偏,而且不一致。

9.3.2　间接最小二乘法(ILS)

对于联立方程模型中的某个结构式方程,如果它是恰好识别的,则其待估的结构式参数可以通过简化式参数和参数关系式来唯一确定。因此只要求得简化式参数的估计值,再利用参数关系式,就可得到该方程结构式参数的估计值,这种估计方法我们称之为间接最小二乘法。其具体步骤如下:

第一步,由联立方程模型的结构式方程求出简化式方程,即:将模型中的每一个内生变量都表示成先决变量和随机误差项的函数。由于我们限定了使用这种方法的前提是该结构式方程恰好识别,所以我们能得到简化式参数关于结构式参数的唯一表达式。

第二步,对简化式模型中的每一个方程运用 OLS 方法,求出简化式参数的估计值。由于简化式方程是每一个内生变量关于先决变量和随机误差项的函数,而先决变量与随机项是不相关的,所以这一步得出的简化式参数的估计值是无偏且一致的。

第三步,由简化式参数的估计值和参数关系式,求出结构式参数的估计值。由于结构式参数是从简化式参数的估计值间接求出的,所以得名间接最小二乘法,简称 ILS。

从前面的讨论我们可以看出运用间接最小二乘法应满足以下条件:首先,待估计的结构方程必须是恰好识别的;其次,每个简化式方程的随机误差项都要满足最小二乘法的经典假定,以保证简化式参数的估计值具有无偏性、一致性和有效性;再次,简化式方程中各先决变量之间不能存在高度的多重共线性,否则简化式参数估计值的误差会传递到结构式参数中。

利用间接最小二乘法得到的结构式参数的估计值是有偏但一致的。因为虽然简化式参数的估计值具有无偏性、一致性和有效性,但由于参数关系式是非线性的,而非线性关系一般不能传递无偏性和有效性,只能传递一致性。

前述【例 9－4】需求与供给模型:

需求函数:$Q_t = \alpha_0 + \alpha_1 P_t + \alpha_2 I_t + u_{1t}$　　$\alpha_1 < 0, \alpha_2 > 0$

供给函数:$Q_t = \beta_0 + \beta_1 P_t + u_{2t}$　　$\beta_1 > 0$

其中,I 为消费者收入,它是外生的。模型中 $K = 1$,对于需求函数来说,$k = 1, m = 2$,$1 - 1 < 2 - 1$,可识别的阶条件不满足,所以需求函数不可识别;对于供给函数来说,$k = 0, m = 2, 1 - 0 = 2 - 1$,可识别的阶条件满足,所以供给函数如果可识别,便是恰好识别的。再利用可识别的秩条件,$(A_0 B_0) = (\alpha_2)$,$rank(A_0 B_0) = 1 = M - 1 = 1$。秩条件满足,所以供给函数是恰好识别的。虽然整个模型不可识别,但我们这里仅通过对供给函数的估计来体现间接最小二乘法的实施步骤。

该模型的简化式为:

$$P_t = \pi_0 + \pi_1 I_t + v_{1t}$$

$$Q_t = \pi_2 + \pi_3 I_t + v_{2t}$$

其中:

$$\pi_0 = \frac{\beta_0 - \alpha_0}{\alpha_1 - \beta_1} \quad \pi_1 = \frac{-\alpha_2}{\alpha_1 - \beta_1} \quad \pi_2 = \frac{\alpha_1\beta_0 - \alpha_0\beta_1}{\alpha_1 - \beta_1} \quad \pi_3 = \frac{-\alpha_2\beta_1}{\alpha_1 - \beta_1}$$

$$v_{1t} = \frac{u_{2t} - u_{1t}}{\alpha_1 - \beta_1} \quad v_{2t} = \frac{\alpha_1 u_{2t} - \beta_1 u_{1t}}{\alpha_1 - \beta_1}$$

对模型简化式中的两个方程分别采用 OLS 方法进行回归,可以求出简化式参数 π_0, π_1, π_2 和 π_3 的估计值。

$$\hat{\pi}_0 = \bar{P} - \hat{\pi}_1 \bar{I} \qquad \hat{\pi}_1 = \frac{\sum p_t i_t}{\sum i_t^2}$$

$$\hat{\pi}_2 = \bar{Q} - \hat{\pi}_3 \bar{I} \qquad \hat{\pi}_3 = \frac{\sum p_t i_t}{\sum i_t^2}$$

由于需求函数是不可识别的,只有供给函数恰好识别,所以我们能求出供给函数结构式参数关于简化式参数的唯一表达。

由 $\pi_1 = \dfrac{-\alpha_2}{\alpha_1 - \beta_1}$, $\pi_3 = \dfrac{-\alpha_2\beta_1}{\alpha_1 - \beta_1}$, 得到 $\beta_1 = \dfrac{\pi_3}{\pi_1}$

并且,又由:

$$\begin{aligned}
\pi_2 &= \frac{\alpha_1\beta_0 - \alpha_0\beta_1}{\alpha_1 - \beta_1} = \frac{\alpha_1\beta_0 - \beta_0\beta_1 + \beta_0\beta_1 - \alpha_0\beta_1}{\alpha_1 - \beta_1} \\
&= \frac{(\alpha_1 - \beta_1)\beta_0 + (\beta_0 - \alpha_0)\beta_1}{\alpha_1 - \beta_1} \\
&= \beta_0 + \frac{\beta_0 - \alpha_0}{\alpha_1 - \beta_1}\beta_1 \\
&= \beta_0 + \pi_0\frac{\pi_3}{\pi_1}
\end{aligned}$$

得到: $\beta_0 = \pi_2 - \pi_0\dfrac{\pi_3}{\pi_1}$

所以, $\hat{\pi}_1 = \dfrac{\hat{\pi}_3}{\hat{\pi}_1}$, $\hat{\beta}_0 = \hat{\pi}_2 - \hat{\pi}_0\dfrac{\hat{\pi}_3}{\hat{\pi}_1} = \hat{\pi}_2 - \hat{\pi}_0\hat{\beta}_1$。

我们利用表 9-1 中的数据对简化式方程进行最小二乘估计,结果如下:

$\hat{P}_t = 72.3091 + 0.0043I_t$

$t = (7.8595)\ (4.4104) \qquad R^2 = 0.4930$

$\hat{Q}_t = 84.0702 + 0.0020I_t$

$t = (17.1711)\ (3.7839) \qquad R^2 = 0.49172$

从而我们可以得到:

$\hat{\beta}_0 = 51.0562 \quad \hat{\beta}_1 = 0.4566$

因此,供给函数的 ILS 估计是:

$\hat{Q}_t = 51.0562 + 0.4566P_t$

如果直接利用数据对供给函数进行 OLS 回归,则结果如下:

$$\hat{Q}_t = 65.1719 + 0.3272P_t$$

$$t = (6.9856) \quad (3.9203) \quad R^2 = 0.4345$$

可见,OLS 估计的结果与 ILS 估计的结果还是有挺大差别的,OLS 的不适当使用会扭曲真相。

表 9-1　　供求模型数据

t	Q	P	I
1	77	52	3 152
2	86	56	3 372
3	87	60	3 658
4	92	91	4 002
5	84	117	4 337
6	93	105	4 745
7	92	102	5 241
8	100	100	5 772
9	102	105	6 384
10	113	116	7 035
11	101	125	7 677
12	117	134	8 375
13	117	121	8 868
14	88	128	9 634
15	111	138	10 408
16	118	120	11 184
17	109	107	11 843
18	108	106	12 568
19	92	126	13 448
20	107	134	14 241
21	114	127	14 996
22	111	130	15 384

9.3.3　二阶最小二乘法(2SLS)

前面我们讨论的间接最小二乘法(ILS)只适用于恰好识别的结构方程。而对于过度识别的结构方程,利用 ILS 法会得出结构式参数的多个 ILS 估计值。回忆工具变量法的思想是:当要估计的方程中包含与随机扰动项相关的解释变量时,如果能找到恰当的工具变量来代替这一解释变量,则可得到一致估计量。联立方程模型中,正是由于某些内生变量作为解释变量而出现,使得在某个结构式方程中,解释变量与随机扰动项相关,从而导致 OLS 法不再适用。可见工具变量法是解决估计联立方程模型结构式方程的一个思路。那现在关键的问题就在于选择什么样的变量作为工具变量才是最好的。模型中可能会出现多个先决变量,它们都与随机干扰项不相关。可是选择哪一个作为工具变量呢?二阶最小二乘法是工具变量法的一个特例,它将模型中所出现的所有先决变量结合起来产生一个复合变量,作为“最佳”工具变量。经过证实,基于这种思想的二阶最小二乘法,不仅适用于恰好识别的结构式方程，而且还适用于过度识别的结构式方程。下面让我们来看一下二阶最小二乘法(2SLS) 的具体步骤：

第一阶段，为了避免联立方程模型中作为解释变量的内生变量与随机扰动项之间的相关性，首先将待估计的结构式方程中作为解释变量的每一个内生变量对联立方程模型中的所有先决变量作回归，即估计简化式方程，并计算这些内生变量的估计值。

第二阶段，用第一阶段得出的内生变量的估计值，代替待估计结构式方程右端的内生变量；即用所有先决变量结合起来产生的一个复合变量，作为该内生变量的一个工具变量，然后对原结构式方程应用 OLS 法，得到结构式参数的估计值。

前述【例 9 - 6】供给与需求模型：

需求函数：$Q_t = \alpha_0 + \alpha_1 P_t + \alpha_2 I_t + \alpha_3 R_t + u_{1t} \qquad \alpha_1 < 0, \alpha_2 > 0, \alpha_3 > 0$

供给函数：$Q_t = \beta_0 + \beta_1 P_t + \beta_2 P_{t-1} + u_{2t} \qquad \beta_1 > 0, \beta_2 > 0$

其中，I 代表收入，R 是财富变量，P_{t-1} 代表商品前一期的价格。前面我们已经用可识别的阶条件和秩条件讨论过：需求函数是恰好可识别的，供给函数是过度识别的。在这里，我们以供给函数为例，讨论如何运用二阶最小二乘法对其进行估计。

第一阶段，将作为解释变量的内生变量 P_t 对联立方程模型中的所有先决变量作回归，即估计简化式方程：

$$P_t = \pi_0 + \pi_1 I_t + \pi_2 R_t + \pi_3 P_{t-1} + v_{1t}$$

我们得到：

$$\hat{\beta}_t = \hat{\pi}_0 + \hat{\pi}_1 I_t + \hat{\pi}_2 R_t + \hat{\pi}_3 P_{t-1}$$

第二阶段，用内生变量 P_t 的估计值 $\hat{P}_t$ 代替供给函数右端的内生变量 P_t，然后对供给函数应用 OLS 法，得到结构式参数的估计值 $\hat{\beta}_0$、$\hat{\beta}_1$ 和 $\hat{\beta}_2$。即估计：

供给函数：$Q_t = \beta_0 + \beta_1 \hat{P}_t + \beta_2 P_{t-1} + u_{2t}$

得到供给函数结构式参数的 $2SLS$ 估计值 $\hat{\beta}_0$，$\hat{\beta}_1$ 和 $\hat{\beta}_2$。

需求函数的估计方法与供给函数相同，在这里不再赘述。

另外需要注意的是，应用二阶最小二乘法必须满足以下条件：首先，要保证待估计的结构式方程是可识别的；其次，结构式方程中的随机扰动项必须满足经典回归分析的基本假定：零均值、等方差、无自相关且与所有先决变量的协方差为零；再次，联立方程模型中的所有先决变量之间不能存在高度多重共线性，因为二阶最小二乘法对误差也十分敏感；最后，要保证样本容量足够大，以保证第一阶段正确估计内生变量的数值。

相比较而言，间接最小二乘法为过度识别的结构式方程提供参数的多个估计值，而二阶最小二乘法只为每个结构式参数提供一个估计值，同时二阶最小二乘法也适用于恰好识别的情况。对于恰好识别方程，二阶最小二乘法与间接最小二乘法会得出相同的参数估计值。并且在上述前提下，联立模型结构式参数的二阶最小二乘估计量在大样本下是一致的。

9.4　案例分析

9.4.1　研究目的和模型设定

依据凯恩斯宏观经济调控原理，建立简化的中国宏观经济调控模型。经理论分析，采用基于 3 部门的凯恩斯总需求决定模型，在不考虑进出口的条件下，通过消费者、企业、政府的经济活动，分析总收入的变动对消费和投资的影响，设理论模型如下：

消费方程：$C_t = \alpha_0 + \alpha_1 Y_t + \alpha_2 C_{t-1} + u_{1t}$

投资方程：$I_t = \beta_0 + \beta_1 Y_{t-1} + u_{2t}$

收入方程：$Y_t = C_t + I_t + G_t$

其中：C_t 为消费；Y_t 为支出法国内生产总值；I_t 为投资；G_t 为政府支出；C_t, I_t, Y_t 为内生变量；C_{t-1}, Y_{t-1}, G_t 为前定变量。即 $M = 3, K = 3$。

9.4.2　联立方程模型的识别

首先将模型改写成如下形式：

消费方程：$C_t + 0 \cdot I_t - \alpha_1 Y_t - \alpha_0 - \alpha_2 C_{t-1} + 0 \cdot Y_{t-1} + 0 \cdot G_t = u_{1t}$

投资方程：$0 \cdot C_t + I_t + 0 \cdot Y_t - \beta_0 + 0 \cdot C_{t-1} - \beta_1 \cdot Y_{t-1} + 0 \cdot G_t = u_{2t}$

收入方程：$-1 \cdot C_t - 1 \cdot I_t + 1 \cdot Y_t + 0 + 0 \cdot C_{t-1} + 0 \cdot Y_{t-1} - 1 \cdot G_t = 0$

结构参数矩阵为：

$$
\begin{array}{cc} & \begin{array}{ccccccc} C_t & I_t & Y_t & 1 & C_{t-1} & Y_{t-1} & G_t \end{array} \\
(AB) = & \begin{pmatrix} 1 & 0 & -\alpha_1 & -\alpha_0 & -\alpha_2 & 0 & 0 \\ 0 & 0 & 0 & -\beta_0 & 0 & -\beta_1 & 0 \\ -1 & -1 & 1 & 0 & 0 & 0 & -1 \end{pmatrix} \end{array}
$$

（一）消费方程的识别

首先，用阶条件判断。这时 $m_1 = 2, k_1 = 1$，因为 $K - k_1 = 3 - 1 = 2$，并且 $m_1 - 1 = 2 - 1 = 1$，所以该方程是过度识别的。

其次，用秩条件判断。在 (AB) 中，划去消费方程所在的第一行和非零系数所在的第一、三、四、五列，得识别矩阵：

$$
(A_1 B_1) = \begin{pmatrix} 0 & -\beta_1 & 0 \\ -1 & 0 & -1 \end{pmatrix}
$$

显然 $Rank(A_1 B_1) = 2 = M - 1 = 3 - 1 = 2$，由秩条件可知消费方程是可识别的。

（二）投资方程的识别

首先，用阶条件判断。这时 $m_2 = 1, k_2 = 1$，因为 $K - k_2 = 3 - 1 = 2$，并且 $m_2 - 1 = 1 - 1 = 0$，所以该方程是过度识别的。

其次,用秩条件判断。在(AB)中,划去投资方程所在的第一行和非零系数所在的第四、六两列,得识别矩阵:

$$(A_2B_2)=\begin{pmatrix}1 & 0 & -\alpha_1 & -\alpha_2 & 0\\ -1 & -1 & 1 & 0 & -1\end{pmatrix}$$

显然$Rank(A_2B_2)=2=M-1=3-1=2$,由秩条件可知投资方程是可识别的。

(三) 收入方程的识别

收入方程是定义式,不需要对其识别性进行判断。

综上所述,该联立方程是可识别的。

9.4.3 宏观经济模型的估计

由于消费方程及投资方程皆为过度识别,所以我们使用两阶段最小二乘方法进行估计。选取GDP、消费、投资,这些变量取自1978—2009年中国宏观经济的历史数据,如表9-2所示:

表9-2 1978—2009中国宏观经济数据 单位:亿元

年份	GDP	CONS	INV	GOV
1978	3 605.6	1 771.2	1 377.9	467.9
1979	4 092.6	2 028.9	1 478.9	604.8
1980	4 592.9	2 349.2	1 599.7	658.7
1981	5 008.8	2 641.9	1 630.2	719.6
1982	5 590.0	2 927.6	1 784.2	787.2
1983	6 216.2	3 255.1	2 039.0	871.3
1984	7 362.7	3 767.3	2 515.1	1 079.0
1985	9 076.7	4 721.0	3 457.5	1 265.3
1986	10 508.5	5 343.1	3 941.9	1 478.7
1987	12 277.4	6 175.5	4 462.0	1 629.2
1988	15 388.6	7 927.3	5 700.2	1 912.2
1989	17 311.3	8 881.1	6 332.7	2 283.1
1990	19 347.8	9 523.9	6 747.0	2 566.6
1991	22 577.4	10 794.7	7 868.0	3 297.2
1992	27 565.2	13 076.3	10 086.3	4 127.0
1993	36 938.1	16 509.4	15 717.7	5 390.5
1994	50 217.4	21 968.5	20 341.1	7 273.7
1995	63 216.9	28 524.0	25 470.1	8 224.2
1996	74 163.6	34 134.3	28 784.9	9 785.2
1997	81 658.5	37 112.5	29 968.0	11 028.1
1998	86 531.6	39 412.0	31 314.2	12 176.2
1999	91 125.0	42 088.0	32 951.5	13 548.9
2000	98 749.0	46 033.1	34 842.8	15 482.9
2001	109 028.0	49 608.6	39 769.4	17 325.3
2002	120 475.6	53 230.9	45 565.0	18 585.6
2003	136 634.8	57 829.1	55 963.0	19 856.4
2004	160 800.1	65 410.0	69 168.4	22 142.6

表9－2(续)

年份	GDP	CONS	INV	GOV
2005	187 131.2	72 870.3	77 856.8	26 181.0
2006	222 240.0	82 325.9	92 954.1	30 306.0
2007	265 833.9	95 859.6	110 943.2	35 650.5
2008	314 901.3	110 876.4	138 325.3	41 470.2
2009	345 023.6	121 434.6	164 463.5	44 092.2

资料来源:《中国统计年鉴》(2010).

这里我们使用 Eviews 直接给出结果,如表9－3所示:

表9－3　　宏观经济模型输出结果

System: UNTITLED
Estimation Method: Two－Stage Least Squares
Date: 08/05/11　Time: 15:03
Sample: 1979 2009
Included observations: 31
Total system (balanced) observations 62

Variable	Coefficient	Std. Error	t－Statistic	Prob.
C(1)	1 052.351	389.924 1	2.698 861	0.009 1
C(2)	0.079 094	0.019 666	4.021 860	0.000 2
C(3)	0.872 713	0.061 039	14.297 72	0.000 0
C(4)	－2 627.919	1 031.822	－2.546 873	0.013 6
C(5)	0.508 997	0.009 400	54.145 89	0.000 0

Determinant residual covariance　　2.89E＋13

Equation: CONS＝C(1)＋C(2)＊GDP＋C(3)＊CONS(－1)
Instruments: CONS(－1) GDP(－1) GOV C
Observations: 31

R－squared	0.998 514	Mean dependent var	34 149.68
Adjusted R－squared	0.998 408	S.D. dependent var	34 300.41
S.E. of regression	1 368.576	Sum squared resid	52 444 000
Durbin－Watson stat	0.902 639		

Equation: INV＝C(4)＋C(5)＊GDP(－1)
Instruments: CONS(－1) GDP(－1) GOV C
Observations: 31

R－squared	0.990 205	Mean dependent var	34 646.51
Adjusted R－squared	0.989 868	S.D. dependent var	42 513.37
S.E. of regression	4 279.404	Sum squared resid	5.31E＋08
Durbin－Watson stat	0.269 010		

估计结果表达式是：

消费方程：$C_t = 1\,052.351 + 0.079\,1Y_t + 0.872\,7C_{t-1} + {}_{1t}$

$(2.70) \quad (4.02) \quad (14.30) \qquad R^2 = 0.998\,5$

投资方程：$I_t = -2\,627.919 + 0.509\,0\ Y_{t-1} + {}_{2t}$

$(-2.55) \quad (54.15) \qquad R^2 = 0.990\,2$

收入方程；$Y_t = C_t + I_t + G_t$

本章小结

经济现象是错综复杂的，有时它们之间的关系不是简单的单一方程模型所描述的那种单向的因果关系，而是相互依赖、相互交错的因果关系。这时仍利用单一方程模型描述经济现象是不适宜的，而需要采用由若干个单一方程组成的联立方程模型才能描述经济现象。本章详细探讨了联立方程模型以及它的识别和估计。联立方程模型有区别于单方程模型的若干个基本概念，诸如内生变量、外生变量、先决变量，以及结构式模型、简化式模型等。联立方程模型的识别可以从“参数关系体系”和“统计形式唯一性”两个角度来定义，并通过识别的阶条件和秩条件来判断一个联立方程模型是可识别的还是不可识别的。如果可识别，那么是恰好识别的，还是过度识别的？由于联立方程模型中可能出现内生变量作解释变量的情况，从而使得 OLS 方法失效，但对联立方程模型估计的方法也有很多，其中最常用的有 ILS 方法和 2SLS 方法。

思考和练习

1. 已知简单的 Keynesian 收入决定模型如下：

$C_t = a_0 + a_1 Y_t + u_t$ （消费方程）

$I_t = \beta_0 + \beta_1 Y_t + \beta_2 Y_{t-1} + v_t$ （投资方程）

$Y_t = C_t + I_t + G_t$ （恒等式）

问题：

(1) 导出简化式方程。

(2) 试证明：简化式参数是用来测定先决变量变化对内生变量所产生的直接与间接的总影响的(以投资方程的简化型为例来加以说明)。

(3) 试用识别的阶条件与秩条件确定每个结构式方程的识别状态。整个模型的识别状态如何？

2. 识别的阶条件也可以表述成以下两种形式。如果一个结构式方程是可识别的，则：

(1) 方程不包含的先决变量个数必须大于等于它所含有的先决变量个数加 1。

(2) 方程中的变量个数必须小于等于整个模型所包含的先决变量个数加 1。

试说明它们与“至少有 $M-1$ 个变量不在该方程中”的等价性。

3. 设模型：

$W_t = \alpha_0 + \alpha_1 P_t + \alpha_2 R_t + u_{1t}$

$P_t = \beta_0 + \beta_1 W_t + u_{2t}$

其中，W_t 为工资变化率，P_t 为价格变化率，R_t 为就业率，u_{1t}，u_{2t} 为随机项。试讨论用最小二乘法估计模型中的两个方程是否适当，并说明原因。

4. 某农产品的市场局部均衡模型为：

$D_t = \alpha_0 + \alpha_1 P_t + \alpha_2 Y_t + u_t$

$S_t = \beta_0 + \beta_1 P_t + \beta_2 P_t + v_t$

$D_t = S_t$

其中：D_t——t 时期的需求量；

S_t——t 时期的供给量；

Y_t——t 时期的消费者收入水平；

P_t——t 时期产品的价格；

P_{t-1}——$t-1$ 时期产品的价格。

问题：

(1) 指出模型中的内生变量、外生变量和先决变量。

(2) 推导出简化式模型，建立结构式参数与简化式参数的关系表达式。

(3) 利用识别的阶条件和秩条件分析模型的识别状态。

(4) 写出参数估计的基本步骤。

第10章 Eviews应用基础

学习目的与要求

1. 了解常用的计量分析软件 Eviews 的特点。
2. 掌握 Eviews 数据的录入形式和外部获取,熟练 Eviews 数据的管理。
3. 理解使用 Eviews 建模分析的方法和步骤,熟练运用 Eviews 进行计量经济分析。

10.1 Eviews 软件包简介

Eviews 是 Econometrics Views 的缩写,直译为计量经济学观察,通常称为计量经济学软件包。它的本意是对社会经济关系与经济活动的数量规律,采用计量经济学方法与技术进行"观察"。计量经济学研究的核心是设计模型、收集资料、估计模型、检验模型、应用模型(结构分析、经济预测、政策评价)。Eviews 是完成上述任务比较得力的必不可少的工具。正是由于 Eviews 等计量经济学软件包的出现,计量经济学才取得了长足的进步,发展成为一门较为实用与严谨的经济学科。

10.1.1 Eviews 是什么

Eviews 是美国 QMS 公司研制的在 Windows 下专门从事数据分析、回归分析和预测的工具。使用 Eviews 可以迅速地从数据中寻找出统计关系,并用得到的关系去预测数据的未来值。Eviews 的应用范围包括:科学实验数据分析与评估、金融分析、宏观经济预测、仿真、销售预测和成本分析等。

Eviews 是专门为大型机开发的、用以处理时间序列数据的时间序列软件包的新版本。Eviews 的前身是 1981 年第 1 版的 Micro TSP。目前最新的版本是 Eviews7.2。我们以 Eviews5.0 版本为例,介绍经济计量学软件包使用的基本方法和技巧。虽然 Eviews 是经济学家开发的,而且主要用于经济学领域,但是从软件包的设计来看,Eviews 的运用领域并不局限于处理经济时间序列。即使是跨部门的大型项目,也可以采用 Eviews 进行处理。

Eviews 处理的基本数据对象是时间序列,每个序列有一个名称,只要提及序列的名称就可以对序列中所有的观察值进行操作,Eviews 允许用户以简便的可视化的方式从键盘或磁盘文件中输入数据,根据已有的序列生成新的序列,在屏幕上显示序列或在打印机上打印输出序列,对序列之间存在的关系进行统计分析。Eviews 具有操作简便且可视化的操作风格,体现在从键盘输入数据序列、依据已有序列生成新序列、显示和打印序列以及对序列之间存在的关系进行统计分析等方面。

Eviews 具有现代 Windows 软件可视化操作的优良性。用户可以使用鼠标对标准的 Windows 菜单和对话框进行操作。操作结果出现在窗口中并能采用标准的 Windows 技术对其进行处理。此外,Eviews 还拥有强大的命令功能和批处理语言功能。用户在 Eviews 的命令行中输入、编辑和执行命令;在程序文件中建立和存储命令,以便在后续的研究项目中使用这些程序。

10.1.2 运行 Eviews

在 Windows 2000 中运行 Eviews 的方法有:

(1)单击任务栏上的“开始”→“程序”→“Eviews”程序组→“Eviews”图标。

(2)使用 Windows 浏览器或从桌面上“我的电脑”定位 Eviews 目录,双击“Eviews”程序图标。

(3)双击 Eviews 的工作文件和数据文件。

10.1.3 Eviews 的窗口

Eviews 的窗口分为几个部分:标题栏、主菜单栏、命令窗口、状态行和工作区(如图 10-1 所示)。

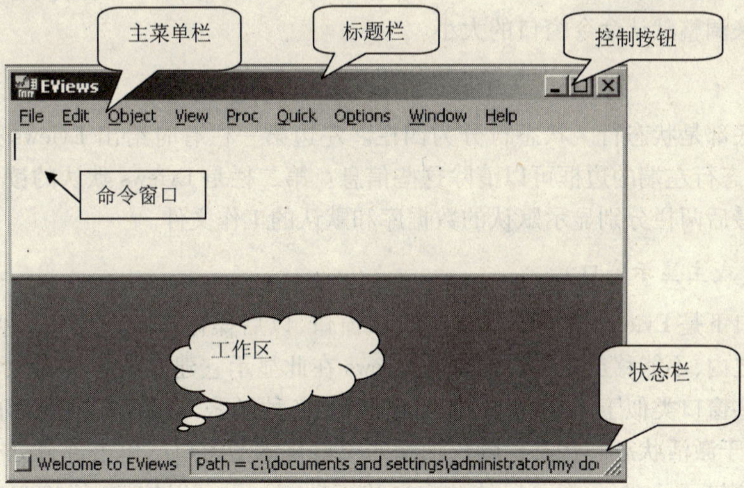

图 10-1 Eviews 窗口

(一)标题栏

标题栏位于主窗口的顶部,标记有 Eviews 字样。当 Eviews 窗口处于激活状态时,标题栏颜色加深,否则变暗。单击 Eviews 窗口的任意区域将使它处于激活状态。标题栏的右端有三个按钮:最小化、最大化(或复原)和关闭。标题栏左边是控制框,控制框也有上述三个按钮的功能,双击它可关闭该窗口。

(二)主菜单

主菜单位于标题栏之下。将指针移至主菜单上的某个项目并用鼠标左键单击,打开一个下拉式菜单。通过单击下拉菜单中的项目,就可以对它们进行访问。菜单中黑色的是可执行的,灰色的是不可执行的无效项目。

主菜单栏上共有九个选项:“File”、“Edit”、“Objects”、“View”、“Procs”、“Quick”、“Options”、“Windows”、“Help”。

(三)命令窗口

主菜单下的区域称作命令窗口。在命令窗口输入命令,按“ENTER”后命令立即执行。命令窗口中的竖条称为插入点(或提示符),它指示键盘输入字符的位置。本软件允许用户在提示符后通过键盘输入 Eviews(TSP 风格)命令。用户如果熟悉 Micro TSP(DOS)版的命令,可以直接在此输入,如同 DOS 版一样使用 Eviews。按 F1 键(或移动箭头),输入的历史命令将重新显示出来,供用户选用。

将插入点移至从前已经执行过的命令行,编辑已经存在的命令,按 ENTER,立即执行原命令的编辑版本。

命令窗口支持 cut - and - paste 功能。用户在命令窗口、其他 Eviews 文本窗口和其他 Windows 程序窗口间可方便地进行文本的移动。命令窗口的内容可以直接保存到文本文件中备用,为此必须保持命令窗口处于激活状态,并从主菜单上选择“File”→“Save as”。

若输入的命令超过了命令窗口显示的大小,窗口中就自动出现滚动条,通过上下或左右调节,可浏览已执行命令的各个部分。将指针移至命令窗口下部,按着鼠标左键向下向上拖动来调整默认命令窗口的大小。

(四)状态栏

窗口最底部是状态行。状态行分为四栏。左边第一栏有时给出 Eviews 送出的状态信息,单击状态行左端的边框可以清除这些信息。第二栏是 Eviews 默认的读取数据和程序的路径。最后两栏分别显示默认的数据库和默认的工作文件。

(五)工作区(或主显示窗口)

命令窗口下是 Eviews 的工作区或主显示窗口,以后操作产生的窗口(称为子窗口)均在此范围之内,不能移出主窗口之外。Eviews 在此显示它建立的各种对象的窗口。工作区中的这些窗口类似于用户在办公桌上使用的各种纸张。出现在最上面的窗口正处于焦点,即处于激活状态。状态栏颜色加深的窗口是激活窗口。单击部分处于下面窗口的标题栏或任何可见部分,都可以使该窗口移至顶部。也可以按 F6 或 CTRL + TAB 键,循环地激活各个窗口。

此外,单击窗口中菜单项目,选择关注的文件名,可直接选择某个窗口,还可以移动窗口、改变窗口的大小等。

10.1.4 Eviews 的主要功能

(1)输入、扩大和修改时间序列数据。

(2)依据已有序列,按照任意复杂的公式生成新的序列。

(3)在屏幕上输出序列的趋势图、散点图、柱形图和饼图。

(4)执行普通最小二乘法(多元回归)、带有自回归校正的最小二乘法、两阶段最小二乘法和三阶段最小二乘法。

(5)执行非线性最小二乘法。

(6)对二择一决策模型进行 Probit 和 Logit 估计。

(7)对联立方程进行线性和非线性的估计。

(8)估计和分析向量自回归系统。

(9)计算描述统计量:相关系数、协方差、自相关系数、互相关函数和直方图。

(10)残差自回归和移动平均过程。

(11)多项式分布滞后。

(12)基于回归方程的预测。

(13)求解(模拟)模型。

(14)管理时间序列数据库。

(15)与外部软件(如 Excel)进行数据交换。

10.1.5 关闭 Eviews

关闭 Eviews 的方法很多:选择主菜单上的"File"→"Close";按 ALT + F4 键;单击 Eviews 窗口右上角的关闭按钮;双击 Eviews 窗口左上角等。

Eviews 关闭总是警告和给予机会将那些还没有保存的工作保存到磁盘文件中。

10.2 经典计量经济模型 Eviews 操作

用表 2-2 中的数据来估计凯恩斯消费函数,被解释变量(Y)选择为城乡居民人均消费水平,解释变量(X)选择人均国内生产总值(人均 GDP)。

当显著性水平为 0.05, 2010 年人均国内生产总值为 28 000 元时,对 2010 年我国居民人均消费水平和平均人均消费水平进行点预测和区间预测。

10.2.1 创建工作文件

建立工作文件的方法有以下几种:

(一)菜单方式

在主菜单上依次单击"File"→"New"→"Workfile"(见图 10-2),选择数据类型和起止日期。时间序列提供起止日期(年、季度、月度、周、日),非时间序列提供最大观察个数。在"Start Data"里输入 1978,在"End data"里输入 2009,见图 10-3。单击"OK"后屏幕出现 Workfile 工作框,如图 10-4 所示。

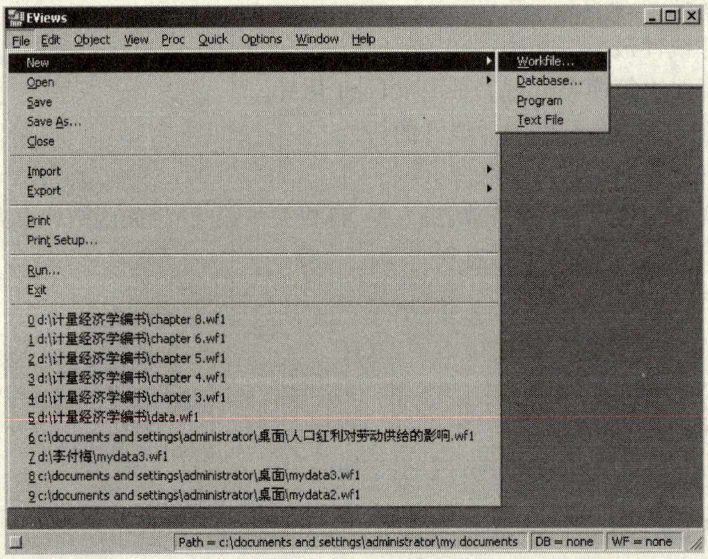

图 10－2　Eviews 文件创建

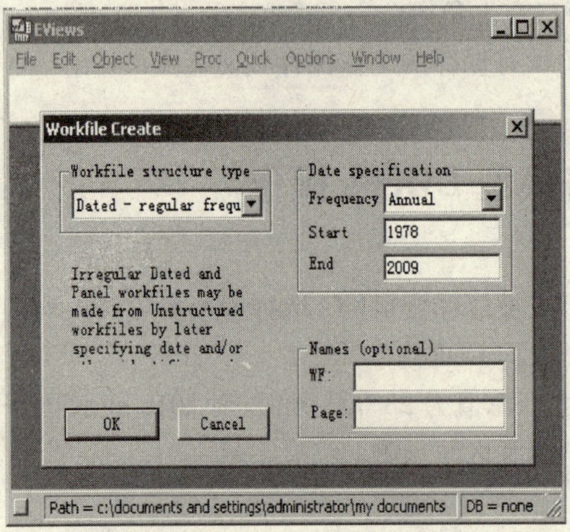

图 10－3　Workfile Create 对话框

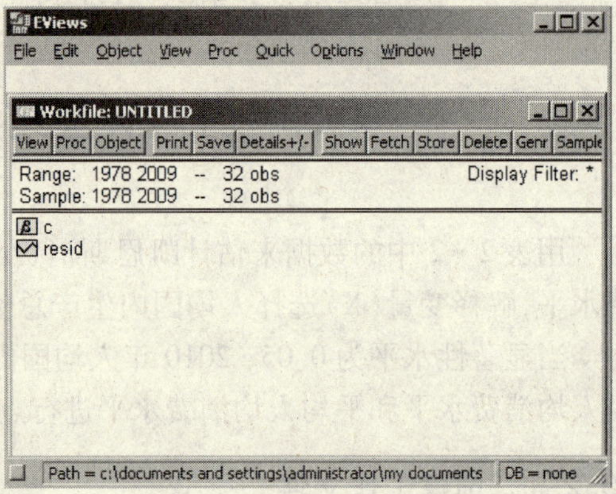

图 10－4　Workfile 对话框

(二)命令方式

在命令窗口直接输入建立工作文件的命令 CREATE。

命令格式:CREATE 数据频率 起始期 终止期

其中,数据频率类型分别为 A(年)、Q(季)、M(月)、U(非时间序列数据)。输入 Eviews 命令时,命令字与命令参数之间只能用空格分隔。如本例可输入命令:

CREATE　A　1978 2009

工作文件创立后,需将工作文件保存到磁盘,单击工具条中的 Save→输入文件名、路径→保存,或单击菜单栏中的 File→Save 或 Save as→输入文件名、路径→保存。

10.2.2　输入和编辑数据

建立或调入工作文件以后,可以输入和编辑数据。输入数据有两种基本方法:命令方式和菜单方式。

(一)命令方式

命令格式:data〈序列名 1〉〈序列名 2〉…〈序列名 n〉

功能:输入新变量的数据,或编辑工作文件中现有变量的数据。

在本例中,在命令窗口直接输入(图 10－5):

Data　Y　X

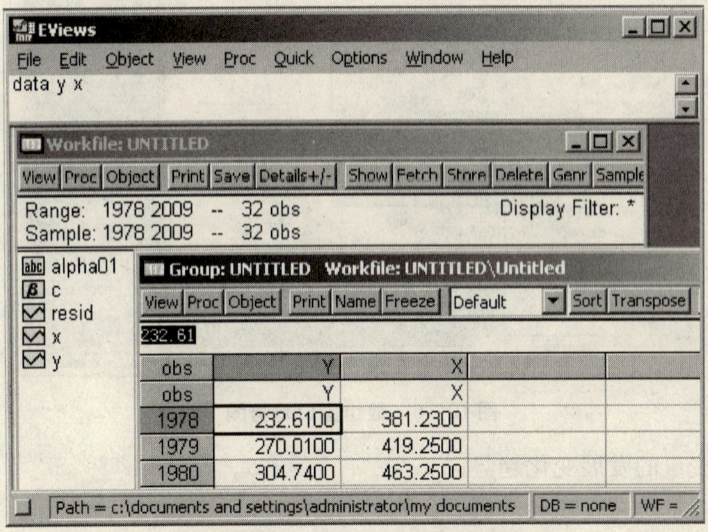

图 10－5　命令方式输入数据

此时,Eviews 会弹出一个名为"Group"的对话框,其格式非常类似于 Excel。我们可以直接将表中数据复制到这里,就可完成数据的输入。

(二)菜单方式

在主菜单上单击 Objects→New object,在 New object 对话框里,选 Group 并在 Name for Object 上定义变量名(如变量 X、Y),单击 OK,屏幕出现数据编辑框。

另一种菜单方式是在主菜单上依次单击 Quick→Empty Group, 建立一个空组;再用方向键将光标移到每一列的顶部之后,输入各个变量名,回车后输入数据。

数据输入完毕,单击工作文件窗口工具条的 Save 或单击菜单栏的 File→Save,将数据存入磁盘。

10.2.3　图形分析

在估计计量经济模型之前,借助图形分析可以直观地观察经济变量的变动规律和相关关系,以便合理地确定模型的数学形式。图形分析中最常用的是趋势图和相关图。

(一)菜单方式

在数组窗口工具条上 Views 的下拉菜单中选择 Graph(见图 10-6)。

(二)命令方式

趋势图:Plot Y X

功能:

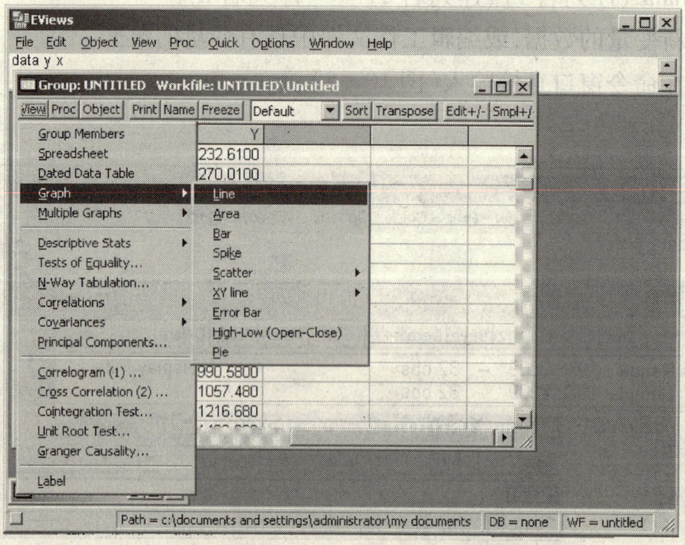

图 10-6 数组窗口趋势图

分析经济变量的发展变化趋势;

观察经济变量是否存在异常值。

图 10-7 给出了人均消费支出(Y)与人均国内生产总值(X)的趋势图。

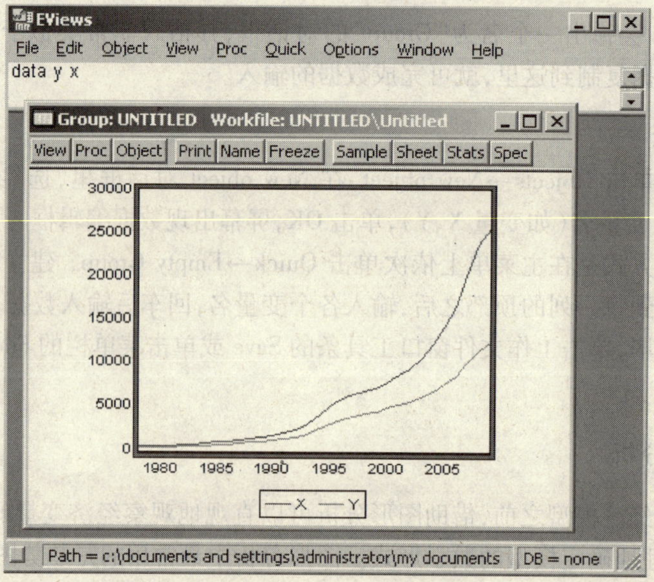

图 10-7 人均消费支出与人均国内生产总值的趋势图

相关图:Scat Y X (见图 10 - 8)

功能:

观察经济变量之间的相关程度;

观察经济变量之间的相关类型,判断是线性相关还是曲线相关;曲线相关时,大致是哪种类型的曲线。

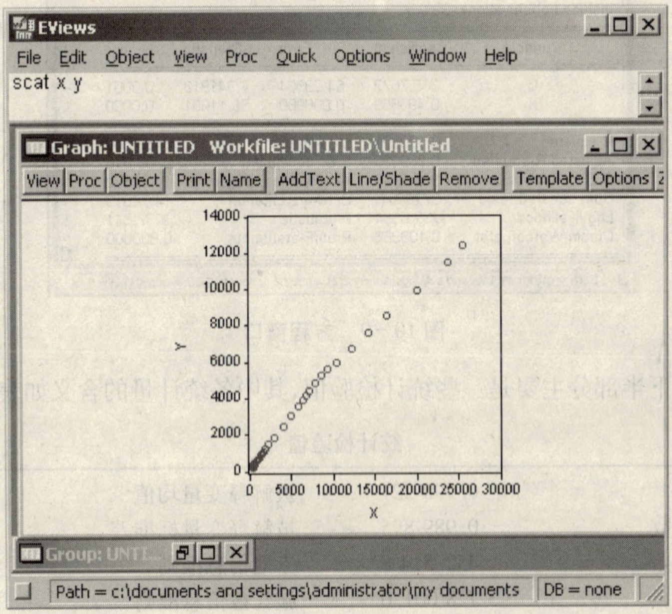

图 10 - 8 人均消费支出与人均国内生产总值的相关图

10. 2. 3 OLS 估计参数

(一)命令方式

在主菜单命令行键入:LS Y C X

(二)菜单方式

在主菜单上选 Quick 菜单,单击 Estimate Equation 项,屏幕出现 Equation Specification 估计对话框。在 Estimation Settings 中选 OLS 估计,即 Least Squares,输入:Y C X(其中 C 为 Eviews 固定的截距项系数),然后点 OK,输出结果如图 10 - 9 所示。

方程窗口的上半部分为参数估计结果,其中第 1 列分别为解释变量名(包括常数项),第 2 列为相应的参数估计值,第 3 列为参数的标准误差,第 4 列为 t 统计值,第 5 列为 t 检验的双侧概率值 p,即 $P(|t| > t) = p$。

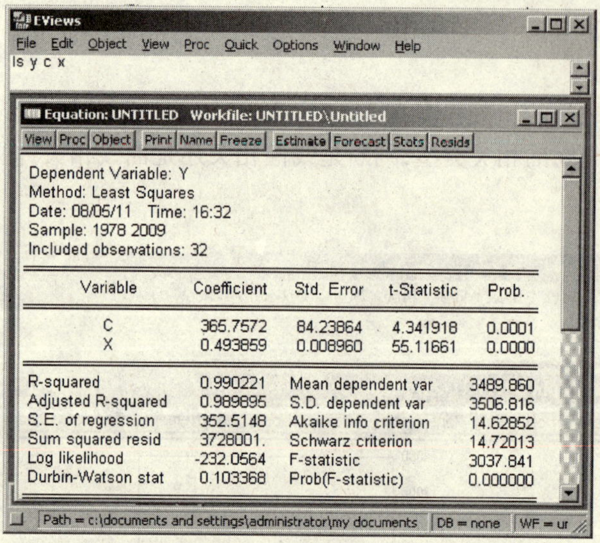

图 10－9　方程窗口

方程窗口的下半部分主要是一些统计检验值,其中各统计量的含义如表 10－1 所示。

表 10－1　　统计检验值

可决系数	0.990 221	被解释变量均值	3 489.860
调整的可决系数	0.989 895	被解释变量标准差	3 506.816
回归方程标准差	352.514 8	赤池信息准则	14.628 52
残差平方和	3 728 001.0	施瓦兹信息准则	14.720 13
似然函数的对数	－232.056 4	F 统计量	3 037.841
DW 统计量	0.103 368	F 统计量的概率	0.000 000

单击 Equation 窗口中的 View→Actual、Fitted、Residual→Actual、Fitted、Residual Graph,将显示模型的拟合图和残差图(图 10－10)。

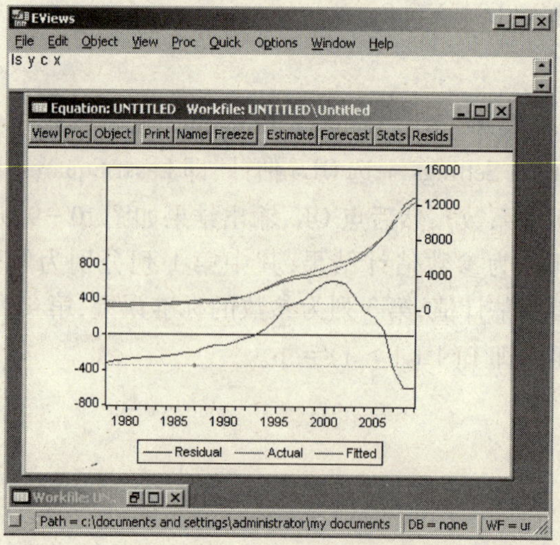

图 10－10　拟合图和残差图

单击 Equation 窗口中的 View → Actual、Fitted、Residual → Actual、Fitted、Residual Table 按钮，可以得到拟合直线和残差的有关结果(图 10 - 11)。

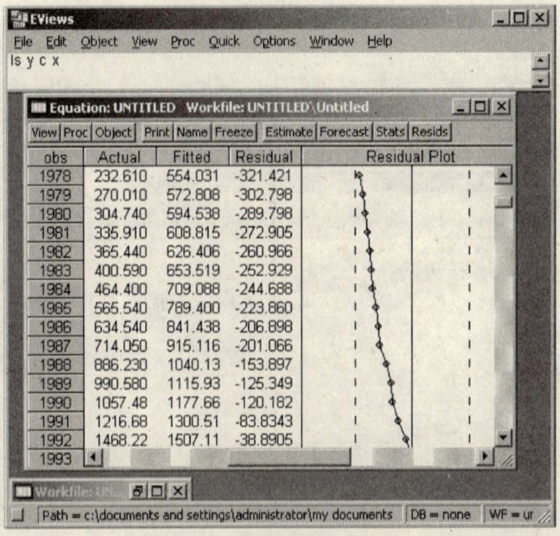

图 10 - 11　实际值、拟合值和残差值

10.2.5　预测

在 Equation 框中选 Forecast 项后，弹出 Forecast 对话框，Eviews 自动计算出样本估计期内的被解释变量的拟合值，拟合变量记为 YF，其拟合值与实际值的对比图如图 10 - 12 所示。

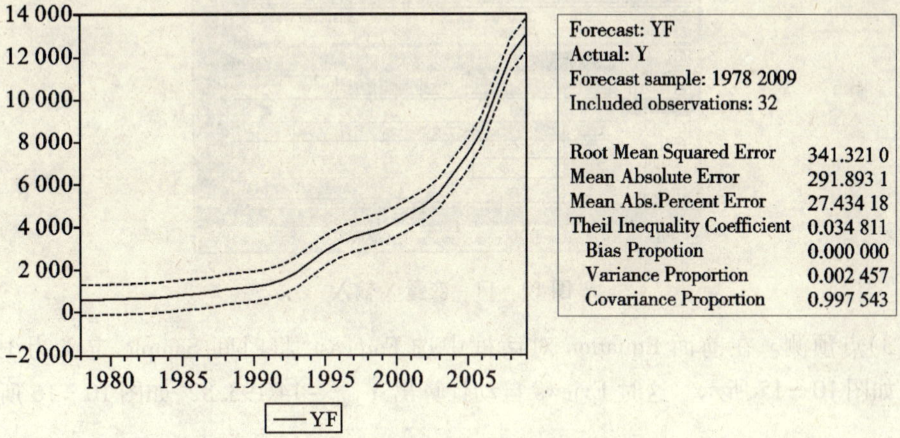

图 10 - 12　拟合值与实际值的对比图

当显著性水平为 0.05，2010 年人均国内生产总值为 28 000 元时，对 2010 年我国居民人均消费水平和平均最终消费支出进行点预测和区间预测。

下面预测 2010 年我国居民人均消费水平。

(1)将样本期范围从 1978—2009 年扩展为 1978—2010 年。首先在 Workfile 窗口点击 Range，出现 Workfile Structure 对话框。将 End 改为 2010，点击 OK，将 Workfile 中的

Range 扩展为 1978—2010。此时会发现在 Workfile 窗口中点击 Sample 后，时间范围已经变成 1978—2010。

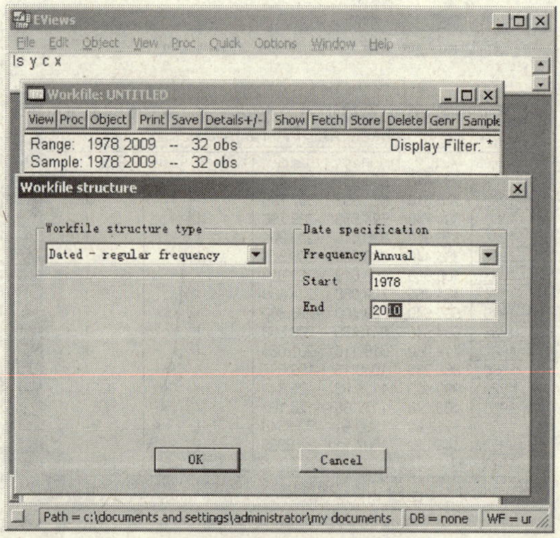

图 10－13　样本期修改

（2）编辑解释变量 X。在"Workfile"窗口，双击变量 X，随后出现序列 X 的数值，在 2010 年位置输入 28 000。（图 10－14）

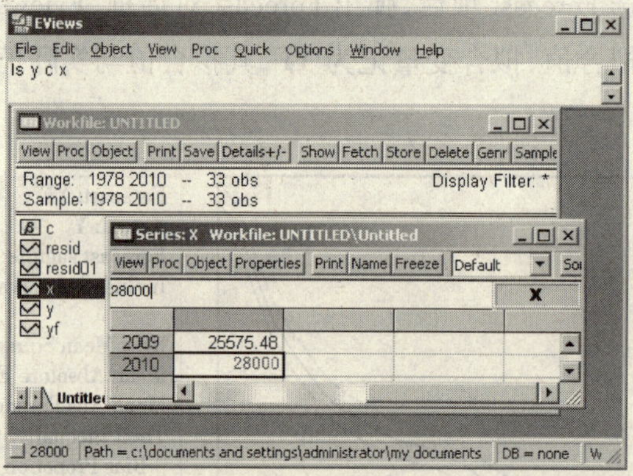

图 10－14　变量 X 输入

（3）点预测。在前面 Equation 对话框中选 Forecast，将时间 Sample 定义为 1978—2010，如图 10－15 所示。这时 Eviews 自动计算出 $\hat{Y}_{2010}$ = 14 193. 82，如图 10－16 所示。

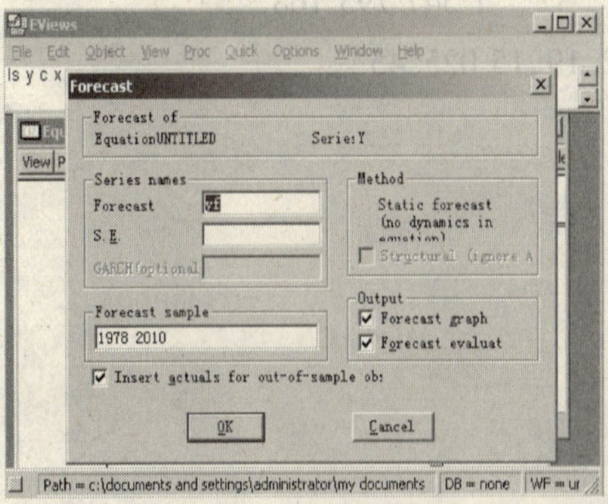

图 10-15 预测期选择

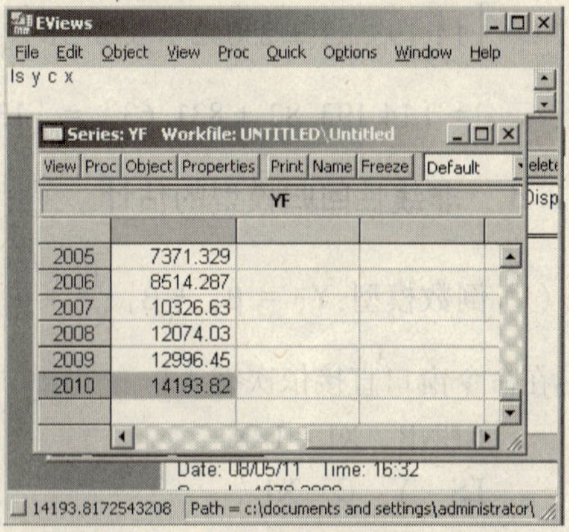

图 10-16 预测结果

(4)区间预测。在 Group 数据框中单击 View，选 Descriptive Stats 里的 Common Sample Eviews，计算出有关 X 和 Y 的描述统计结果(注意这时不能包含 2010 年数据资料)，如图 10-17 所示。

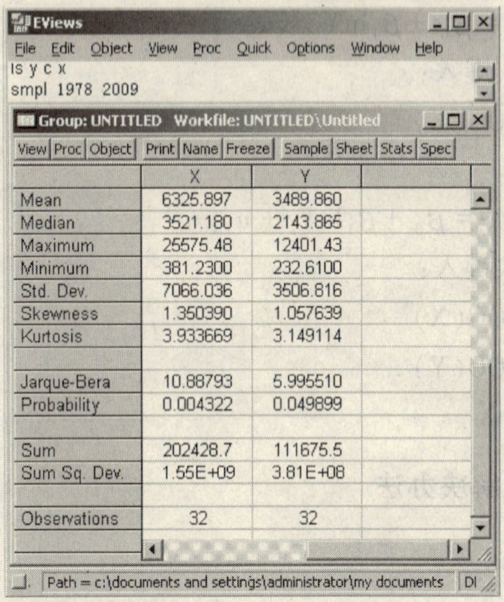

图 10-17 X 和 Y 的描述统计分析

根据图 10-17 可计算出如下结果：

$$\sum x_i^2 = \sum (X_i - \bar{X})^2 = \sigma_X^2(n-1) = 7\,066.036^2 \times (32-1) = 1\,547\,794\,807$$

$$(X_{2010} - \bar{X})^2 = (28\,000 - 6\,325.897)^2 = 469\,766\,740.9$$

另给定 $\alpha = 0.05$，得 $t_{\alpha/2}(n-2) = t_{0.025}(32-2) = 2.042$。

据回归分析结果知：

$$\hat{\sigma} = \sqrt{\hat{\sigma}^2} = \sqrt{\frac{\sum e_i^2}{n-2}} = \sqrt{\frac{3\,728\,001}{30}} = 352.51$$

预测区间为：

$$\left[14\,193.82 \pm 2.042 \times 352.51 \times \sqrt{1+\frac{1}{32}+\frac{46\,469\,766\,740.9}{1\,547\,795\,168.45}}\right]$$

$$= [14\,193.82 \pm 831.63] = [13\,362.19, 15\,025.45]$$

10.2.6 非线性回归模型的估计

(1) 倒数模型：$Y_i = \beta_0 + \beta_1 \frac{1}{X_i} + u_i$

在命令窗口直接依次键入：

```
GENR  X1 = 1/X
LS  Y  C  X1
```

(2)多项式模型：$Y_i = \beta_0 + \beta_1 X_i + \beta_2 X_i^{\ 2} + u_i$

在命令窗口直接依次键入：

```
GENR  X1 = X
GENR  X2 = X^2
LS  Y  C  X1  X2
```

(3)准对数模型：$Y_i = \beta_0 + \beta_1 \ln X_i + u_i$

在命令窗口直接依次键入：

```
GENR  lnX = LOG(X)
LS  Y  C  lnX
```

(4)双对数模型：$\ln Y_i = \beta_0 + \beta_1 \ln X_i + u_i$

在命令窗口直接依次键入：

```
GENR  lnX = LOG(X)
GENR  lnY = LOG(Y)
LS  lnY  C  lnX
```

10.2.7 异方差检验与解决办法

(一) $e^2 - X$ 相关图检验法

```
LS  Y  C  X            对模型进行参数估计
GENR  E = RESID        求出残差序列
GENR  E2 = E^2         求出残差的平方序列
SORT  X                对解释变量 X 排序
SCAT  X  E2            画出残差平方与解释变量 X 的相关图
```

(二)戈德菲尔德—夸特检验

已知样本容量 n = 26，去掉中间 6 个样本点（即约 n/4），形成两个样本容量均为 10 的子样本。

```
SORT  X                将样本数据关于 X 排序
SMPL  1 10             确定子样本 1
```

LS　Y　C　X　　　　求出子样本 1 的回归平方和 RSS1

SMPL　17　26　　　　确定子样本 2

LS　Y　C　X　　　　求出子样本 2 的回归平方和 RSS2

计算 F 统计量并作出判断。

(三)加权最小二乘法

LS　Y　C　X　　　　最小二乘法估计，得到残差序列

GRNR　E1 = ABS(RESID)　　　　生成残差绝对值序列

LS(W = 1/E1)　Y　C　X　　　　以 E1 为权数进行加权最小二成估计

10.2.8　自相关检验与解决办法

(一)图示法检验

LS　Y　C　X　　　　最小二乘法估计，得到残差序列

GENR　E = RESID　　　　生成残差序列

SCAT　E(-1)　E　　　　$e_t - e_{t-1}$的散点图

PLOT　E　　　　还可绘制 e_t 的趋势图

(二)广义差分法

LS　Y　C　X　AR(1)　AR(2)

附　录

表 1

标准正态分布表

$$\Phi(x) = \int_{-\infty}^{x} \frac{1}{\sqrt{2\pi}} e^{-\frac{t^2}{2}} dx$$

x	0. 00	0. 01	0. 02	0. 03	0. 04	0. 05	0. 06	0. 07	0. 08	0. 09
0. 0	0. 500 000	0. 503 989	0. 507 978	0. 511 967	0. 515 953	0. 519 939	0. 523 922	0. 527 903	0. 531 881	0. 535 856
0. 1	0. 539 828	0. 543 795	0. 547 758	0. 551 717	0. 555 670	0. 559 618	0. 563 559	0. 567 495	0. 571 424	0. 575 345
0. 2	0. 579 260	0. 583 166	0. 587 064	0. 590 954	0. 594 835	0. 598 706	0. 602 568	0. 606 42	0. 610 261	0. 614 092
0. 3	0. 617 911	0. 621 719	0. 625 516	0. 629 300	0. 633 072	0. 636 831	0. 640 576	0. 644 309	0. 648 027	0. 651 732
0. 4	0. 655 422	0. 659 097	0. 662 757	0. 666 402	0. 670 031	0. 673 645	0. 677 242	0. 680 822	0. 684 386	0. 687 933
0. 5	0. 691 462	0. 694 974	0. 698 468	0. 701 944	0. 705 402	0. 708 84	0. 712 26	0. 715 661	0. 719 043	0. 722 405
0. 6	0. 725 747	0. 729 069	0. 732 371	0. 735 653	0. 738 914	0. 742 154	0. 745 373	0. 748 571	0. 751 748	0. 754 903
0. 7	0. 758 036	0. 761 148	0. 764 238	0. 767 305	0. 770 350	0. 773 373	0. 776 373	0. 779 35	0. 782 305	0. 785 236
0. 8	0. 788 145	0. 791 030	0. 793 892	0. 796 731	0. 799 546	0. 802 338	0. 805 106	0. 807 85	0. 810 57	0. 813 267
0. 9	0. 815 940	0. 818 589	0. 821 214	0. 823 814	0. 826 391	0. 828 944	0. 831 472	0. 833 977	0. 836 457	0. 838 913
1. 0	0. 841 345	0. 843 752	0. 846 136	0. 848 495	0. 850 830	0. 853 141	0. 855 428	0. 857 69	0. 859 929	0. 862 143
1. 1	0. 864 334	0. 866 500	0. 868 643	0. 870 762	0. 872 857	0. 874 928	0. 876 976	0. 878 999	0. 881	0. 882 977
1. 2	0. 884 930	0. 886 860	0. 888 767	0. 890 651	0. 892 512	0. 894 35	0. 896 165	0. 897 958	0. 899 727	0. 901 475
1. 3	0. 903 199	0. 904 902	0. 906 582	0. 908 241	0. 909 877	0. 911 492	0. 913 085	0. 914 656	0. 916 207	0. 917 736
1. 4	0. 919 243	0. 920 730	0. 922 196	0. 923 641	0. 925 066	0. 926 471	0. 927 855	0. 929 219	0. 930 563	0. 931 888
1. 5	0. 933 193	0. 934 478	0. 935 744	0. 936 992	0. 938 220	0. 939 429	0. 940 62	0. 941 792	0. 942 947	0. 944 083
1. 6	0. 945 201	0. 946 301	0. 947 384	0. 948 449	0. 949 497	0. 950 529	0. 951 543	0. 952 54	0. 953 521	0. 954 486
1. 7	0. 955 435	0. 956 367	0. 957 284	0. 958 185	0. 959 071	0. 959 941	0. 960 796	0. 961 636	0. 962 462	0. 963 273
1. 8	0. 964 070	0. 964 852	0. 965 621	0. 966 375	0. 967 116	0. 967 843	0. 968 557	0. 969 258	0. 969 946	0. 970 621
1. 9	0. 971 284	0. 971 933	0. 972 571	0. 973 197	0. 973 810	0. 974 412	0. 975 002	0. 975 581	0. 976 148	0. 976 705
2. 0	0. 977 250	0. 977 784	0. 978 308	0. 978 822	0. 979 325	0. 979 818	0. 980 301	0. 980 774	0. 981 237	0. 981 691
2. 1	0. 982 136	0. 982 571	0. 982 997	0. 983 414	0. 983 823	0. 984 222	0. 984 614	0. 984 997	0. 985 371	0. 985 738
2. 2	0. 986 097	0. 986 447	0. 986 791	0. 987 126	0. 987 455	0. 987 776	0. 988 089	0. 988 396	0. 988 696	0. 988 989

表1(续)

x	0.00	0.01	0.02	0.03	0.04	0.05	0.06	0.07	0.08	0.09
2.3	0.989 276	0.989 556	0.989 830	0.990 097	0.990 358	0.990 613	0.990 863	0.991 106	0.991 344	0.991 576
2.4	0.991 802	0.992 024	0.992 240	0.992 451	0.992 656	0.992 857	0.993 053	0.993 244	0.993 431	0.993 613
2.5	0.993 790	0.993 963	0.994 132	0.994 297	0.994 457	0.994 614	0.994 766	0.994 915	0.995 06	0.995 201
2.6	0.995 339	0.995 473	0.995 603	0.995 731	0.995 855	0.995 975	0.996 093	0.996 207	0.996 319	0.996 427
2.7	0.996 533	0.996 636	0.996 736	0.996 833	0.996 928	0.997 02	0.997 11	0.997 197	0.997 282	0.997 365
2.8	0.997 445	0.997 523	0.997 599	0.997 673	0.997 744	0.997 814	0.997 882	0.997 948	0.998 012	0.998 074
2.9	0.998 134	0.998 193	0.998 250	0.998 305	0.998 359	0.998 411	0.998 462	0.998 511	0.998 559	0.998 605
3.0	0.998 650	0.998 694	0.998 736	0.998 777	0.998 817	0.998 856	0.998 893	0.998 93	0.998 965	0.998 999
3.1	0.999 032	0.999 064	0.999 096	0.999 126	0.999 155	0.999 184	0.999 211	0.999 238	0.999 264	0.999 289
3.2	0.999 313	0.999 336	0.999 359	0.999 381	0.999 402	0.999 423	0.999 443	0.999 462	0.999 481	0.999 499
3.3	0.999 517	0.999 533	0.999 550	0.999 566	0.999 581	0.999 596	0.999 61	0.999 624	0.999 638	0.999 65
3.4	0.999 663	0.999 675	0.999 687	0.999 698	0.999 709	0.999 72	0.999 73	0.999 74	0.999 749	0.999 758
3.5	0.999 767	0.999 776	0.999 784	0.999 792	0.999 800	0.999 807	0.999 815	0.999 821	0.999 828	0.999 835
3.6	0.999 841	0.999 847	0.999 853	0.999 858	0.999 864	0.999 869	0.999 874	0.999 879	0.999 883	0.999 888
3.7	0.999 892	0.999 896	0.999 900	0.999 904	0.999 908	0.999 912	0.999 915	0.999 918	0.999 922	0.999 925
3.8	0.999 928	0.999 930	0.999 933	0.999 936	0.999 938	0.999 941	0.999 943	0.999 946	0.999 948	0.999 950
3.9	0.999 952	0.999 954	0.999 956	0.999 958	0.999 959	0.999 961	0.999 963	0.999 964	0.999 966	0.999 967
4.0	0.999 968	0.999 970	0.999 971	0.999 972	0.999 973	0.999 974	0.999 975	0.999 976	0.999 977	0.999 978
4.1	0.999 979	0.999 980	0.999 981	0.999 982	0.999 983	0.999 983	0.999 984	0.999 985	0.999 985	0.999 986
4.2	0.999 987	0.999 987	0.999 988	0.999 988	0.999 989	0.999 989	0.999 990	0.999 990	0.999 991	0.999 991
4.3	0.999 991	0.999 992	0.999 992	0.999 993	0.999 993	0.999 993	0.999 993	0.999 994	0.999 994	0.999 994
4.4	0.999 995	0.999 995	0.999 995	0.999 995	0.999 995	0.999 996	0.999 996	0.999 996	0.999 996	0.999 996
4.5	0.999 997	0.999 997	0.999 997	0.999 997	0.999 997	0.999 997	0.999 997	0.999 998	0.999 998	0.999 998
4.6	0.999 998	0.999 998	0.999 998	0.999 998	0.999 998	0.999 998	0.999 998	0.999 998	0.999 999	0.999 999
4.7	0.999 999	0.999 999	0.999 999	0.999 999	0.999 999	0.999 999	0.999 999	0.999 999	0.999 999	0.999 999
4.8	0.999 999	0.999 999	0.999 999	0.999 999	0.999 999	0.999 999	0.999 999	0.999 999	0.999 999	0.999 999
4.9	1.000 000	1.000 000	1.000 000	1.000 000	1.000 000	1.000 000	1.000 000	1.000 000	1.000 000	1.000 000

注:本表对于 x 给出正态分布函数 $\Phi(x)$ 的数值。

例:对于 $x=1.65$,$\Phi(x)=0.954\ 486$

表 2　　t 分布表

$P\{t(n) > t_{\alpha}(n)\} = \alpha$

自由度(n)	α=0.25	0.1	0.05	0.025	0.01	0.005
1	1.000 0	3.077 7	6.313 7	12.706 2	31.821 0	63.655 9
2	0.816 5	1.885 6	2.920 0	4.302 7	6.964 5	9.925 0
3	0.764 9	1.637 7	2.353 4	3.182 4	4.540 7	5.840 8
4	0.740 7	1.533 2	2.131 8	2.776 5	3.746 9	4.604 1
5	0.726 7	1.475 9	2.015 0	2.570 6	3.364 9	4.032 1
6	0.717 6	1.439 8	1.943 2	2.446 9	3.142 7	3.707 4
7	0.711 1	1.414 9	1.894 6	2.364 6	2.997 9	3.499 5
8	0.706 4	1.396 8	1.859 5	2.306 0	2.896 5	3.355 4
9	0.702 7	1.383 0	1.833 1	2.262 2	2.821 4	3.249 8
10	0.699 8	1.372 2	1.812 5	2.228 1	2.763 8	3.169 3
11	0.697 4	1.363 4	1.795 9	2.201 0	2.718 1	3.105 8
12	0.695 5	1.356 2	1.782 3	2.178 8	2.681 0	3.054 5
13	0.693 8	1.350 2	1.770 9	2.160 4	2.650 3	3.012 3
14	0.692 4	1.345 0	1.761 3	2.144 8	2.624 5	2.976 8
15	0.691 2	1.340 6	1.753 1	2.131 5	2.602 5	2.946 7
16	0.690 1	1.336 8	1.745 9	2.119 9	2.583 5	2.920 8
17	0.689 2	1.333 4	1.739 6	2.109 8	2.566 9	2.898 2
18	0.688 4	1.330 4	1.734 1	2.100 9	2.552 4	2.878 4
19	0.687 6	1.327 7	1.729 1	2.093 0	2.539 5	2.860 9
20	0.687 0	1.325 3	1.724 7	2.086 0	2.528 0	2.845 3
21	0.686 4	1.323 2	1.720 7	2.079 6	2.517 6	2.831 4
22	0.685 8	1.321 2	1.717 1	2.073 9	2.508 3	2.818 8
23	0.685 3	1.319 5	1.713 9	2.068 7	2.499 9	2.807 3
24	0.684 8	1.317 8	1.710 9	2.063 9	2.492 2	2.797 0
25	0.684 4	1.316 3	1.708 1	2.059 5	2.485 1	2.787 4
26	0.684 0	1.315 0	1.705 6	2.055 5	2.478 6	2.778 7
27	0.683 7	1.313 7	1.703 3	2.051 8	2.472 7	2.770 7
28	0.683 4	1.312 5	1.701 1	2.048 4	2.467 1	2.763 3
29	0.683 0	1.311 4	1.699 1	2.045 2	2.462 0	2.756 4
30	0.682 8	1.310 4	1.697 3	2.042 3	2.457 3	2.750 0
31	0.682 5	1.309 5	1.695 5	2.039 5	2.452 8	2.744 0
32	0.682 2	1.308 6	1.693 9	2.036 9	2.448 7	2.738 5
33	0.682 0	1.307 7	1.692 4	2.034 5	2.444 8	2.733 3
34	0.681 8	1.307 0	1.690 9	2.032 2	2.441 1	2.728 4
35	0.681 6	1.306 2	1.689 6	2.030 1	2.437 7	2.723 8
36	0.681 4	1.305 5	1.688 3	2.028 1	2.434 5	2.719 5
37	0.681 2	1.304 9	1.687 1	2.026 2	2.431 4	2.715 4
38	0.681 0	1.304 2	1.686 0	2.024 4	2.428 6	2.711 6
39	0.680 8	1.303 6	1.684 9	2.022 7	2.425 8	2.707 9
40	0.680 7	1.303 1	1.683 9	2.021 1	2.423 3	2.704 5
41	0.680 5	1.302 5	1.682 9	2.019 5	2.420 8	2.701 2
42	0.680 4	1.302 0	1.682 0	2.018 1	2.418 5	2.698 1
43	0.680 2	1.301 6	1.681 1	2.016 7	2.416 3	2.695 1
44	0.680 1	1.301 1	1.680 2	2.015 4	2.414 1	2.692 3
45	0.680 0	1.300 7	1.679 4	2.014 1	2.412 1	2.689 6

表 3

χ^2 分布表

$$P\{\chi^2 > \chi^2_\alpha(n)\} = \alpha$$

α	0. 995	0. 99	0. 975	0. 95	0. 90	0. 75	0. 25	0. 1	0. 05	0. 025	0. 01	0. 005
1	0. 000	0. 000	0. 001	0. 004	0. 016	0. 102	1. 323	2. 706	3. 841	5. 024	6. 635	7. 879
2	0. 010	0. 020	0. 051	0. 103	0. 211	0. 575	2. 773	4. 605	5. 991	7. 378	9. 210	10. 597
3	0. 072	0. 115	0. 216	0. 352	0. 584	1. 213	4. 108	6. 251	7. 815	9. 348	11. 345	12. 838
4	0. 207	0. 297	0. 484	0. 711	1. 064	1. 923	5. 385	7. 779	9. 488	11. 143	13. 277	14. 860
5	0. 412	0. 554	0. 831	1. 145	1. 610	2. 675	6. 626	9. 236	11. 070	12. 832	15. 086	16. 750
6	0. 676	0. 872	1. 237	1. 635	2. 204	3. 455	7. 841	10. 645	12. 592	14. 449	16. 812	18. 548
7	0. 989	1. 239	1. 690	2. 167	2. 833	4. 255	9. 037	12. 017	14. 067	16. 013	18. 475	20. 278
8	1. 344	1. 647	2. 180	2. 733	3. 490	5. 071	10. 219	13. 362	15. 507	17. 535	20. 090	21. 955
9	1. 735	2. 088	2. 700	3. 325	4. 168	5. 899	11. 389	14. 684	16. 919	19. 023	21. 666	23. 589
10	2. 156	2. 558	3. 247	3. 940	4. 865	6. 737	12. 549	15. 987	18. 307	20. 483	23. 209	25. 188
11	2. 603	3. 053	3. 816	4. 575	5. 578	7. 584	13. 701	17. 275	19. 675	21. 920	24. 725	26. 757
12	3. 074	3. 571	4. 404	5. 226	6. 304	8. 438	14. 845	18. 549	21. 026	23. 337	26. 217	28. 300
13	3. 565	4. 107	5. 009	5. 892	7. 041	9. 299	15. 984	19. 812	22. 362	24. 736	27. 688	29. 819
14	4. 075	4. 660	5. 629	6. 571	7. 790	10. 165	17. 117	21. 064	23. 685	26. 119	29. 141	31. 319
15	4. 601	5. 229	6. 262	7. 261	8. 547	11. 037	18. 245	22. 307	24. 996	27. 488	30. 578	32. 801
16	5. 142	5. 812	6. 908	7. 962	9. 312	11. 912	19. 369	23. 542	26. 296	28. 845	32. 000	34. 267
17	5. 697	6. 408	7. 564	8. 672	10. 085	12. 792	20. 489	24. 769	27. 587	30. 191	33. 409	35. 718
18	6. 265	7. 015	8. 231	9. 390	10. 865	13. 675	21. 605	25. 989	28. 869	31. 526	34. 805	37. 156
19	6. 844	7. 633	8. 907	10. 117	11. 651	14. 562	22. 718	27. 204	30. 144	32. 852	36. 191	38. 582
20	7. 434	8. 260	9. 591	10. 851	12. 443	15. 452	23. 828	28. 412	31. 410	34. 170	37. 566	39. 997
21	8. 034	8. 897	10. 283	11. 591	13. 240	16. 344	24. 935	29. 615	32. 671	35. 479	38. 932	41. 401
22	8. 643	9. 542	10. 982	12. 338	14. 041	17. 240	26. 039	30. 813	33. 924	36. 781	40. 289	42. 796
23	9. 260	10. 196	11. 689	13. 091	14. 848	18. 137	27. 141	32. 007	35. 172	38. 076	41. 638	44. 181
24	9. 886	10. 856	12. 401	13. 848	15. 659	19. 037	28. 241	33. 196	36. 415	39. 364	42. 980	45. 558
25	10. 520	11. 524	13. 120	14. 611	16. 473	19. 939	29. 339	34. 382	37. 652	40. 646	44. 314	46. 928

表3(续)

α	0.995	0.99	0.975	0.95	0.90	0.75	0.25	0.1	0.05	0.025	0.01	0.005
26	11.160	12.198	13.844	15.379	17.292	20.843	30.435	35.563	38.885	41.923	45.642	48.290
27	11.808	12.878	14.573	16.151	18.114	21.749	31.528	36.741	40.113	43.195	46.963	49.645
28	12.461	13.565	15.308	16.928	18.939	22.657	32.620	37.916	41.337	44.461	48.278	50.994
29	13.121	14.256	16.047	17.708	19.768	23.567	33.711	39.087	42.557	45.722	49.588	52.335
30	13.787	14.953	16.791	18.493	20.599	24.478	34.800	40.256	43.773	46.979	50.892	53.672
31	14.458	15.655	17.539	19.281	21.434	25.390	35.887	41.422	44.985	48.232	52.191	55.002
32	15.134	16.362	18.291	20.072	22.271	26.304	36.973	42.585	46.194	49.480	53.486	56.328
33	15.815	17.073	19.047	20.867	23.110	27.219	38.058	43.745	47.400	50.725	54.775	57.648
34	16.501	17.789	19.806	21.664	23.952	28.136	39.141	44.903	48.602	51.966	56.061	58.964
35	17.192	18.509	20.569	22.465	24.797	29.054	40.223	46.059	49.802	53.203	57.342	60.275
36	17.887	19.233	21.336	23.269	25.643	29.973	41.304	47.212	50.998	54.437	58.619	61.581
37	18.586	19.960	22.106	24.075	26.492	30.893	42.383	48.363	52.192	55.668	59.893	62.883
38	19.289	20.691	22.878	24.884	27.343	31.815	43.462	49.513	53.384	56.895	61.162	64.181
39	19.996	21.426	23.654	25.695	28.196	32.737	44.539	50.660	54.572	58.120	62.428	65.475
40	20.707	22.164	24.433	26.509	29.051	33.660	45.616	51.805	55.758	59.342	63.691	66.766
41	21.421	22.906	25.215	27.326	29.907	34.585	46.692	52.949	56.942	60.561	64.950	68.053
42	22.138	23.650	25.999	28.144	30.765	35.510	47.766	54.090	58.124	61.777	66.206	69.336
43	22.860	24.398	26.785	28.965	31.625	36.436	48.840	55.230	59.304	62.990	67.459	70.616
44	23.584	25.148	27.575	29.787	32.487	37.363	49.913	56.369	60.481	64.201	68.710	71.892
45	24.311	25.901	28.366	30.612	33.350	38.291	50.985	57.505	61.656	65.410	69.957	73.166

表 4

F 分布表

$$P\{F(n_1, n_2) > F\alpha(n_1, n_2)\} = \alpha$$

$\alpha = 0.05$

n_2 \ n_1	1	2	3	4	5	6	7	8	12	15	20	24	30	40	60	120	∞
1	161.45	199.50	215.71	224.58	230.16	233.99	236.77	238.9	243.9	245.9	248.0	249.1	250.1	251.1	252.2	253.3	254.0
2	18.51	19.00	19.16	19.25	19.30	19.33	19.35	19.37	19.41	19.43	19.45	19.45	19.46	19.47	19.48	19.49	19.50
3	10.13	9.55	9.28	9.12	9.01	8.94	8.89	8.85	8.74	8.70	8.66	8.64	8.62	8.59	8.57	8.55	8.53
4	7.71	6.94	6.59	6.39	6.26	6.16	6.09	6.04	5.91	5.86	5.80	5.77	5.75	5.72	5.69	5.66	5.63
5	6.61	5.79	5.41	5.19	5.05	4.95	4.88	4.82	4.68	4.62	4.56	4.53	4.50	4.46	4.43	4.40	4.37
6	5.99	5.14	4.76	4.53	4.39	4.28	4.21	4.15	4.00	3.94	3.87	3.84	3.81	3.77	3.74	3.70	3.67
7	5.59	4.74	4.35	4.12	3.97	3.87	3.79	3.73	3.57	3.51	3.44	3.41	3.38	3.34	3.30	3.27	3.23
8	5.32	4.46	4.07	3.84	3.69	3.58	3.50	3.44	3.28	3.22	3.15	3.12	3.08	3.04	3.01	2.97	2.93
9	5.12	4.26	3.86	3.63	3.48	3.37	3.29	3.23	3.07	3.01	2.94	2.90	2.86	2.83	2.79	2.75	2.71
10	4.96	4.10	3.71	3.48	3.33	3.22	3.14	3.07	2.91	2.85	2.77	2.74	2.70	2.66	2.62	2.58	2.54
11	4.84	3.98	3.59	3.36	3.20	3.09	3.01	2.95	2.79	2.72	2.65	2.61	2.57	2.53	2.49	2.45	2.40
12	4.75	3.89	3.49	3.26	3.11	3.00	2.91	2.85	2.69	2.62	2.54	2.51	2.47	2.43	2.38	2.34	2.30
13	4.67	3.81	3.41	3.18	3.03	2.92	2.83	2.77	2.60	2.53	2.46	2.42	2.38	2.34	2.30	2.25	2.21
14	4.60	3.74	3.34	3.11	2.96	2.85	2.76	2.70	2.53	2.46	2.39	2.35	2.31	2.27	2.22	2.18	2.13
15	4.54	3.68	3.29	3.06	2.90	2.79	2.71	2.64	2.48	2.40	2.33	2.29	2.25	2.20	2.16	2.11	2.17
16	4.49	3.63	3.24	3.01	2.85	2.74	2.66	2.59	2.42	2.35	2.28	2.24	2.19	2.15	2.11	2.06	2.01
17	4.45	3.59	3.20	2.96	2.81	2.70	2.61	2.55	2.38	2.31	2.23	2.19	2.15	2.10	2.06	2.01	1.96
18	4.41	3.55	3.16	2.93	2.77	2.66	2.58	2.51	2.34	2.27	2.19	2.15	2.11	2.06	2.02	1.97	1.92
19	4.38	3.52	3.13	2.90	2.74	2.63	2.54	2.48	2.31	2.23	2.16	2.11	2.07	2.03	1.98	1.93	1.88
20	4.35	3.49	3.10	2.87	2.71	2.60	2.51	2.45	2.28	2.20	2.12	2.08	2.04	1.99	1.95	1.90	1.48
21	4.32	3.47	3.07	2.84	2.68	2.57	2.49	2.42	2.25	2.18	2.10	2.05	2.01	1.96	1.92	1.87	1.81
22	4.30	3.44	3.05	2.82	2.66	2.55	2.46	2.40	2.23	2.15	2.07	2.03	1.98	1.94	1.89	1.84	1.78
23	4.28	3.42	3.03	2.80	2.64	2.53	2.44	2.37	2.20	2.13	2.05	2.01	1.96	1.91	1.86	1.81	1.76
24	4.26	3.40	3.01	2.78	2.62	2.51	2.42	2.36	2.18	2.11	2.03	1.98	1.94	1.89	1.84	1.79	1.73
25	4.24	3.39	2.99	2.76	2.60	2.49	2.40	2.34	2.16	2.09	2.01	1.96	1.92	1.87	1.82	1.77	1.71
30	4.17	3.32	2.92	2.69	2.53	2.42	2.33	2.27	2.09	2.01	1.93	1.89	1.84	1.79	1.74	1.68	1.62
40	4.08	3.23	2.84	2.61	2.45	2.34	2.25	2.18	2.00	1.92	1.84	1.79	1.74	1.69	1.64	1.58	1.51
60	4.00	3.15	2.76	2.53	2.37	2.25	2.17	2.10	1.92	1.84	1.75	1.70	1.65	1.59	1.53	1.47	1.39
120	3.92	3.07	2.68	2.45	2.29	2.18	2.09	2.02	1.83	1.75	1.66	1.61	1.55	1.50	1.43	1.35	1.25
∞	3.84	2.99	2.60	2.37	2.21	2.09	2.01	1.94	1.75	1.67	1.57	1.52	1.46	1.40	1.32	1.22	1.00

$\alpha = 0.01$

表4(续)

n_2 \ n_1	1	2	3	4	5	6	7	8	12	15	20	24	30	40	60	120	∞
1	4 052	4 999	5 404	5 624	5 764	5 859	5 928	5 981	6 107	6 157	6 209	6 234	6 260	6 286	6 313	6 340	6 366
2	98.50	99.00	99.16	99.25	99.30	99.33	99.36	99.38	99.42	99.43	99.45	99.46	99.47	99.48	99.48	99.49	99.50
3	34.12	30.82	29.46	28.71	28.24	27.91	27.67	27.49	27.05	26.87	26.69	26.60	26.50	26.41	26.32	26.22	26.10
4	21.20	18.00	16.69	15.98	15.52	15.21	14.98	14.80	14.37	14.20	14.02	13.93	13.84	13.75	13.65	13.56	13.50
5	16.26	13.27	12.06	11.39	10.97	10.67	10.46	10.29	9.89	9.72	9.55	9.47	9.38	9.29	9.20	9.11	9.02
6	13.75	10.92	9.78	9.15	8.75	8.47	8.26	8.10	7.72	7.56	7.40	7.31	7.23	7.14	7.06	6.97	6.88
7	12.25	9.55	8.45	7.85	7.46	7.19	6.99	6.84	6.47	6.31	6.16	6.07	5.99	5.91	5.82	5.74	5.65
8	11.26	8.65	7.59	7.01	6.63	6.37	6.18	6.03	5.67	5.52	5.36	5.28	5.20	5.12	5.03	4.95	4.86
9	10.56	8.02	6.99	6.42	6.06	5.80	5.61	5.47	5.11	4.96	4.81	4.73	4.65	4.57	4.48	4.40	4.31
10	10.04	7.56	6.55	5.99	5.64	5.39	5.20	5.06	4.71	4.56	4.41	4.33	4.25	4.17	4.08	4.00	3.91
11	9.65	7.21	6.22	5.67	5.32	5.07	4.89	4.74	4.40	4.25	4.10	4.02	3.94	3.86	3.78	3.69	3.60
12	9.33	6.93	5.95	5.41	5.06	4.82	4.64	4.50	4.16	4.01	3.86	3.78	3.70	3.62	3.54	3.45	3.36
13	9.07	6.70	5.74	5.21	4.86	4.62	4.44	4.30	3.96	3.82	3.66	3.59	3.51	3.43	3.34	3.25	3.17
14	8.86	6.51	5.56	5.04	4.69	4.46	4.28	4.14	3.80	3.66	3.51	3.43	3.35	3.27	3.18	3.09	3.00
15	8.68	6.36	5.42	4.89	4.56	4.32	4.14	4.00	3.67	3.52	3.37	3.29	3.21	3.13	3.05	2.96	2.87
16	8.53	6.23	5.29	4.77	4.44	4.20	4.03	3.89	3.55	3.41	3.26	3.18	3.10	3.02	2.93	2.84	2.75
17	8.40	6.11	5.19	4.67	4.34	4.10	3.93	3.79	3.46	3.31	3.16	3.08	3.00	2.92	2.83	2.75	2.65
18	8.29	6.01	5.09	4.58	4.25	4.01	3.84	3.71	3.37	3.23	3.08	3.00	2.92	2.84	2.75	2.66	2.57
19	8.18	5.93	5.01	4.50	4.17	3.94	3.77	3.63	3.30	3.15	3.00	2.92	2.84	2.76	2.67	2.58	2.49
20	8.10	5.85	4.94	4.43	4.10	3.87	3.70	3.56	3.23	3.09	2.94	2.86	2.78	2.69	2.61	2.52	2.42
21	8.02	5.78	4.87	4.37	4.04	3.81	3.64	3.51	3.17	3.03	2.88	2.80	2.72	2.64	2.55	2.46	2.36
22	7.95	5.72	4.82	4.31	3.99	3.76	3.59	3.45	3.12	2.98	2.83	2.75	2.67	2.58	2.50	2.40	2.31
23	7.88	5.66	4.76	4.26	3.94	3.71	3.54	3.41	3.07	2.93	2.78	2.70	2.62	2.54	2.45	2.35	2.26
24	7.82	5.61	4.72	4.22	3.90	3.67	3.50	3.36	3.03	2.89	2.74	2.66	2.58	2.49	2.40	2.31	2.21
25	7.77	5.57	4.68	4.18	3.85	3.63	3.46	3.32	2.99	2.85	2.70	2.62	2.54	2.45	2.36	2.27	2.17
30	7.56	5.39	4.51	4.02	3.70	3.47	3.30	3.17	2.84	2.70	2.55	2.47	2.39	2.30	2.21	2.11	2.01
40	7.31	5.18	4.31	3.83	3.51	3.29	3.12	2.99	2.66	2.52	2.37	2.29	2.20	2.11	2.02	1.92	1.80
60	7.08	4.98	4.13	3.65	3.34	3.12	2.95	2.82	2.50	2.35	2.20	2.12	2.03	1.94	1.84	1.73	1.60
120	6.85	4.79	3.95	3.48	3.17	2.96	2.79	2.66	2.34	2.19	2.03	1.95	1.86	1.76	1.66	1.53	1.33
∞	6.63	4.61	3.78	3.32	3.02	2.80	2.64	2.51	2.18	2.04	1.88	1.79	1.70	1.59	1.47	1.32	1.00

表 5　　DF 分布百分位数表

模型	T	α							
		0.01	0.025	0.05	0.10	0.90	0.95	0.975	0.99
(a) 模型(4.1)	25	-2.66	-2.26	-1.95	-1.60	0.92	1.33	1.70	2.16
	50	-2.62	-2.25	-1.95	-1.61	0.91	1.31	1.66	2.08
	100	-2.60	-2.24	-1.95	-1.61	0.90	1.29	1.64	2.03
	250	-2.58	-2.23	-1.95	-1.62	0.89	1.29	1.63	2.01
	500	-2.58	-2.23	-1.95	-1.62	0.89	1.28	1.62	2.00
	∞	-2.58	-2.23	-1.95	-1.62	0.89	1.28	1.62	2.00
(b) 模型(4.2)	25	-3.75	-3.33	-3.00	-2.63	-0.37	0.00	0.34	0.72
	50	-3.58	-3.22	-2.93	-2.60	-0.40	-0.03	0.29	0.66
	100	-3.51	-3.17	-2.89	-2.58	-0.42	-0.05	0.26	0.63
	250	-3.46	-3.14	-2.88	-2.57	-0.42	-0.06	0.24	0.62
	500	-3.44	-3.13	-2.87	-2.57	-0.43	-0.07	0.24	0.61
	∞	-3.43	-3.12	-2.86	-2.57	-0.44	-0.07	0.23	0.60
(c) 模型(4.3)	25	-4.38	-3.95	-3.60	-3.24	-1.14	-0.80	-0.50	-0.15
	50	-4.15	-3.80	-3.50	-3.18	-1.19	-0.87	-0.58	-0.24
	100	-4.04	-3.73	-3.45	-3.15	-1.22	-0.90	-0.62	-0.28
	250	-3.99	-3.69	-3.43	-3.13	-1.23	-0.92	-0.64	-0.31
	500	-3.98	-3.68	-3.42	-3.13	-1.24	-0.93	-0.65	-0.32
	∞	-3.96	-3.66	-3.41	-3.12	-1.25	-0.94	-0.66	-0.33
t(∞)	N(0,1)	-2.33	-1.96	-1.65	-1.28	1.28	1.65	1.96	2.33

注:1. 适用于模型(4.1),(4.2)和(4.3),条件 $\beta=1$。T:样本容量,α:检验水平。

2. 摘自 *Fuller*(1976)第 373 页。

表 6　　德宾—沃森 d 统计量（在 0.05 显著性水平上 d_L 和 d_U 的显著点）

n	k′=1		k′=2		k′=3		k′=4		k′=5		k′=6		k′=7		k′=8		k′=9		k′=10	
	d_L	d_U	d_L	d_U	d_L	d_U	d_L	d_U	d_L	d_U	d_L	d_U	d_L	d_U	d_L	d_U	d_L	d_U	d_L	d_U
6	0.610	1.400	–	–	–	–	–	–	–	–	–	–	–	–	–	–	–	–	–	–
7	0.700	1.356	0.467	1.896	–	–	–	–	–	–	–	–	–	–	–	–	–	–	–	–
8	0.763	1.332	0.559	1.777	0.368	2.287	–	–	–	–	–	–	–	–	–	–	–	–	–	–
9	0.824	1.320	0.629	1.699	0.455	2.128	0.296	2.588	–	–	–	–	–	–	–	–	–	–	–	–
10	0.879	1.320	0.697	1.641	0.525	2.016	0.376	2.414	0.243	2.822	–	–	–	–	–	–	–	–	–	–
11	0.927	1.324	0.658	1.604	0.595	1.928	0.444	2.283	0.316	2.645	0.203	3.005	–	–	–	–	–	–	–	–
12	0.971	1.331	0.812	1.579	0.658	1.864	0.512	2.177	0.379	2.506	0.268	2.832	0.171	3.149	–	–	–	–	–	–
13	0.010	1.340	0.861	1.562	0.715	1.816	0.574	2.094	1.445	2.390	0.328	2.692	0.230	2.985	0.147	3.266	–	–	–	–
14	1.045	1.350	0.905	1.551	0.767	1.779	0.632	2.303	0.505	2.296	0.389	2.572	0.286	2.848	0.200	3.111	0.127	3.360	–	–
15	1.077	1.361	0.946	1.543	0.814	1.750	0.685	1.977	0.562	2.220	0.447	2.472	0.343	2.727	0.251	2.979	0.175	3.216	0.111	3.438
16	1.106	1.371	0.982	1.539	0.857	1.728	0.734	1.935	0.615	2.157	0.502	2.388	0.398	2.624	0.304	2.860	0.222	3.090	0.155	3.304
17	1.133	1.381	1.015	1.536	0.897	1.710	0.779	1.900	0.664	2.104	0.554	2.318	0.451	2.537	0.356	2.757	0.272	2.975	0.198	3.184
18	1.158	1.391	1.046	1.535	0.933	1.696	0.820	1.872	0.710	2.060	0.603	2.257	0.502	2.461	0.407	2.667	0.321	2.873	0.244	3.073
19	1.180	1.401	1.074	1.536	0.967	1.685	0.859	1.848	0.752	2.023	0.649	2.206	0.549	2.396	0.456	2.589	0.369	2.783	0.290	2.974
20	1.201	1.411	1.100	1.537	0.998	1.676	0.894	1.828	0.792	1.991	0.692	2.162	0.595	2.339	0.502	2.521	0.416	2.704	0.336	2.885
21	1.221	1.420	1.125	1.538	1.026	1.669	0.927	1.812	0.829	1.964	0.732	2.124	0.637	2.290	0.547	2.460	0.461	2.633	0.380	2.806
22	1.239	1.429	1.147	1.541	1.053	1.664	0.958	1.797	0.863	1.940	0.769	2.090	0.677	2.246	0.588	2.407	0.504	2.571	0.424	2.734
23	1.257	1.437	1.168	1.543	1.078	1.660	0.986	1.785	0.895	1.920	0.804	2.061	0.715	2.208	0.628	2.360	0.545	2.514	0.465	2.670
24	1.273	1.446	1.188	1.546	1.101	1.656	1.013	1.775	0.925	1.902	0.837	2.035	0.751	2.174	0.666	2.318	0.584	2.464	0.506	2.613
25	1.288	1.454	1.206	1.550	1.123	1.654	1.038	1.767	0.953	1.886	0.868	2.012	0.784	2.144	0.702	2.280	0.621	2.419	0.544	2.560
26	1.302	1.461	1.224	1.553	1.143	1.652	1.062	1.759	0.979	1.873	0.897	1.992	0.816	2.117	0.735	2.246	0.657	2.379	0.581	2.513
27	1.316	1.469	1.240	1.556	1.162	1.651	1.084	1.753	1.004	1.861	0.925	1.974	0.845	2.093	0.767	2.216	0.691	2.342	0.616	2.470
28	1.328	1.476	1.255	1.560	1.181	1.650	1.104	1.747	1.028	1.850	0.951	1.958	0.874	2.071	0.798	2.188	0.723	2.309	0.650	2.431
29	1.341	1.483	1.270	1.563	1.198	1.650	1.124	1.743	1.050	1.841	0.975	1.944	0.900	2.052	0.826	2.164	0.753	2.278	0.682	2.396
30	1.352	1.489	1.284	1.567	1.214	1.650	1.143	1.739	1.071	1.833	0.998	1.931	0.926	2.034	0.854	2.141	0.782	2.251	0.712	2.363

表6(续)

n	k′=1		k′=2		k′=3		k′=4		k′=5		k′=6		k′=7		k′=8		k′=9		k′=10	
	d_L	d_U	d_L	d_U	d_L	d_U	d_L	d_U	d_L	d_U	d_L	d_U	d_L	d_U	d_L	d_U	d_L	d_U	d_L	d_U
31	1.363	1.496	1.297	1.570	1.229	1.650	1.160	1.735	1.090	1.825	1.020	1.920	0.950	2.018	0.879	2.120	0.810	2.226	0.741	2.333
32	1.373	1.502	1.309	1.574	1.244	1.650	1.177	1.732	1.109	1.819	1.041	1.909	0.972	2.004	0.904	2.102	0.836	2.203	0.769	2.306
33	1.383	1.508	1.321	1.577	1.258	1.651	1.193	1.730	1.127	1.813	1.061	1.900	0.994	1.991	0.927	2.085	0.861	2.181	0.795	2.281
34	1.393	1.514	1.333	1.580	1.271	1.652	1.208	1.728	1.144	1.808	1.080	1.891	1.015	1.979	0.950	2.069	0.885	2.162	0.821	2.257
35	1.402	1.519	1.343	1.584	1.283	1.653	1.222	1.726	1.160	1.803	1.097	1.884	1.034	1.967	0.971	2.054	0.908	2.144	0.845	2.236
36	1.411	1.525	1.354	1.587	1.295	1.654	1.236	1.724	1.175	1.799	1.114	1.877	1.053	1.957	0.991	2.041	0.930	2.127	0.868	2.216
37	1.419	1.530	1.364	1.590	1.307	1.655	1.249	1.723	1.190	1.795	1.131	1.870	1.071	1.948	1.011	2.029	0.951	2.112	0.891	2.198
38	1.427	1.535	1.373	1.594	1.318	1.656	1.261	1.722	1.204	1.792	1.146	1.864	1.088	1.939	1.029	2.017	0.907	2.098	0.912	2.180
39	1.435	1.540	1.382	1.597	1.328	1.658	1.273	1.722	1.218	1.789	1.161	1.859	1.104	1.932	1.047	2.007	0.990	2.085	0.932	2.164
40	1.442	1.544	1.391	1.600	1.338	1.659	1.285	1.721	1.230	1.786	1.175	1.854	1.120	1.924	1.064	1.997	1.008	2.072	0.952	2.149
45	1.475	1.566	1.430	1.615	1.383	1.666	1.336	1.720	1.287	1.776	1.238	1.835	1.189	1.895	1.139	1.958	1.089	2.022	1.038	2.088
50	1.503	1.585	1.462	1.628	1.421	1.674	1.378	1.721	1.335	1.771	1.291	1.822	1.246	1.875	1.201	1.930	1.156	1.986	1.110	2.044
55	1.528	1.601	1.490	1.641	1.452	1.681	1.414	1.724	1.374	1.768	1.334	1.814	1.294	1.861	1.253	1.909	1.212	1.959	1.170	2.010
60	1.549	1.616	1.514	1.652	1.480	1.689	1.444	1.727	1.408	1.767	1.372	1.808	1.335	1.850	1.298	1.894	1.260	1.939	1.222	1.984
65	1.567	1.629	1.536	1.662	1.503	1.696	1.471	1.731	1.438	1.767	1.404	1.805	1.370	1.843	1.336	1.882	1.301	1.923	1.266	1.964
70	1.583	1.641	1.554	1.672	1.525	1.703	1.494	1.735	1.464	1.768	1.433	1.802	1.401	1.837	1.369	1.873	1.337	1.910	1.305	1.948
75	1.598	1.652	1.571	1.680	1.543	1.709	1.515	1.739	1.487	1.770	1.458	1.801	1.428	1.834	1.399	1.867	1.369	1.901	1.339	1.935
80	1.611	1.662	1.586	1.688	1.560	1.715	1.534	1.743	1.507	1.772	1.480	1.801	1.453	1.831	1.425	1.861	1.397	1.893	1.369	1.925
85	1.624	1.671	1.600	1.696	1.575	1.721	1.550	1.747	1.525	1.774	1.500	1.801	1.474	1.829	1.448	1.857	1.422	1.886	1.396	1.916
90	1.635	1.679	1.612	1.703	1.589	1.726	1.566	1.751	1.542	1.776	1.518	1.801	1.494	1.827	1.469	1.854	1.445	1.881	1.420	1.909
95	1.645	1.687	1.623	1.709	1.602	1.732	1.579	1.755	1.557	1.778	1.535	1.802	1.512	1.827	1.489	1.852	1.465	1.877	1.442	1.903
100	1.654	1.694	1.634	1.715	1.613	1.736	1.592	1.758	1.571	1.780	1.550	1.803	1.528	1.826	1.506	1.850	1.484	1.874	1.462	1.898
150	1.720	1.746	1.706	1.760	1.693	1.774	1.679	1.788	1.665	1.802	1.651	1.817	1.637	1.832	1.622	1.847	1.608	1.862	1.594	1.877
200	1.758	1.778	1.748	1.789	1.738	1.799	1.728	1.810	1.718	1.820	1.707	1.831	1.697	1.841	1.686	1.852	1.675	1.863	1.665	1.874

表 6(续)

n	k′ = 11		k′ = 12		k′ = 13		k′ = 14		k′ = 15		k′ = 16		k′ = 17		k′ = 18		k′ = 19		k′ = 20	
	d_L	d_U	d_L	d_U	d_L	d_U	d_L	d_U	d_L	d_U	d_L	d_U	d_L	d_U	d_L	d_U	d_L	d_U	d_L	d_U
16	0. 098	3. 503	–	–	–	–	–	–	–	–	–	–	–	–	–	–	–	–	–	–
17	0. 138	3. 378	0. 087	3. 557	–	–	–	–	–	–	–	–	–	–	–	–	–	–	–	–
18	0. 177	3. 265	0. 123	3. 441	0. 078	3. 603	–	–	–	–	–	–	–	–	–	–	–	–	–	–
19	0. 220	3. 159	0. 160	3. 335	0. 111	3. 496	0. 070	3. 642	–	–	–	–	–	–	–	–	–	–	–	–
20	0. 263	3. 063	0. 200	3. 234	0. 145	3. 395	0. 100	3. 542	0. 063	3. 676	–	–	–	–	–	–	–	–	–	–
21	0. 307	2. 976	0. 240	3. 141	0. 182	3. 300	0. 132	3. 448	0. 091	3. 583	0. 058	3. 705	–	–	–	–	–	–	–	–
22	0. 349	2. 897	0. 281	3. 057	0. 220	3. 211	0. 166	3. 358	0. 120	3. 495	0. 083	3. 619	0. 052	3. 731	–	–	–	–	–	–
23	0. 391	2. 826	0. 322	2. 979	0. 259	3. 128	0. 202	3. 272	0. 153	3. 409	0. 110	3. 535	0. 076	3. 650	0. 048	3. 753	–	–	–	–
24	0. 431	2. 761	0. 362	2. 908	0. 297	3. 053	0. 239	3. 193	0. 186	3. 327	0. 141	3. 454	0. 101	3. 572	0. 070	3. 678	0. 044	3. 773	–	–
25	0. 470	2. 702	0. 400	2. 844	0. 335	2. 983	0. 275	3. 119	0. 221	3. 251	0. 172	3. 376	0. 130	3. 494	0. 094	3. 604	0. 065	3. 702	0. 041	3. 790
26	0. 508	2. 649	0. 438	2. 784	0. 373	2. 919	0. 312	3. 051	0. 256	3. 179	0. 205	3. 303	0. 160	3. 420	0. 120	3. 531	0. 087	3. 632	0. 060	3. 724
27	0. 544	2. 600	0. 475	2. 730	0. 409	2. 859	0. 348	2. 987	0. 291	3. 112	0. 238	3. 233	0. 191	3. 349	0. 149	3. 460	0. 112	3. 563	0. 081	3. 658
28	0. 578	2. 555	0. 510	2. 680	0. 445	2. 805	0. 383	2. 928	0. 325	3. 050	0. 271	3. 168	0. 222	3. 283	0. 178	3. 392	0. 138	3. 495	0. 104	3. 592
29	0. 612	2. 515	0. 544	2. 634	0. 479	2. 755	0. 418	2. 874	0. 359	2. 992	0. 305	3. 107	0. 254	3. 219	0. 208	3. 327	0. 166	3. 431	0. 129	3. 528
30	0. 643	2. 477	0. 577	2. 592	0. 512	2. 708	0. 451	2. 823	0. 392	2. 937	0. 337	3. 050	0. 286	3. 160	0. 238	3. 266	0. 195	3. 368	0. 156	3. 465
31	0. 647	2. 443	0. 608	2. 553	0. 545	2. 665	0. 484	2. 776	0. 425	2. 887	0. 370	2. 996	0. 317	3. 103	0. 269	3. 208	0. 224	3. 309	0. 183	3. 406
32	0. 703	2. 411	0. 638	2. 517	0. 576	2. 625	0. 515	2. 733	0. 457	2. 840	0. 401	2. 946	0. 349	3. 050	0. 299	3. 153	0. 253	3. 252	0. 211	3. 348
33	0. 731	2. 382	0. 668	2. 484	0. 606	2. 588	0. 546	2. 692	0. 488	2. 796	0. 432	2. 899	0. 379	3. 000	0. 329	3. 100	0. 283	3. 198	0. 239	3. 293
34	0. 758	2. 355	0. 695	2. 454	0. 634	2. 554	0. 575	2. 654	0. 518	2. 754	0. 462	2. 854	0. 409	2. 954	0. 359	3. 051	0. 312	3. 147	0. 267	3. 240
35	0. 783	2. 330	0. 722	2. 425	0. 662	2. 521	0. 604	2. 619	0. 547	2. 716	0. 492	2. 813	0. 439	2. 910	0. 388	3. 005	0. 340	3. 099	0. 295	3. 190
36	0. 808	2. 306	0. 748	2. 398	0. 689	2. 492	0. 631	2. 586	0. 575	2. 680	0. 520	2. 774	0. 467	2. 868	0. 417	2. 961	0. 369	3. 053	0. 323	3. 142
37	0. 831	2. 285	0. 772	2. 374	0. 714	2. 464	0. 657	2. 555	0. 602	2. 646	0. 548	2. 738	0. 495	2. 829	0. 445	2. 920	0. 397	3. 009	0. 351	3. 097
38	0. 854	2. 265	0. 796	2. 351	0. 739	2. 438	0. 683	2. 526	0. 628	2. 614	0. 575	2. 703	0. 522	2. 792	0. 472	2. 880	0. 424	2. 968	0. 378	3. 054

表 6(续)

n	k' = 11		k' = 12		k' = 13		k' = 14		k' = 15		k' = 16		k' = 17		k' = 18		k' = 19		k' = 20	
	d_L	d_U	d_L	d_U	d_L	d_U	d_L	d_U	d_L	d_U	d_L	d_U	d_L	d_U	d_L	d_U	d_L	d_U	d_L	d_U
39	0.875	2.246	0.819	2.329	0.763	2.413	0.707	2.499	0.653	2.585	0.600	2.671	0.549	2.757	0.499	2.843	0.451	2.929	0.404	3.013
40	0.896	2.228	0.840	2.309	0.785	2.391	0.731	2.473	0.678	2.557	0.626	2.641	0.575	2.724	0.525	2.808	0.477	2.892	0.430	2.974
45	0.988	2.156	0.938	2.225	0.887	2.296	0.838	2.367	0.788	2.439	0.740	2.512	0.692	2.586	0.644	2.659	0.598	2.733	0.553	2.807
50	1.064	2.103	1.019	2.163	0.973	2.225	0.927	2.287	0.882	2.350	0.836	2.414	0.792	2.479	0.747	2.544	0.703	2.610	0.660	2.675
55	1.129	2.062	1.087	2.116	1.045	2.170	1.003	2.225	0.961	2.281	0.919	2.338	0.877	2.396	0.836	2.454	0.795	2.512	0.754	2.571
60	1.184	2.031	1.145	2.079	1.106	2.127	1.068	2.177	1.029	2.227	0.990	2.278	0.951	2.330	0.913	2.382	0.874	2.434	0.836	2.487
65	1.231	2.006	1.195	2.049	1.160	2.093	1.124	2.138	1.088	2.183	1.052	2.229	1.016	2.276	0.980	2.323	0.944	2.371	0.908	2.419
70	1.272	1.986	1.239	2.026	1.206	2.066	1.172	2.106	1.139	2.148	1.105	2.189	1.072	2.232	1.038	2.275	1.005	2.318	0.971	2.362
75	1.308	1.970	1.277	2.006	1.247	2.043	1.215	2.080	1.184	2.118	1.153	2.156	1.121	2.195	1.090	2.235	1.058	2.275	1.027	2.315
80	1.340	1.957	1.311	1.991	1.283	2.024	1.253	2.059	1.224	2.093	1.195	2.129	1.165	2.165	1.136	2.201	1.106	2.238	1.076	2.275
85	1.369	1.946	1.342	1.977	1.315	2.009	1.287	2.040	1.260	2.073	1.232	2.105	1.205	2.139	1.177	2.172	1.149	2.206	1.121	2.241
90	1.395	1.937	1.369	1.966	1.344	1.995	1.318	2.025	1.292	2.055	1.266	2.085	1.240	2.116	1.213	2.148	1.187	2.179	1.160	2.211
95	1.418	1.929	1.394	1.956	1.370	1.984	1.345	2.012	1.321	2.040	1.296	2.068	1.271	2.097	1.247	2.126	1.222	2.156	1.197	2.186
100	1.439	1.923	1.416	1.948	1.393	1.974	1.371	2.000	1.347	2.026	1.324	2.053	1.301	2.080	1.277	2.108	1.253	2.135	1.229	2.164
150	1.579	1.892	1.564	1.908	1.550	1.924	1.535	1.940	1.519	1.956	1.504	1.972	1.489	1.989	1.474	2.006	1.458	2.023	1.443	2.040
200	1.654	1.885	1.643	1.896	1.632	1.908	1.621	1.919	1.610	1.931	1.599	1.943	1.588	1.955	1.576	1.967	1.565	1.979	1.554	1.991

资料来源:古扎拉蒂．计量经济学(下册)．中国人民大学出版社,2 000:816－817。

注:n = 观测个数,k' = 不包含常数项的解释变量个数。

若 n = 40,k' = 4,则 $d_L = 1.285$,$d_U = 1.721$。若所计算的 d 值小于 1.285,则表明有正的一阶序列相关;若 d 大于 1.721,则表明无正的一阶序列相关迹象;若 $1.285 \leqslant d \leqslant 1.721$,则表明不能判断是否有正的一阶序列相关。

参考文献

[1]D N 古扎拉蒂. 计量经济学基础[M]. 4 版. 林少宫, 译. 北京:中国人民大学出版社, 2005.

[2]李子奈,潘文卿. 计量经济学[M]. 2 版. 北京:高等教育出版社,2005.

[3]张晓峒. 计量经济学软件 EViews 使用指南[M]. 2 版. 上海:南开大学出版社,2004.

[4]易丹辉. 数据分析与 EViews 应用[M]. 北京:中国统计出版社,2003.

[5]赵国庆. 计量经济学[M]. 北京:中国人民出版社,2001.

[6]王维国. 计量经济学[M]. 大连:东北财经大学出版社,2002.

[7]王文博. 计量经济学[M]. 西安:西安交通大学出版社,2004.

[8]张保法. 经济计量学[M]. 北京:经济科学出版社,2000.

[9]庞皓. 计量经济学[M]. 成都:西南财经大学出版社,2005.

[10]孙敬水. 计量经济学[M]. 北京:清华大学出版社,2004.